HISTOIRE

GÉNÉALOGIQUE ET CHRONOLOGIQUE

DE

LA MAISON ROYALE

DE BOURBON.

Se trouve chez

MM. Jules Didot, imprimeur-libraire, rue du Pont-de-Lodi, n° 6.
Rousselon, rue d'Anjou-Dauphine, n° 9.
Ponthieu, Palais-Royal, galerie de bois.
N. Pichard, quai Conti, n° 5.
Naudin, rue Pavée-Saint-André-des-Arcs, n. 9.
Denaix, rue du Faubourg-Saint-Honoré, n° 62.
Potey, rue du Bac, n° 46.
Et chez les principaux libraires des départements.

——————— *Imprimerie de* ———————

𝔍ules 𝔇idot ainé,
IMPRIMEUR DU ROI,
rue du Pont-de-Lodi, n° 6.

HISTOIRE

GÉNÉALOGIQUE ET CHRONOLOGIQUE

DE

LA MAISON ROYALE
DE BOURBON,

CONTENANT

LES NAISSANCES, ACTIONS MÉMORABLES, ALLIANCES, ET DÉCÈS DE TOUS LES PRINCES ET PRINCESSES DE CETTE ILLUSTRE MAISON, AVEC LEURS DESCENDANCES DIRECTES, DEPUIS

ROBERT LE FORT

JUSQU'A NOS JOURS, D'APRÈS LES MONUMENTS ET LES TRADITIONS LES PLUS AUTHENTIQUES;

PAR N. L. ACHAINTRE.

TOME II.

PARIS,

CHEZ MANSUT FILS, ÉDITEUR,
RUE DE L'ÉCOLE DE MÉDECINE, n° 4.

1825.

HISTOIRE
GÉNÉALOGIQUE
DE LA MAISON ROYALE
DE BOURBON.

BRANCHE ROYALE.

I.

ANTOINE DE BOURBON,
ROI DE NAVARRE,

PRINCE SOUVERAIN DE BÉARN; DUC D'ALBRET; COMTE DE FOIX, DE BIGORRE, D'ARMAGNAC, DE RHODEZ, ET DE PÉRIGORD; VICOMTE DE LIMOGES, SEIGNEUR DU PAYS DE SOULES ET AUTRES LIEUX, DU CHEF DE SA FEMME; ET DE SON CHEF, DUC DE VENDOME ET DE BEAUMONT, COMTE DE LA MARCHE ET D'ENGHIEN; SEIGNEUR DE SENONCHES, ET AUTRES LIEUX, GOUVERNEUR ET LIEUTENANT-GÉNÉRAL DE PICARDIE ET ENSUITE DE GUIENNE; CHEVALIER DE L'ORDRE DE SAINT-MICHEL; CHEF DES CONSEILS ET LIEUTENANT-GÉNÉRAL DU ROYAUME PENDANT LA MINORITÉ DE CHARLES IX; PREMIER PRINCE DU SANG, ET PREMIER PAIR DU ROYAUME.

Nous ne mettons ici que les armes de Navarre simples, parceque le cadre adopté n'est pas susceptible d'un plus grand développement; mais voici celles qui étoient portées sur le sceau particulier du roi Antoine :

Coupé de huit pièces, quatre en chef et quatre en pointe, au I du chef, de gueules aux chaînes d'or posées en orle, en croix et en sautoir, qui est de Navarre; au II de France, à la cotice de gueules, qui est Bourbon; au III, écartelé au 1 et 4 de France, au 2 et 3 de gueules, qui est Albret; au IV, d'or à quatre pals de gueules, qui est Aragon; au V, première pièce de la pointe, écartelé au 1 et 4, d'or à trois pals de gueules, qui est Foix, au 2 et 3 d'or à deux vaches de gueules accornées, accolées et clarinées d'azur, qui est Béarn; au VI, écartelé 1 et 4 d'argent, au lion de gueules, qui est Armagnac, au 2 et 3 de gueules au lion léopardé d'or, armé et lampassé d'azur, qui est Rhodez; au VII, semé de France à la bande componée d'argent et de gueules, qui est Évreux; au VIII, d'or à quatre pals de gueules, flanqué au côté droit de gueules, au château sommé de trois tours d'or pour Castille, et au côté gauche, d'argent au lion de gueules, qui est Léon; et sur le tout, d'or à deux lions passants de gueules, armés et lampassés d'azur, qui est Bigorre.

Antoine de Bourbon, roi de Navarre, fils aîné de Charles I, duc de Vendôme, naquit le 22 avril 1518, au château de La Fère en Picardie. Il n'avoit que dix-neuf ans, lorsqu'il hérita des biens et des honneurs dont son père n'avoit joui qu'après de longs et utiles services. Son début dans la carrière des armes fut brillant et glorieux.

A une figure vraiment noble et majestueuse, il joignoit la valeur et un goût décidé pour la guerre; beaucoup de magnificence, d'affabilité, et de franchise le rendoient cher au grand François I et à ses sujets. Chez une nation plus sévère que la nôtre, on auroit pu lui reprocher son penchant très prononcé pour le luxe et la volupté, son esprit un peu frivole et même dissipé; mais en cela personne alors n'avoit à se plaindre, car il étoit, sous tous ces rapports, vraiment françois, et l'on sait que jamais peuple n'a su allier avec plus de convenance et de délicatesse l'amour de la gloire et des grandes choses avec celui des plaisirs et même de la dissipation.

Antoine, commandant en Picardie, fit ses premières armes pendant la guerre de 1537, qui se termina par une courte trêve; puis il suivit le dauphin au-delà des monts en Italie, où il trouva plusieurs occasions de signaler sa valeur. A une conférence qui eut lieu entre le pape et les parties belligérantes, et dont il résulta une trêve de dix ans, qui pourtant ne fut pas de longue durée, le pontife, charmé des graces et de la réputation naissante du jeune duc, jeta les yeux sur lui, et proposa au roi de l'unir à sa petite-fille, Victoire Farnèse: le monarque françois parut goûter cette alliance alors; mais, rentré en France, il changea de vues, et destina au duc sa propre fille Marguerite. Ce second projet n'eut pas plus de suite que le premier.

En 1542, la guerre contre Charles V se renouvela avec une nouvelle fureur, et le duc de Vendôme y prit la plus grande part. Chargé avec le duc d'Orléans, second fils du roi, de la conduite des armées qui devoient agir sur toute la ligne tracée depuis Luxembourg jusqu'à Dunkerque, et, n'ayant pour tout moyen qu'un seul camp volant, il s'empara des forteresses de Montoire, de Tournehem, et d'autres places qu'il fit raser, entra dans l'Artois, battit et dispersa toutes les troupes qu'il rencontra, et ne revint en France qu'avec un immense butin.

(1543.) L'année suivante fournit au duc de Vendôme l'occasion de faire valoir ses talents. Avec une armée très foible, il entreprit de ravitailler Terouenne, et il y réussit. Aidé du comte d'Aumale, il s'empara de Lillers, de Bapaume, et d'autres places fortes, tant du Hainaut que de l'Artois.

La campagne de 1544 ne fut pas très heureuse pour la France. Accablé de toutes parts, le roi eut besoin de toute son habileté et du concours des princes du sang pour résister aux forces immenses et aux projets de Charles V et du roi d'Angleterre. Tandis que le fameux comte d'Enghien triomphoit à Cérizoles, Antoine étoit chargé, avec des forces très inférieures, de lutter contre l'Anglois. Il fit une guerre à la Fabius, obligea son ennemi de lever le siége de Montreuil, et donna au roi le temps de venir au secours de la Champagne, menacée par les troupes impériales.

(1545.) Le traité de Crépy, qui suivit cette désastreuse campagne, la paix que l'on acheta de l'Anglois donnèrent à la France le temps de respirer, et changèrent le sort d'Antoine. Nous l'allons voir sur un nouveau théâtre, celui des guerres civiles et religieuses, qui ont désolé la France pendant long-temps, et qui ont coûté la vie à ce grand prince.

Nous passons sous silence les tracasseries de cour qui eurent lieu pendant l'année 1546, à l'occasion des prétentions élevées par les princes de Lorraine contre les princes du sang de France, pour nous renfermer dans ce qui concerne notre héros.

(1547.) Henri II venoit de succéder à son auguste père, François I. Le duc de Vendôme représenta le duc de Normandie à cette imposante cérémonie; et, l'année suivante (1548), il accompagna le roi dans le voyage que ce prince fit au-delà des Alpes. C'est alors qu'il eut occasion de connoître et d'apprécier l'orgueil des princes lorrains.

Lors du passage de la cour par le Dauphiné et la Savoie, dont François, duc de Lorraine, étoit gouverneur, le duc d'Aumale (depuis duc de Guise), fils aîné du duc, eut la prétention de se mettre à la gauche du duc de Vendôme. Celui-ci offensé d'une pareille hardiesse, lui dit : « Quoi donc, mon « compagnon ! tiendrons-nous rang ensemble ? — « Oui, Monsieur, répondit le duc d'Aumale, le roi « m'a assigné cette place en qualité de gouverneur « de la province. — Mais, c'est tout ce que je pour-

« rois permettre au duc de Lorraine, chef de votre
« maison. — Il est vrai, répliqua d'Aumale, que
« vous avez le pas sur lui en France, mais non ail-
« leurs, car il est souverain, et vous sujet et vassal
« de la couronne. M. de Lorraine ne relève que de
« Dieu et de son épée. »

Outré de la réponse, le duc se retira, et la marche
du roi fut arrêtée. Le monarque ordonne au duc
de reprendre sa place. Celui-ci se rend à l'ordre,
mais il dit à d'Aumale : « Vous pouvez, mon com-
« pagnon, marcher sur la même ligne que moi ; car
« si le roi avoit ordonné à un laquais de prendre le
« rang que vous vous arrogez, je le souffrirois uni-
« quement par respect pour les ordres de sa ma-
« jesté. » Cette circonstance, rapportée par Vieille-
ville, dans ses mémoires, explique la haine qui
divisa bientôt la maison de Bourbon et celle
de Lorraine, et qui produisit les effets les plus funestes.

Au retour du voyage de Piémont, le roi prit la
route de Moulins, pour y célébrer le mariage du
duc de Vendôme et de Jeanne d'Albret, infante de
Navarre. Ce ne fut pas sans difficulté que ce mariage
s'accomplit. Henri d'Albret, roi de Navarre, et sur-
tout Marguerite de Valois son épouse, s'y opposoient fortement. Henri, parcequ'étant très écono-
me, il voyoit avec peine le goût du duc de
Vendôme pour le luxe et la magnificence, et Mar-

guerite par ambition : elle s'étoit flattée de faire épouser sa fille au fils unique de Charles V, et de recouvrer le royaume entier de Navarre; mais le roi, qui avoit d'autres vues pour le bien de l'état, voulut être obéi, et le mariage projeté eut lieu le 20 octobre 1548.

Jeanne de Navarre apporta en dot à son époux cent mille écus avec l'héritage des rois de Navarre. Le cardinal de Bourbon se plut à doter encore son neveu des seigneuries de Condé et de La Ferté en Brie. Il fut en outre accordé, pour la conservation des hautes maisons dont les deux époux étoient issus, que le premier enfant mâle qui sortiroit du mariage, succéderoit à tous les biens de Henri d'Albret et de Marguerite, et qu'il écarteleroit ses armes de France et de Navarre, ce qui eut son entière exécution.

(1551.) Cependant l'affection que portoit le duc de Vendôme à son épouse ne lui fit point oublier la gloire de sa maison. La guerre venoit de se renouveler avec plus de force que jamais. Henri II avoit à lutter contre le fier Charles V parvenu au plus haut point de sa puissance, et contre les Anglois, éternels ennemis du nom françois. Au voyage de Picardie, on vit le roi accompagné des princes du sang de France, à la tête desquels étoit Vendôme qui se distingua dans toutes les rencontres où il y avoit de la gloire à acquérir. Il entra dans les pays de Flandre et de Hainaut, ravagea la province, fit trembler Arras, et força les Anglois à la retraite.

(1552.) Pendant la guerre d'Allemagne, il ne rendit pas de moindres services. Il chassa le comte de Rœux, prit la ville d'Hesdin, empêcha le ravitaillement de Terouenne, et seconda efficacement les opérations de l'armée royale sur les bords de la Moselle.

(1554.) Cette campagne fut la dernière du duc de Vendôme contre les ennemis de l'état. C'est avec peine sans doute, qu'il abandonna le gouvernement de Picardie, que sa valeur avoit garanti tant de fois des fléaux de la guerre; mais la mort de Henri d'Albret, son beau-père, l'appeloit à de hautes destinées qu'il lui falloit remplir.

Il partit donc, et laissa les regrets les plus vifs au peuple d'une province qui chérissoit son caractère et admiroit son courage, comme elle avoit fait de celui du père d'Antoine; car au nom de Vendôme étoient attachées des idées de bonté et de gloire que n'ont jamais démenties ceux qui l'ont porté.

(1555.) Non seulement Antoine succédoit aux droits des ancêtres de son épouse sur la partie de la Navarre située au-delà des monts, mais encore il acquéroit les grandes seigneuries provenues des illustres maisons de Foix, d'Armagnac, de Périgord, et de Limoges, et il avoit en outre le gouvernement de Guienne. Cette nouvelle position lui rendit le séjour des villes de Pau et de Nérac si doux et si agréable qu'il y passa les dernières années de la vie de Henri II, roi de France.

La puissance des rois de Navarre, quelque affoiblie qu'elle fût, excitoit encore l'envie; on trouvoit le duc de Vendôme trop puissant pour un vassal de la couronne. A peine Antoine et son épouse étoient-ils en possession de leur héritage, que la cour de France fit des propositions pour un échange. Ce projet, dont le but étoit trop visible, échoua par la fermeté de la nouvelle reine de Navarre et par la résistance de ses sujets. Jeanne avoit reçu de la nature un caractère fier et magnanime, et son époux avoit lui-même assez de sentiment de sa dignité pour ne pas vouloir abdiquer la royauté. Henri II accepta les excuses qu'on lui fit, mais lui et ses successeurs ne pardonnèrent jamais au prince d'avoir préféré le vain titre de roi à la faveur éclatante qu'on lui offroit à la cour.

(1559.) Cependant Antoine s'occupoit du projet de recouvrer la haute Navarre dont les ancêtres de Jeanne avoient été dépossédés injustement, comme nous le verrons dans l'article suivant. Il leva une armée dont il donna le commandement au baron de Buries, qui s'étoit distingué dans les guerres d'Italie, pendant que lui-même se trouvoit en France pour assister au mariage du dauphin et pour aider

Henri II de ses conseils et de son courage dans la nouvelle guerre entreprise contre Philippe II, roi d'Espagne. L'expédition d'Antoine manqua par diverses causes, et il eut encore le chagrin de voir ses intérêts sacrifiés à la paix de Cateau-Cambrésis.

Cette même année, Henri II mourut, comme l'on sait, par un accident funeste. Le roi de Navarre assista au sacre de François II, successeur du roi défunt, et il représenta le duc de Bourgogne, doyen des pairs de France, en qualité de premier prince du sang.

(1559.) Le séjour qu'Antoine de Bourbon avoit fait à Paris ne contribua pas peu aux disgraces qu'il éprouva dans la suite. Il avoit pris goût à la nouvelle doctrine de Calvin qui commençoit à faire des progrès; et, dans son enthousiasme, il faisoit prêcher dans son palais d'une manière ostensible, menant par-tout avec lui un prédicant, nommé David, qui bravoit d'une manière scandaleuse l'autorité des lois.

Jeanne d'Albret, qui, pour sa part, n'étoit pas très catholique, et qui, comme nous le dit Brantôme, jeune alors, belle, vive, et pleine d'esprit, *aimoit bien autant un bal qu'un sermon*, plus prudente que son époux, et n'ayant pas oublié ce qu'il en avoit coûté à son aïeul pour avoir adhéré au concile de Pise, l'exhortoit à mettre plus de réserve dans sa conduite à l'égard de la cour de France; il n'en tint compte, et continua de favoriser les nouvelles opinions. Bientôt la scène changera, et nous verrons Antoine aussi ardent à poursuivre les sectaires que son épouse à les favoriser et à leur ouvrir un asile dans ses états.

Le refus qu'avoit fait le roi de Navarre de se prêter à la cession de ses états, et la protection qu'il accordoit aux religionnaires, indisposèrent tellement le roi, et sur-tout le parti catholique, à la tête duquel on voyoit briller les princes lorrains, et le fameux duc de Guise, regardé alors comme le héros de la France, que les Bourbons furent frappés d'une sorte de réprobation, tant dans leur chef que dans les membres; et Antoine, après de nombreuses humiliations, s'estima trop heureux de trouver un moyen de sortir de la cour à l'occasion du mariage de la princesse Élisabeth, sœur du roi, accordée à Philippe II, roi d'Espagne et des Indes. Chargé de conduire cette princesse à son époux, il s'acquitta de cette fonction avec autant de politesse que de dignité; car, dans le cours du voyage, il se fit reconnoître pour roi de Navarre, même sur les terres espagnoles.

Les bons offices qu'il avoit rendus à la reine d'Espagne lui fournirent l'occasion de solliciter auprès du roi d'Espagne la restitution de la Navarre. On entama une négociation à ce sujet : elle échoua comme les précédentes, et par l'avidité des Espagnols, et même, dit-on, par l'effet des intrigues de la cour de France.

(1560.) Peu de temps après ce voyage, des troubles sérieux commencèrent à éclater. La conjuration d'Amboise fut le prélude des guerres civiles et religieuses qui ont couvert la France de deuil pendant soixante ans. Nous aurons occasion de revenir sur ces temps désastreux. Antoine se trouva fortement compromis dans l'affaire d'Amboise. Son jeune frère, le prince de Condé, étoit arrêté et mis en jugement comme coupable de crime de lèze-majesté; lui-même n'échappa à la mort violente que ses ennemis lui préparoient que par son courage.

Pour preuve de la fermeté qu'il fit paroître dans un moment où la maison royale de Bourbon étoit proscrite et menacée de toutes parts, je ne citerai pas le fait rapporté par La Planche, historien fort suspect, et répété par de Thou. Antoine n'a pas besoin de faits apocryphes pour sa justification; elle est dans son noble caractère, qui ne lui permit pas de sacrifier sa dignité, ni d'abandonner son frère et sa famille dans le malheur, encore moins de s'avilir devant les Guises, ennemis de sa maison.

La mort prématurée de François II mit le roi de Navarre et Condé dans la position la plus critique : à un roi foible succédoit un prince mineur. La régence devoit appartenir au roi de Navarre, premier prince du sang; mais le second prince du sang étoit déja condamné à mort, la vie même du roi de Navarre dépendoit du caprice ou de l'ambition de Catherine de Médicis, mère du nouveau roi, et qui, par conséquent, prétendoit aussi à la régence.

Pour concilier ces différents intérêts, il y eut plusieurs entrevues entre la reine-mère et le roi de Navarre, ménagées par les Guises, qui s'y prêtèrent d'autant plus volontiers, qu'ayant perdu leur principal appui par la mort de François II, ils avoient tout à craindre pour eux-mêmes de la vengeance des Bourbons, en cas que ceux-ci prissent le dessus.

Le résultat des conférences secrètes fut que la reine-mère auroit la régence, le roi de Navarre la lieutenance-générale du royaume; le prince de Condé fut rendu à la liberté; une réconciliation sincère, du moins du côté d'Antoine, se fit entre les Guises et le chef de la maison de Bourbon.

(1561.) Ce prince dont on ne sauroit trop louer l'esprit d'équité et de modération, s'attacha sincèrement à la cause royale, et défendit constamment jusqu'à la fin de sa vie, malheureusement trop courte, la cause du trône et de la religion, attaquée alors avec la violence du fanatisme; et ce ne fut ni par foiblesse ni par légèreté, comme le prétend Désormeaux, d'après quelques historiens protestants, et par conséquent passionnés, mais bien par conviction intime. Le chef de la maison royale de Bourbon, dans le cours de ses relations avec les sectaires avoit dû pénétrer leurs intentions; il avoit pu se convaincre que ces hommes n'en vouloient qu'à la monarchie, et ne tendoient qu'à la destruction de l'ordre social. Mieux conseillé, sans doute, il comprit qu'il ne convenoit pas au premier prince du sang de détacher sa cause d'une couronne qu'il étoit appelé, lui ou ses descendants, à porter un jour, ni de séparer ses intérêts de ceux d'un peuple destiné à devenir le sien. Aussi, sans changer peut-être de sentiment à l'égard de la religion, il s'unit avec les Guises, les Montmorencis, et autres seigneurs catholiques, et fit, en sa qualité de chef de l'armée, une rude guerre aux protestants.

Il commença par interdire les prêches dans toutes les maisons royales, et il défendit à la reine, son épouse, de se trouver à l'assemblée des huguenots, qui se tenoit à l'hôtel du prince de Condé, situé rue de Grenelle-Saint-Honoré. Il porta même la fermeté jusqu'à la retenir, en quelque sorte, prisonnière au Louvre, et à vouloir la contraindre d'aller à la messe; mais Jeanne d'Albret, alors aussi entêtée huguenote qu'elle l'avoit été peu au commencement de son règne, lui résista; et son opiniâtreté fut la cause du refroidissement qui survint entre les deux époux. Le roi de Navarre se consola de ses chagrins domestiques auprès de la belle Rouët de la Béraudière, fille d'honneur de la reine régente.

(1562.) Le premier fruit de l'union des princes catholiques, fut l'édit de janvier, qui fixoit la position politique des protestants, en leur accordant la tolérance, mais avec les restrictions convenables. Comme le prince de Condé, chef déclaré du parti, ne s'en contentoit pas, et ne cherchoit qu'une occasion de faire mouvoir ses partisans, Antoine, usant de son autorité, obligea son frère de sortir de Paris à l'arrivée du duc de Guise. Il fit plus; les religionnaires avoient conçu le projet d'enlever le jeune roi et sa mère pour s'en faire un appui. Le roi de Navarre se rend sur-le-champ à Fontainebleau, où la cour résidoit alors; et, sans écouter les plaintes ni les cris de Catherine de Médicis, violemment soupçonnée de favoriser les ennemis de l'état, il emmena d'autorité le jeune roi avec la cour à Vincennes. Cet enlévement subit, ainsi que le massacre de Vassy, où le duc de Guise fut blessé et nombre de protestants massacrés, furent le signal de la guerre civile; le roi de Navarre, aidé des Guises, la soutint. Son frère, le prince de Condé, étoit resté aux environs de Paris, avec quelques mille hommes, cherchant à s'emparer de la capitale; il le força de prendre la fuite.

Déja les protestants avoient jeté le masque, et

s'étoient emparés de trente des plus fortes places du royaume. Les catholiques poussoient des cris de fureur, et ne parloient que de faire main-basse, à Paris et par-tout ailleurs, sur les religiounaires; ils confondoient même dans leur vengeance la reine-mère et nombre de catholiques douteux: il ne fallut pas moins que l'autorité du roi de Navarre pour mettre un frein à ce premier débordement, et pour décider les catholiques à régulariser une défense, devenue désormais inévitable contre une attaque aussi violente qu'imprévue.

Déja le prince s'étoit mis en campagne avec dix mille hommes, et suivoit les huguenots de près. Il les atteignit auprès d'Orléans. Parceque les ennemis étoient en plus grand nombre, il usa de prudence; son intention étoit de leur laisser jeter les premiers feux; il voyoit bien que cette armée, rassemblée à la hâte, et n'ayant pour subsister que le pillage et la dévastation des églises ne tiendroit pas long-temps contre une armée disciplinée et bien soldée. Il consentit même à une négociation, ménagée par la reine-mère. Cette négociation n'eut aucune suite, parcequ'on n'agissoit point de bonne foi. Le roi de Navarre ayant reçu des renforts, quitte Orléans et le prince de Condé, qu'un corps d'armée tenoit en échec, puis se dirige sur Blois, dont il s'empare sans coup férir. Passant ensuite à Tours, il y entre aussi sans résistance.

Maître, par lui ou par ses lieutenants, de tout le cours de la Loire au-dessus et au-dessous d'Orléans, il ne lui restoit plus qu'à prendre Bourges pour intercepter au prince de Condé tous les secours qu'il pouvoit tirer des provinces méridionales; mais, soit envie d'arrêter ses progrès, soit par tout autre motif, on lui insinua la nécessité de faire venir le roi et toute la cour à l'armée, et il y consentit sans peine. A l'arrivée du roi, l'armée catholique sentit renouveler son ardeur, et se porta sur Bourges, dont le siége fut poussé avec vigueur. Il dura plus long-temps qu'on ne s'y étoit attendu, parceque cette ville étoit défendue par une garnison de trois mille hommes, et bien pourvue de vivres et de munitions. Elle se rendit pourtant aux instances que fit le maréchal de Montmorenci aux chefs de la garnison de ne pas résister plus long-temps aux armes de leur souverain.

Le roi de Navarre, pour terminer la guerre, n'avoit plus qu'à se rendre maître d'Orléans, ce qui n'eût pas été fort difficile; car le prince de Condé et son parti étoient dans le plus grand désordre; la famine avoit déja fort affoibli leur petite armée : mais pendant le siége de Bourges, ce prince négocioit un traité avec les Anglois; et, afin d'obtenir leur secours, il leur abandonnoit le Hâvre et, pour ainsi dire, toute la Normandie. Cet infame traité acheva de rendre Condé odieux, non seulement aux catholiques, mais encore à beaucoup de seigneurs de son parti, qui lui reprochèrent amèrement d'avoir livré sa patrie aux horreurs de la guerre civile, et de la guerre étrangère.

Cependant les Anglois n'avoient pas perdu de temps; ils s'étoient déja rendus maîtres de Rouen, de Dieppe, et du Havre-de-Grace. Ils pouvoient facilement pénétrer dans l'Île-de-France et jusqu'à la capitale. La reine-mère donna le conseil utile d'abandonner, pour le moment, l'expédition projetée, à l'effet de marcher au secours de la Normandie, et ce conseil, appuyé du roi de Navarre, prévalut, malgré l'opposition du grand-maître (le duc de Guise) et du connétable, qui consultoient plus en ce moment leur haine contre les huguenots que le bien de l'état.

(1562.) L'armée catholique franchit en quatre jours l'espace compris entre Bourges et Rouen, et, sans tarder, le roi de Navarre fit les approches de la place.

La ville étoit défendue par Montgomery, celui-là même qui avoit tué Henri II. La garnison étoit de quatre mille hommes de troupes réglées et de dix mille habitants enthousiastes, devenus soldats.

Si la place étoit défendue avec opiniâtreté, elle ne fut pas attaquée avec moins de fureur. Les catholiques, animés par la présence de leur roi, encouragés par le vaillant roi de Navarre, qui leur donnoit l'exemple de la patience et du courage, firent des prodiges, vainquirent tous les obstacles et s'emparèrent du fort de Sainte-Catherine, qui dominoit la place ainsi que des autres ouvrages. Déjà la brèche étoit praticable; déjà dans deux assauts, livrés les 13 et 14 octobre, les catholiques avoient été repoussés avec perte. Cependant ils ne se décourageoient pas. Si les assiégés se défendoient avec toute la violence qu'inspire le fanatisme, les assiégeants ne reculoient pas devant eux, et se préparoient à une troisième attaque qui devoit être plus meurtrière que les précédentes.

Le roi de Navarre, pour prévenir les malheurs inévitables dans une ville prise d'assaut, somma le comte de Montgomery de rendre la place, et celui-ci refusa de le faire. Alors le prince, résolu de ne plus ménager des furieux qui couroient à leur perte, disposa tout pour un dernier assaut. Il s'étoit rendu à la tête de la tranchée pour reconnoître l'état de la place, et l'armée en bataille n'attendoit plus que ses ordres, lorsque, pressé par un besoin naturel, il se retire à l'écart. Dans ce moment même, il est atteint à l'épaule gauche d'une balle d'arquebuse qui lui brise l'os, lui déchire les nerfs, et le renverse à terre. Au cri qui s'élève, le duc de Guise accourt avec ses gentilshommes, et aide lui-même à transporter le prince mourant à son quartier-général, établi à Darnetal. Ce coup funeste arriva le 15 octobre 1562.

La blessure n'étoit pas très dangereuse, et peut-être qu'il eût pu en guérir sans l'ignorance des médecins, qui ne surent pas extraire la balle, et sans les entretiens particuliers qu'il eut avec la demoiselle de La Béraudière, qui ne quittoit point le chevet de son lit. Il languit dans un état incertain pendant plus d'un mois; mais avant de mourir il eut la satisfaction d'apprendre la prise de Rouen, emportée d'assaut le 25 octobre et livrée aux horreurs du pillage. Il voulut malgré sa foiblesse jouir de son triomphe, et se fit transporter en litière au son des instruments militaires. Entouré de l'armée victorieuse, on le déposa sur la place de Rouen, où il contempla sa conquête ; car c'étoit bien à lui que la prise de Rouen pouvoit être attribuée: ensuite on le reconduisit avec la même pompe par une brèche pratiquée au mur de la ville.

Enfin, sentant sa mort prochaine, Antoine congédia sa maîtresse et cette jeunesse folâtre dont il s'étoit toujours entouré; puis, il écrivit à Jeanne d'Albret pour la prier d'oublier les chagrins qu'il pouvoit lui avoir causés, lui recommanda ses enfants ainsi que la conservation du Béarn et de la basse Navarre. Enfin, après avoir fait son testament, il demanda d'être transporté par eau à sa maison de Saint-Maur-des-Fossés, dont l'air est plus pur que celui de Rouen.

Arrivé à la hauteur d'Andely, un frisson subit le saisit, et l'on fut obligé de s'arrêter en cet endroit. Les avant-coureurs de la mort le prenant, un de ses médecins, huguenot zélé, lui lut quelques passages de l'Écriture sainte. D'un autre côté, le cardinal de Bourbon, son frère, qui l'accompagnoit, introduisit auprès de lui un frère dominicain en habit séculier, pour l'exhorter à la mort. Pendant que ce religieux remplissoit ce devoir, une dernière convulsion survint, et le prince, prenant par la barbe un de ses valets-de-chambre, lui dit : *Servez bien mon fils, et qu'il serve bien le roi.* Aussitôt il rendit le dernier soupir.

Il mourut le 17 novembre 1562, n'ayant pas encore atteint sa quarante-quatrième année.

Nous nous sommes un peu étendu sur ce grand prince, parceque nous avons cru nous apercevoir que, déchiré de son vivant par les calomnies des protestants, il a été aussi mal connu que mal jugé par les écrivains catholiques. On lui reproche de la foiblesse dans le caractère. Le récit que nous venons de faire de ses actions, récit que nous avons emprunté aux historiens mêmes qui ne lui sont pas favorables, semble démentir ses détracteurs. En un mot, Antoine de Bourbon fut le digne père du grand Henri, et ce n'est pas son seul titre à la recommandation de la postérité.

Le corps d'Antoine, roi de Navarre, fut porté à Vendôme, et inhumé avec pompe dans l'église collégiale de Saint-George. Voici l'épitaphe qui se lisoit autrefois sur son tombeau :

ICI DESSOUS GIST ENSEPULTURÉ ANTOINE DE BOURBON, ROI DE NAVARRE, SOUVERAIN DE BÉARN, DUC DE VENDOSME, LIEUTENANT-GÉNÉRAL POUR LE ROY CHARLES NEUFIÈME DE CE NOM, LEQUEL SEIGNEUR FUT FILS DE TRÈS HAUT, TRÈS PUISSANT ET TRÈS MAGNANIME PRINCE, MONSEIGNEUR CHARLES DE BOURBON, PREMIER DUC DE VENDOSME, ET DE MADAME FRANÇOISE D'ALENÇON SON ÉPOUSE, ET DÉCÉDA A ANDELY, LE SEPTIÈME (¹) JOUR D'OCTOBRE, L'AN MIL CINQ CENT SOIXANTE ET DEUX.

Ce prince eut de Jeanne d'Albret, son épouse :

1° HENRI de Bourbon, duc de Beaumont, né le 21 septembre 1551, baptisé au mois de février de l'année suivante, par le cardinal Louis de Bourbon, archevêque de Sens, son grand-oncle paternel, et tenu sur les fonds baptismaux par le roi de France Henri II, Jean de Bourbon, seigneur d'Enghien, son oncle, et Henri d'Albret, roi de Navarre, son aïeul. Il eut pour marraine très haute, très puissante, et très excellente princesse madame Marguerite de France, duchesse de Berry, sœur du roi Henri II, et depuis duchesse de Savoie.

Ce jeune prince mourut à l'âge de deux ans le 20 août 1553, au château de La Flèche en Anjou. Si

---

(¹) La date de l'épitaphe est fautive ; il faut lire le dix-septième jour de novembre, etc.

l'on en croit l'historien de Navarre, sa mort auroit eu pour cause l'imprudence de ceux qui présidoient à sa première éducation. La baillive d'Orléans, grand'-mère du maréchal de Matignon, fort âgée et fort frileuse, tenoit ce petit prince si chaudement renfermé dans sa chambre, qu'on le trouva étouffé de chaleur dans ses langes. Son corps fut transporté à Vendôme, et placé à côté de ses pères.

2° HENRI IV dit LE GRAND, roi de France et de Navarre, dont nous parlerons ci-après.

3° LOUIS-CHARLES de Bourbon, comte de Marle, né au château de Gaillon, en Normandie, le 19 février 1554, perdit la vie par un accident assez funeste. Ce prince, beau par excellence, nous dit Favin (histoire de Navarre, page 805), étoit aussi souvent entre les mains des gentilshommes du roi de Navarre qu'entre les bras de sa nourrice. Le duc de Vendôme et la princesse sa femme se rendirent au Mont-de-Marsan pour voir leur père, Henri d'Albret, roi de Navarre, et ils lui présentèrent le jeune comte, encore au maillot suivant l'usage du temps. Le vieux roi, touché de la mort du premier de ses petits-fils, en reçut un grand plaisir, mais sa joie ne fut pas de longue durée. Pendant qu'il étoit à la chasse avec ses enfants, un gentilhomme et sa nourrice s'amusoient à caresser le petit prince, et se le passoient de main en main par manière de plaisanterie. Ils se trouvoient alors à une croisée au premier étage. Le gentilhomme, fatigué de cet exercice répété, refusa l'enfant, et la nourrice imprudente le lâcha, de sorte qu'il tomba de la fenêtre en bas et se rompit une côte. Cet accident n'auroit peut-être pas eu de suites fâcheuses, si l'on eût appliqué le remède convenable, mais la nourrice se contenta de lui donner à téter pour l'apaiser, et ne parla de rien, afin de ne pas se compromettre : par suite de cette imprudence l'enfant mourut quelques jours après. L'historien ajoute qu'Henri d'Albret, instruit des causes de cette mort, se courrouça fort contre sa fille, qu'il accusa de négligence, la menaçant de se remarier, parcequ'il ne vouloit pas mourir sans postérité; et que ce fut une des raisons qui l'engagèrent à prendre un soin tout particulier de la première éducation d'Henri IV.

Le corps du prince décédé fut inhumé dans l'église de Notre-Dame d'Alençon.

4° Catherine de Bourbon, régente de Navarre, duchesse d'Albret, née à Paris le 7 février 1558. Elle eut pour marraine Catherine de Médicis, reine de France. Cette princesse, d'une beauté remarquable, et douée des talents de l'esprit et du cœur les plus recommandables, se vit sur le point de mourir sans contracter alliance, quoiqu'elle eût été recherchée par tout ce qu'il y avoit de princes illustres en Europe. A peine sortie de l'enfance, on parloit de la marier avec François de France, duc d'Alençon, dernier fils d'Henri II; mais Henri IV, alors roi de Navarre, frère de Catherine et chef de la maison, n'eut point cette alliance pour agréable; Henri III, à son retour de Pologne, la desira aussi; mais la reine Catherine de Médicis s'opposa à son union. Charles, duc de Lorraine, devenu depuis son beau-père, la rechercha pareillement. Le roi d'Espagne, Philippe II, se mit aussi sur les rangs, et il promettoit au roi de Navarre de grands avantages pour obtenir son consentement. Trois ans après, Charles-Emmanuel, duc de Savoie, demanda en mariage la princesse Catherine et ne l'obtint pas, non plus que Jacques, roi d'Écosse, depuis roi de la Grande-Bretagne, qui lui assuroit une couronne. Le prince d'Anhald, quoique portant des secours à Henri IV, alors fort en peine, ne fut pas plus heureux. Depuis, trois princes du sang, Henri de Bourbon, prince de Condé, Charles de Bourbon, comte de Soissons, et Henri, duc de Montpensier, se disputèrent une si aimable conquête : Catherine préféroit le comte de Soissons, avec lequel même elle méditoit de s'unir par mariage secret; mais Henri, toujours inexorable, l'obligea de venir à la cour et veilla sur ses actions.

Enfin la sœur du grand Henri, toujours réclamée en mariage, et toujours écartée par son frère et déja vieille fille, demeura, comme le dit l'historien de Thou, à celui que Dieu lui avoit destiné, c'est-à-dire à Henri de Lorraine, duc de Bar, depuis duc de Lorraine. Elle eut trois cent mille écus de dot pour sa part des successions paternelle et maternelle, plus les pierreries de la maison d'Albret. Le mariage fut célébré le 31 janvier 1599, par Charles de Bourbon, archevêque de Rouen, frère naturel de la princesse, après qu'on eut obtenu du pape les dispenses nécessaires; ce qui occasiona bien des délais, car, il faut le dire, Catherine, élevée dans la religion protestante, y demeuroit tellement attachée, que rien ne put la faire changer, et qu'elle persista jusqu'à la mort malgré les instances de son mari, de son frère, et de sa famille. Enfin, après une douce union, qui dura trop peu de temps, elle mourut à Nancy, sans postérité, le 13 février 1604, d'une maladie de langueur causée par une inflammation provenant d'un mauvais germe, et par l'ignorance des médecins, qui, dans la crainte de détruire son fruit, ne lui appliquèrent pas les remèdes nécessaires. Son corps fut transporté à Vendôme, pour être placé à côté de ses ancêtres.

Enfant naturel.

Charles de Bourbon, fils naturel d'Antoine, roi de Navarre, et de Louise de La Béraudière, demoiselle de Rouët, fille d'honneur de la reine Catherine de Médicis. Ce jeune prince fut instruit dans les sciences par le célèbre jurisconsulte Balduin, et nourri près du cardinal de Bourbon, son oncle. Nommé tout jeune à l'évêché de Comminges, et pourvu successivement des évêchés de Lectoure et de Soissons, il ne laissa pas d'endosser la cuirasse, et combattit vaillamment à Jarnac, où il fut fait prisonnier, après plusieurs exploits qui n'avoient aucun rapport avec l'état qu'il avoit embrassé : mais il ne tarda pas à revenir sur sa conduite précédente, et il se consacra uniquement à la religion. Nommé en 1594 à l'archevêché de Rouen, il se fit d'abord ordonner prêtre, puis sacrer deux ans après. Autorisé par un indult du pape Clément VIII, il jouit des honneurs du cardinalat : ensuite il fut fait commandeur de l'ordre du Saint-Esprit, et chancelier des ordres royaux. Enfin, après une vie assez agitée, il échangea son archevêché de Rouen pour l'abbaye de Marmoutier en Touraine, où il termina sa carrière dans la pratique des vertus chrétiennes. Il mourut dans cette abbaye en 1610, quelques jours après le roi Henri son frère.

Avant de passer à Henri IV et à ses successeurs,

il nous a paru convenable de donner une idée sommaire des ancêtres maternels de ce grand prince, et c'est ce dont nous allons nous occuper dans l'article suivant.

GÉNÉALOGIE HISTORIQUE

DE LA MAISON D'ALBRET,

ou

NOTICE SUR LES ANCÊTRES MATERNELS

DE HENRI IV DIT LE GRAND.

ARMOIRIES.

Les premières armes de cette maison sont de gueules, sans autres accessoires, sinon que, suivant plusieurs sceaux, l'écu étoit diapré, c'est-à-dire chargé d'ornements divers à fantaisie, pour la décoration du vide.

Les seigneurs d'Albret ont pris leur nom d'un bourg appelé d'abord *Lebret* ou *Labrit*, dont on fit ensuite *Albret*. Ce bourg étoit situé dans les landes de Bordeaux, et il fut érigé en duché au mois de décembre 1556, en faveur d'Antoine de Bourbon et de Jeanne d'Albret, roi et reine de Navarre. Les sires d'Albret descendoient en ligne collatérale des premiers rois de Navarre, appelée alors la Sobrarbre, et leur origine remontoit jusqu'à Charlemagne. Don Garcias-Ximenès est le premier roi de ce pays.

Voici la série de ces seigneurs jusqu'à Jeanne d'Albret, reine de Navarre. Nous observerons que les quatre premiers sont fort incertains. L'historien de Navarre, Favin, n'en fait aucune mention.

I.

AMANJEU I (en langue béarnoise AMANJOU), Sire de Labret, vivant vers 1050, d'après une charte de l'abbaye de Condom, père de

II.

AMANJEU II, Sire de Labret, compagnon de Godefroi de Bouillon au voyage de la Terre-Sainte, et l'un des protecteurs de l'abbaye de Condom, au commencement du douzième siècle, père de

III.

AMANJEU III, Sire de Labret, vers le milieu du douzième siècle, et, comme le précédent, protecteur de l'abbaye de Condom, père de

IV.

BERNARD, Sire de Labret, vivant vers 1140, d'après un titre de l'abbaye de Soche, en Bordelois; on le suppose père d'Amanjeu IV, qui commence à être plus connu.

V.

AMANJEU IV, Sire de Labret ou d'Albret, contemporain et l'un des vassaux du vaillant roi Richard d'Angleterre, duc de Guienne et de Bordeaux, fit son testament le 2 août 1209. Il avoit épousé ADELMODIS, fille de Guillaume Taillefer IV, comte d'Angoulême, et il eut de cette princesse:

1° AMANJEU d'Albret, qui suit;
2° PINCELLE d'Albret, femme de Roger d'Armagnac, vicomte de Fézensaguet (ou Fézensac);
3° MATHE d'Albret, mariée à Raymond Bernard, vicomte de Tartas.

VI.

AMANJEU V, Sire d'Albret, gouverneur des châteaux de Bazas et de Caseneuve, pour Gaston, vicomte de Béarn, en 1250, un des arbitres du mariage de Constance de Béarn avec Henri de Champagne, dit de Navarre, pleige du mariage de Roger-Bernard, comte de Foix. Mort en 1255.

De sa femme ASSALIDE (¹) de Tartas, fille de *Didaque*, vicomte de Tartas, il eut:

(1) Favin, Histoire de Navarre, p. 605, l'appelle *Sarride*, et lui donne pour père Jacques, vicomte de Tartas.

1° AMANJEU, qui suit;
2° BÉRARD d'Albret, mort le 5 juin 1270, sans postérité.

VII.

AMANJEU VI, chevalier, Sire d'Albret, vicomte de Tartas, du chef de sa mère, remit, le 15 décembre 1272, à Édouard, fils aîné de Henri III, roi d'Angleterre, tous les droits qu'il avoit sur la châtellenie de Millau, testa en 1281, et laissa pour héritier AMANJEU VII, son second fils. Il avoit épousé MATHE de Bordeaux, fille de Pierre de Bordeaux, seigneur de Puy-Guilhem, dont il eut :

1° BERNARD-EZY, sire d'Albret, mort jeune, laissant de sa femme, Jeanne de Lezignem, deux filles, MATHE, dame d'Albret, vicomtesse de Tartas, morte sans postérité, et ISABELLE d'Albret, première femme de Bernard VI, comte d'Armagnac et de Fézensac;
2° AMANJEU, qui suit;
3° ARNAUD AMANJEU, ecclésiastique;
4° MATHE d'Albret, femme de Guillaume Seguin, seigneur d'Arrious;
5° ASSALIDE d'Albret, épouse de Centule III, comte d'Astarac.

VIII.

AMANJEU VII, Sire d'Albret, vicomte de Tartas, etc., connu d'abord sous le nom de seigneur de Varennes; et, après la mort de la comtesse d'Armagnac, sa nièce, successeur de tous les domaines dépendants du titre principal de sa famille, hérita en outre de sa belle-sœur, Jeanne de Lesignem; ce qui le rendit un des plus riches seigneurs du pays. La date de sa mort n'est pas connue; mais il vivoit en 1324, époque à laquelle il fit son testament. Il avoit épousé ROSE Dubourg, dame de Verteuil et de Veyre, dont il eut:

1° AMANJEU d'Albret, mort avant son père;
2° BERNARD-EZI, qui suit;
3° GUITTARD d'Albret, qui eut en partage la seigneurie de Verteuil, venant du chef de sa mère, épousa Mascarose d'Armagnac, fille de Gaston d'Armagnac, vicomte de Fézensac. Guittard n'eut point d'enfants légitimes; on ne lui connoît qu'un fils naturel, BERTRAND d'Albret, seigneur de Malemort et de Brier, vivant encore en 1365;
4° ARNAUD d'Albret, mort sans postérité;
5° BÉRARD d'Albret, seigneur de Verteuil, chef des seigneurs de ce nom (voyez le P. Anselme);
6° ASSALIDE d'Albret, épouse de Raymond, seigneur de Fronsac;
7° MATHE d'Albret, mariée deux fois, d'abord à Arnaud Raymond, vicomte de Tartas en 1308, ensuite en 1314 à Renaud Rudel, seigneur de Bragerac, vivante encore en 1340;
8° THOMASSE d'Albret, seconde femme de Guillaume Maingot, seigneur de Sugères et de Dampierre, vers 1314, duquel mariage il y a eu postérité, qui a formé la famille des Sugères-Dampierre;

9° MARGUERITE d'Albret, dont l'alliance n'est pas connue;
10° JEANNE d'Albret, mariée en 1319 à Renaud V, sire de Pons, d'où descend la famille de Pons. Ce seigneur fut tué à la bataille de Poitiers en 1356;
11° ROSINE d'Albret, épouse de Arnauld de Vèze, vicomte de Carmin, seigneur de Négreplisse, etc.

IX.

BERNARD-EZI, Sire d'Albret, vicomte de Tartas, seigneur de Dax, etc., mort en 1358. Il avoit épousé en premières noces Isabelle de Gironde, dont il n'eut pas d'enfants; et en secondes noces, MATHE d'Armagnac, fille de Bernard VI, comte d'Armagnac; et il eut de cette seconde femme :

1° ARNAUD-AMANJEU VIII, qui suit;
2° JEAN d'Albret, connu par un traité passé en 1368 entre lui et Charles V, roi de France, contre le roi d'Angleterre;
3° BERNARD d'Albret, qui se fit cordelier;
4° BÉRARD d'Albret, seigneur de Bazeille, chevalier, capitaine de la Voldar, de Durance et Falguagnolles, etc.; cité souvent dans les ordonnances de Charles VI, où il est qualifié, *Bérard de Lebret, chevalier*, etc.; il avoit épousé Hélène de Caumont, dame de Sainte-Bazeille, dont il eut FRANÇOIS d'Albret, seigneur de Sainte-Bazeille, mort en 1435 sans postérité;
5° et 6° GÉRARD d'Albret, et GUITTARD d'Albret, dont on ne connoit que les noms;
7° ROSE d'Albret, mariée à Jean III de Grailly, Captal-de-Buch, chevalier de l'ordre de la jarretière;

8° SOUVERAINE d'Albret, femme de Jean de Pommiers, seigneur de Lescun ;

9° JEANNE d'Albret, épouse, en 1350, de Jean, comte de l'Ile-Jourdain ;

10° et 11° MARGUERITE et CISE d'Albret, religieuses de l'ordre de Sainte-Claire ;

12° TALASIE d'Albret, mariée en 1362 à Barthelemy, seigneur de Piis ;

13° GÉRAUDE d'Albret, épouse de Bertrand, seigneur de la Mothe, en 1372.

Ici le P. Anselme et ses continuateurs placent, depuis 1362 jusqu'à 1440, une série de douze seigneurs de *Lebret* ou *Labrit,* qui ne sont guère connus que par les gages qu'ils tenoient de la France, pour soutenir cette puissance contre les Anglois et même contre les Navarrois, alors ennemis du royaume. Le plus remarquable d'entre eux est BERNARD d'Albret, appelé *le plus grand capitaine de tous les Gascons,* qui se saisit de Ham en Picardie, sur les Anglois, en 1470, et défendit sa conquête avec beaucoup de courage contre les troupes du duc de Bourgogne. A cause de l'obscurité qui règne dans l'histoire sur le sort de ces seigneurs, nous n'en ferons pas mention.

X.

ARNAUD-AMANJEU VIII, Sire d'Albret, vicomte de Tartas, comte de Dreux, etc. Ce seigneur, le premier de sa maison qui ait joué un rôle dans l'histoire, se trouvoit engagé, comme la plupart de ses ancêtres, dans le parti des Anglois, et suivoit la fortune d'Édouard III. Le roi Charles V trouva le moyen de se l'attacher sincèrement. Il lui fit d'abord épouser Marguerite de Bourbon, sœur de la reine sa femme (voyez t. I, pag. 89), et lui compta la somme de trente mille livres.

Le roi Charles VI, content des services qu'Arnaud avoit rendus à la France pendant les troubles, lui transporta le comté de Dreux en 1381. L'année suivante, le sire d'Albret se distingua à la bataille de Rosbecque livrée aux Flamands; et, bientôt après, par lettres-patentes, datées de Vincennes, le 17 mai 1382, il fut pourvu de la charge importante de grand chambellan de France. Il paroît qu'il mourut vers 1401.

Il eut de son épouse, Marguerite de Bourbon:

1° CHARLES I, Sire d'Albret, qui suit;
2° LOUIS d'Albret, seigneur de Langoiran, qualifié *neveu*, dans une ordonnance datée de 1375; mort jeune et sans enfants;
3° MARGUERITE d'Albret, mariée à Gaston de Foix I, Captal de Buch, comte de Bénanges et de Longueville. Elle laissa postérité.

XI.

CHARLES I,

SIRE D'ALBRET, DIT *DE LEBRET*, VICOMTE DE TARTAS, SEIGNEUR DE SULLY ET DE CRAON, ETC.; CONNÉTABLE DE FRANCE, ETC.

ARMOIRIES.

Au 1 et 4 de France, au 2 et 4 de gueules : couronne de vicomte.

Le sire d'Albret reçut la récompense des services que son père avoit rendus à la France contre les Anglois et les Espagnols. Uni d'intérêts avec les maisons d'Armagnac et de Foix, il fut bientôt élevé à la première dignité du royaume, et se distingua par son courage et ses grandes qualités.

Succédant au connétable de Sancerre, il lui falloit soutenir l'honneur d'un rang qui ne le cédoit point alors à celui de prince du sang. Charles avoit accompagné Louis II, duc de Bourbon, au voyage d'Afrique, en 1390, et contribué à la soumission que fit le duc de Bretagne au roi Charles VI, en prêtant l'hommage-lige. En 1404, les Gascons l'appelèrent à la défense de leur pays contre les Anglois. Muni des forces imposantes que le roi mit à sa disposition, et de celles qu'il tiroit de ses propres domaines, il parvint à repousser les ennemis de l'état.

(1409.) Cette année il vient au secours du duc de Bourbon, Louis II, attaqué par le sieur de Viry, et parvient, par ses soins, à remettre l'ordre dans les états de son parent. Lors des troubles survenus en France pendant la démence de Charles VI, il ne fut pas à l'abri des persécutions. Le parti des Bourguignons, auquel il ne plaisoit pas, à cause de son attachement au dauphin et aux Armagnacs, le destitua de la charge de connétable, qui fut donnée au comte de Saint-Paul; mais dans la suite il fut remis en fonctions, par lettres-patentes du 13 juillet 1413, après la mort dudit comte. Deux ans après (1415), Charles d'Albret fut tué à la bataille d'Azincourt, où il commandoit l'avant-garde de l'armée, suivant le droit établi pour les connétables. Il n'avoit pas soixante ans.

Le connétable d'Albret avoit épousé Marie de Sully, dame de Sully et de Craon, veuve de Guy V, Sire de la Trémoille, fille unique et héritière de Louis, Sire de Sully et d'Isabeau, dame de Craon; et il eut de son épouse :

1° Charles II, qui suit;
2° Guillaume d'Albret, seigneur d'Orval, de Bruyères-sur-
    Cher, d'Espineuil, de Saint-Amand, etc., qualifié

cousin du roi en 1405, servit la France pendant les guerres des quatorzième et quinzième siècles, contre les Anglois, et mourut au champ d'honneur à la bataille de Rouvray en Beauce;

3° JEAN d'Albret, décédé sans postérité;

4° JEANNE d'Albret, seconde femme de Jean, comte de Foix et de Bigorre;

5° CATHERINE d'Albret, épouse de Charles de Montagu, seigneur de Marcoussis, vidame de Laon, fils de Jean de Montagu, chambellan de France, auquel les Bourguignons firent trancher la tête dans la place des halles de Paris, le 17 octobre 1409.

XII.

CHARLES II, Sire d'Albret, comte de Dreux, vicomte de Tartas, seigneur de Sully, de Craon, Captal de Buch, etc. Ce seigneur se distingua, comme ses prédécesseurs, par son attachement au roi de France et par sa haine contre les Anglois et les Bourguignons; on le voit porté sur tous les états de service depuis 1425, jusqu'à 1467. Il étoit chevalier banneret, ayant sous ses ordres trois chevaliers bacheliers, seize écuyers, cinquante-neuf hommes d'armes, et cent arbalétriers dans sa compagnie. Il mourut en 1471.

Il avoit épousé Anne d'Armagnac, fille de Bernard VII, comte d'Armagnac et de Fézensac, et il eut d'elle:

1° JEAN d'Albret, qui suit;

2° Louis d'Albret, né en 1422, évêque de Cahors, puis d'Aire, cardinal-prêtre de la sainte église romaine, du titre de saint Pierre et de saint Marcellin: mort à Rome en 1465;

3° Arnaud-Amanjeu d'Albret, seigneur d'Orval, qui eut postérité, éteinte vers 1540;

4° Charles d'Albret, seigneur de Sainte-Bazeille, de Senzac, etc., qui eut la tête tranchée à Poitiers, le 7 avril 1473, pour avoir trahi Pierre II, duc de Bourbon, et l'avoir livré au comte d'Armagnac, son ennemi; (Voyez tome I, page 216.)

5° Gilles d'Albret, seigneur de Castelmoron, qualifié *cousin* du roi, dans une lettre de Louis XI. Son testament est daté du 8 août 1479. Il avoit épousé Anne d'Aiguillon de Catalogne, dont il n'eut pas d'enfant; mais il laissa un fils naturel nommé Étienne, seigneur de Miossens, sénéchal de Foix, qui a formé la branche des barons et comtes de Miossens, alliée à la maison de Bourbon, et en faveur sous Henri IV;

6° Marie d'Albret, mariée à Charles de Bourgogne, comte de Nevers et de Rhétel. Cette dame mourut vers 1485.

7° Jeanne d'Albret, seconde femme d'Artus III, duc de Bretagne et de Touraine, comte de Richemont, pair et connétable de France. Morte à Parthenay en 1444.

XIII.

Jean, Siré d'Albret, vicomte de Tartas, maréchal de France du temps de Charles VII (il n'y avoit alors que deux maréchaux de France), etc. Son père lui fit signer un acte par lequel il s'engageoit lui et son frère, Arnaud-Amanjeu, seigneur d'Orval, à ne point souffrir que les filles succédassent à l'héritage de leurs pères et mères, procédant de la seigneurie d'Albret, tant qu'il resteroit des enfants mâles descendants de mâles, conformément à ce qui s'étoit pratiqué jusqu'alors dans la maison d'Albret. Ce seigneur mourut avant son père en 1467.

Jean avoit épousé Catherine de Rohan, veuve de Jacques de Dinan, seigneur de Beaumanoir et de Châteaubriant, et il en eut :

1º ALAIN d'Albret, qui suit;
2º Louis d'Albret, créé cardinal par le pape Sixte IV, mais non reconnu par Ciacconius. Cet ecclésiastique eut deux filles naturelles, dont l'une reçut 3000 livres en mariage, et l'autre 400 livres, pour former sa dot comme religieuse;
3º MARIE d'Albret, mariée à un sieur Bonfille de Juge, chevalier, chambellan du roi Louis XI, lieutenant-général aux comtés de Roussillon et de Sardaigne, dont elle eut une fille;
4º LOUISE d'Albret, mariée en 1480 à Jacques, Sire d'Estouteville et de Vallemont; morte le 8 septembre 1494.

XIV.

ALAIN, surnommé LE GRAND, Sire d'Albret, comte de Gavre, de Périgord, et de Castres; vicomte de Limoges et de Tartas; Captal de Buch, seigneur d'Avesnes, etc. Entré au service dès avant 1471. En 1473, il avoit obtenu la confiscation des biens de son oncle Charles d'Albret, seigneur de Sainte-Bazeille. En vertu de ces avantages, il s'attacha au sort de la France, ainsi que ses deux prédécesseurs, et tira de cette puissance d'assez fortes sommes d'argent, comme il paroît par les titres.

Ses plus hauts faits d'armes sont d'avoir réduit à l'obéissance du roi les ville et château de Nantes, en 1492, et d'avoir accompagné Charles VIII à son expédition d'Italie. Il se trouvoit capitaine de cent lances, avec d'assez gros appointements pour l'époque (11000 écus d'or); car il paroît qu'on payoit alors fort cher les services et la fidélité des seigneurs gascons. Il étoit encore à la tête de cinquante lances en 1500. Du reste, on ne voit pas pourquoi on lui donne le surnom de *Grand*.

Le comte Alain fit son testament en 1522, et mourut probablement à cette époque, dans un âge fort avancé.

Il avoit épousé Françoise de Blois, dite de Bretagne, comtesse de Périgord, fille aînée et héritière de Guillaume de Châtillon, dit de Bretagne, vicomte de Limoges, et il eut de cette dame :

1° Jean d'Albret, roi de Navarre, qui suit;
2° Amanjeu d'Albret, cardinal-diacre du titre de Saint-Nicolas, élu en 1508 évêque de Pampelune, mort en 1520, laissant un fils naturel, Jean, bâtard d'Albret, légitimé par lettres de Henri II, datées du mois de septembre 1555;

3° PIERRE d'Albret, mort sans alliance;

4° GABRIEL d'Albret, seigneur d'Avesnes, vice-roi de Naples, ensuite sénéchal de Guienne en 1490, qualifié *cousin* du roi, conseiller et chambellan dudit seigneur roi, se trouva au tournois fait à Lyon en 1500, fit son testament le 10 octobre 1503, et mourut peu de temps après sans avoir été marié, laissant un fils naturel N... d'Albret, à qui Alain, Sire d'Albret, légua 200 liv. de rente pour son entretien, jusqu'à ce qu'il fût pourvu d'un bénéfice de 500 livres;

5° LOUISE d'Albret, vicomtesse de Limoges, dame d'Avesnes et de Landrecies, épouse de Charles de Croy, prince de Chimay, chevalier de l'ordre de la toison d'or, morte le 21 septembre 1531;

6° ISABELLE d'Albret, seconde femme de Gaston II de Foix, comte de Landale, Captal de Buch, etc.;

7° Anne d'Albret, nommée au testament de sa mère.

Le comte Alain laissa en outre six enfants naturels, qui furent tous pourvus d'une légitime pour leur établissement. Voici leurs noms et qualités:

1° ROLLET, avantagé par son père de 500 livres une fois payées, et des châtellenie et vicomté d'Aillas;

2° ACHILLES, doté de 1000 livres bordelaises pour son entretien aux études;

3° LOUIS, né de demoiselle Mariette, pourvu d'un bénéfice de 500 livres de rente;

4° FRANÇOIS, fils de la même personne, également doté;

5° LOUIS, fils de demoiselle Anne de Castelialoux, légitimé en 1547, et depuis évêque de Lescar, jusqu'en 1569;

6° FLORETTE, religieuse de Sainte-Claire au Mont-de-Marsan.

XV.

Jean, Sire d'Albret, comte de Foix, de Gavre, de Périgord, vicomte de Limoges et de Tartas, ROI DE NAVARRE. Par la mort prématurée de François-Phébus, trente-quatrième roi de Navarre, la couronne étoit échue à CATHERINE de Foix, sa sœur unique, fille de Gaston de Foix, prince de Viane, et de madame Madeleine de France, sœur puînée du roi Louis XI. François-Phébus étoit parvenu au trône comme héritier d'Éléonore, son aïeule, fille de Jean II, roi d'Aragon et de Blanche, reine de Navarre, sa seconde femme.

Le nouveau roi, couronné à Pampelune, le 10 janvier 1494, avec son épouse, Catherine de Foix, déja depuis deux ans reconnue reine, ne resta pas long-temps tranquille dans ses états. Depuis bien des années, les rois de Castille et d'Aragon convoitoient la Navarre, première province délivrée de la domination des Maures et érigée en royaume, la plus riche alors et la plus florissante de la péninsule: elle comprenoit, outre la Navarre proprement dite, la Catalogne, une partie de l'Aragon, de la Castille, de la Biscaye, et du Guipiscoa, jusqu'à l'Ebre, sans compter les pays situés en-deçà des Pyrénées. Déja par différentes alliances, par intrigues et par ruse, les deux susdits rois avoient joint à leur états plusieurs parties de cette monarchie. Ferdinand V, dit le Catholique, fort de son union avec Isabelle, reine de Castille, crut qu'il étoit temps de mettre la dernière main à l'ouvrage de ses prédécesseurs. Si le royaume de Navarre, possédé par un prince françois, eût été paisible, Ferdinand auroit sans doute échoué dans son projet; mais deux factions puissantes s'étoient élevées par la foiblesse des derniers rois, et déchiroient ce malheureux pays : la maison de Beaumont, originaire de Normandie, établie depuis plus de deux siècles en Navarre, et parvenue au plus haut point de puissance, ses chefs ayant été successivement Alfiers, majors (Porte-bannière), grands sénéchaux, connétables de Navarre; et celle de Grammont-Provence-des-Marches-de-Guienne, et issue des anciens rois de Navarre. L'une tenoit le parti de l'Aragon, l'autre le parti de Castille. Une circonstance grave vint ajouter aux malheurs des Navarrois.

La famille d'Albret, comme nous l'avons observé, étoit très attachée à la France, dont elle relevoit immédiatement, pour les terres qu'elle possédoit dans la Guienne. Le nouveau roi, persistant dans sa fidélité, refusa de se joindre à Ferdinand pour faire la guerre à son ancienne patrie. Il fit plus; il soutint l'élection de Arnaud d'Albret, cardinal, à l'évêché de Pampelune, contre le pape Jules II, qui avoit disposé de cet évêché en faveur d'un autre ecclésiastique. Ce pontife, *plus propre à être gendarme que d'église,* comme le dit naïvement l'historien de Navarre, mit en interdit tout le royaume; et le clergé ainsi que le roi, afin de prévenir les troubles que cette mesure acerbe commençoit à susciter, furent forcés de recevoir le prélat italien qu'on leur imposoit. Les répétitions que Jean fit des terres enlevées à la Navarre, par Ferdinand et ses prédécesseurs, ainsi que les plaintes qu'il porta contre le comte de Lérins, chef de la faction beaumontoise, soutenu par l'Aragonois, et qui avoit osé refuser au nouveau roi l'entrée de sa capitale, n'eurent aucun succès. Jean et son épouse, rejetés avec dédain, se portèrent avec les Clermontois, contre le connétable, comte de Lérins, et contre les Beaumontois; et ils en vinrent facilement à bout.

A-peu-près vers le même temps (1510), presque toute l'Europe étoit en armes et irritée contre Jules II. En France, un concile national, assemblé à Tours, avoit pris une résolution contraire aux intérêts du pape; et le roi de Navarre adhéroit à sa décision; ce même synode avoit été suivi d'un concile général tenu à Pise malgré le pontife. Jean adhéra pareillement aux décrets de cette auguste assemblée, ainsi que la France, l'empire d'Allemagne, et autres puissances. Il n'en fallut pas davantage. Jules II lança la bulle d'excommunication et d'interdit contre l'empereur Maximilien, le roi de France, et en particulier contre le roi et la reine de Navarre.

Le rusé Ferdinand sut bien profiter de cette bulle, qui, en Navarre, fit sur les peuples un effet terrible; les Beaumontois reprirent les armes avec l'aide de leurs partisans fort nombreux, et de l'appui secret du roi d'Aragon, et ils exigèrent impérieusement leur réintégration dans les domaines et dignités qu'ils avoient possédés auparavant. L'Aragonois, de son côté, sous prétexte d'une guerre entreprise contre la France, demanda : 1° Le passage par la Navarre. 2° La jonction des troupes navarroises avec les siennes contre les François. 3° La remise de plusieurs places, pour garantie du traité. Ces propositions étoient inadmissibles; et le roi de Navarre, comptant sur la France, se préparoit à la résistance. Elle ne fut pas longue. Le duc d'Albe pour l'Espagne, le comte de Lérins pour les Beaumontois, la bulle d'excommunication à la main, entrent en Navarre par deux côtés, marchent sur Pampelune, qui leur est livrée par les habitants eux-mêmes. Jean et son épouse, abandonnés par leurs crédules sujets sont forcés de repasser les monts, et de se concentrer dans la basse Navarre, le Béarn, et autres pays qu'ils possédoient en France.

(1512.) Le roi Louis XII averti du malheur de

son allié s'empressa d'envoyer une armée de vingt mille hommes, pour recouvrer la Navarre, et le duc d'Angoulême (depuis François I) la commandoit. On reprit plusieurs places, et on mit le siége devant Pampelune. Mais cette première entreprise manqua par le peu de concert des chefs.

C'est de ce premier désastre que date la perte entière de la Navarre, que l'on tenta vainement de reprendre à l'Espagnol, et qui lui est toujours restée. Le roi Jean ne survécut pas long-temps à son malheur. Il décéda au château de Montménin en Béarn, le 17 juin 1516. Son corps fut déposé à l'église cathédrale de l'Escar, pour être transporté de là à celle de Pampelune, sépulture de ses ancêtres, ce qui n'eut jamais lieu.

Peu de temps avant sa mort, il avoit envoyé un ambassadeur à Ferdinand pour le sommer de lui rendre son royaume injustement usurpé, l'ajournant à comparoître au jugement du Dieu vivant, seul juge des princes et des rois; et il n'avoit reçu que cette seule réponse : « Que lui, Ferdinand, avoit conquis le royaume de Navarre à bon et juste titre, ayant été mis en interdit par le pape, et qu'il ne pouvoit s'en départir à son honneur, puisqu'il plaisoit à Dieu de lui conserver sa conquête. »

De tous les rois qui avoient régné sur la Navarre, il ne s'en trouvoit aucun qui fut plus doux, plus affable pour ses sujets que ce bon prince. Si l'on ajoute à ces qualités du cœur, un grand amour de l'humanité, une éloquence naturelle et engageante, un fonds solide de connoissances acquises dans les sciences et dans les arts d'agrément, l'on aura l'idée de Jean d'Albret, prince digne d'un meilleur sort, si les affaires du monde se régloient toujours suivant l'équité et la droite raison.

Jean d'Albret, roi de Navarre, eut de son épouse :

1° 2° et 3° Jean-André-Phébus, Martin-Phébus, et Bonnaventure d'Albret, morts jeunes;
4° Henri d'Albret, qui suit;
5° Charles d'Albret, mort au siège de Naples, sans avoir été marié;
6° Anne d'Albret, fiancée d'abord avec Charles de Foix, comte d'Astarac, qui mourut avant la célébration du mariage, puis mariée avec Jean de Foix, frère du précédent, dont elle n'eut point d'enfants;
7° Isabelle d'Albret, épouse de René I, vicomte de Rohan, seigneur de Fontenay;
8° Catherine d'Albret, religieuse de l'abbaye de Fontevrault, puis abbesse de la Trinité de Caen, morte en 1532;
9° Quitterie d'Albret, prieure de Prouille en Languedoc;
10° Madeleine d'Albret, religieuse.

Fils naturel.

Pierre, bâtard d'Albret, évêque de Comminges en 1561, ambassadeur à Rome, pour Antoine, roi de Navarre, et l'un des pères du concile de Trente.

XVI.

HENRI D'ALBRET,

ROI DE NAVARRE,

PRINCE DE VIANE ET DE BÉARN; COMTE DE FOIX, DE BIGORRE, D'ARMAGNAC, DE TARTAS, ETC., ETC.

ARMOIRIES.

De six pièces; trois en chef, quatre en pointe, savoir : au 1 de Navarre, au 2 écartelé de France et d'Albret, au 3 d'Aragon, au 4 chef de la pointe, écartelé de Foix et de Béarn, au 5 écartelé d'Armagnac et de Rhodez, au 6 d'Évreux, au 7 de Castille et de Léon.

(1516.) Ce prince, né dans le mois d'avril 1503, au château de Sanguest, n'avoit que quatorze ans lorsque son père mourut. Il resta sous la tutelle de sa mère, qui conserva le titre et les fonctions de reine. Ferdinand, l'oppresseur de la Navarre, ne survécut que de six mois à l'infortuné Jean d'Albret. Catherine crut la circonstance favorable pour rentrer en possession de ses états. Jean d'Albret avoit laissé à l'époque de son décès cinq mille hommes de pied pour s'en servir au besoin; avec cette foible armée on tenta encore la fortune. Mais que pouvoit le courage contre le nombre uni à la ruse et à la perfidie. Tous ces efforts se réduisirent à la prise de quelques places qui retombèrent bientôt au pouvoir de l'ennemi, ainsi que la forte ville de Fontarabie, la vallée d'Andore, et les terres situées en Catalogne, que le défunt roi avoit conservées.

Il y a plus : les Navarrois commençoient à se repentir de leur lâcheté, et regrettoient leurs anciens maîtres. Le connétable, comte de Lérins, avec les Beaumontois avisoient déja aux moyens de secouer le joug de fer des Espagnols; mais la cour de Madrid s'aperçut bientôt de leurs projets; et, pour mettre leurs ennemis dans l'impossibilité de rien entreprendre par la suite, le cardinal Ximenès, qui gouvernoit l'Espagne au nom de Charles d'Autriche, fit raser les châteaux, démanteler les places, arracher les cultures et les moissons, et transporter une grande partie des habitants en Andalousie. Il n'y eut que Pampelune, Lombier, Pont-la-Reine, les châteaux d'Estelle et de Marzille exceptés de cette mesure atroce.

En moins de quinze jours, la Navarre, ce pays si fertile, si peuplé, si riche sous ses rois, fut changé en un désert affreux, où l'on ne voyoit que des landes, dont quelques masures et les débris des villes et bourgades incendiées interrompoient la triste uniformité.

(1517.) Par le premier accord passé entre Charles d'Autriche et François I, il avoit été convenu qu'en faveur du mariage projeté entre madame Claude, sœur du roi, avec le nouveau roi d'Espagne, François abandonneroit ses droits sur le royaume de Naples, et que Charles rendroit la Navarre; ce traité, comme tant d'autres, n'eut point d'exécution. Ce qui causa un tel chagrin à la reine Catherine, qu'elle en mourut le 12 février 1517, dans la ville de Mont-de-Marsan. Son corps fut déposé auprès de celui de son mari, dans l'église cathédrale de Lescar. Ainsi le prince de Viane, Henri d'Albret, prit possession du royaume et des droits de ses ancêtres.

(1520.) Cependant le roi de France se mit en devoir de contraindre par la force des armes Charles d'Autriche, devenu empereur sous le nom de Charles V, à rendre la Navarre comme il l'avoit promis. Une première armée conduite par André de Foix, seigneur d'Asparaut, entre dans le pays et s'empare sans coup férir du val de Roncal, tire droit à Pampelune, qui, vu la disposition des habitants du pays, ne fit aucune résistance. Ce général étoit maître du pays sans son avarice et son imprudence. Il commença par renvoyer une partie de ses troupes pour épargner la dépense; et il eut le malheur d'attaquer les Espagnols avec le reste. Ainsi il perdit la bataille, et tout ce qu'il avoit pris au commencement de son expédition. L'amiral de Bonnivet, envoyé avec une autre armée, ne fut pas plus heureux. Tous ses succès se bornèrent à la prise de Fontarabie. De nouvelles brouilleries entre l'empereur Charles V et François I étant survenues, on abandonna l'expédition de Navarre.

(1525.) Quelque peu de succès qu'eurent les tentatives des François sur la Navarre, Henri d'Albret, âgé de 20 ans, ne fut pas moins attaché à la France. Il accompagna le roi François à son expédition au-delà des monts, et il fut fait prisonnier à la bataille de Pavie. Les ennemis se proposoient de le faire passer en Espagne pour l'y tenir en charte privée pendant toute sa vie. Comme il n'étoit pas encore marié, c'étoit le vrai moyen d'anéantir les justes droits de la maison d'Albret sur la Navarre. Henri, qui s'en doutoit, trouva moyen, à l'aide de deux serviteurs fidèles, de se procurer des échelles de cordes, avec lesquelles il s'échappa de la tour où il étoit renfermé. Un de ses pages, placé dans son lit où l'on supposoit que Henri, fort incommodé, reposoit, donna le temps à ce prince et à deux de ses compagnons de regagner la France avant qu'on pût s'apercevoir de leur évasion.

(1525.) Au traité de Madrid, les intérêts de Henri d'Albret furent sacrifiés. Pour le consoler de la perte de ses états, François I lui donna en mariage madame Marguerite de France, sa sœur chérie, veuve du duc d'Alençon; cette princesse lui apportoit en dot, avec les duchés d'Alençon, de Berry, le comté d'Armagnac, toutes ses appartenances et dépendances. Il ajouta à cette faveur la promesse de toutes ses forces pour le recouvrement de ses anciens états; mais cette promesse éprouva le sort de beaucoup d'autres semblables. Le mariage de Henri d'Albret, roi de Navarre, avec madame Marguerite de Valois eut lieu le 24 janvier 1526.

Henri d'Albret, ayant perdu l'espoir de recouvrer le royaume que lui avoient laissé ses pères, ne s'occupa plus que du soin de faire fleurir par une bonne administration ce qui lui restoit de ses domaines, avec les nouvelles possessions que son mariage lui avoit procurées. Aidé de Marguerite de Valois, princesse douée de toutes les qualités de l'esprit et du cœur, il attira à sa cour tout ce qu'il y avoit d'hommes instruits et capables d'adoucir les mœurs encore sauvages des habitants du Béarn et de la Basse-Navarre. Ce pays, auquel les anciens rois avoient fait peu d'attention, prit une nouvelle face. Les Navarrois, échappés au joug de l'Espagnol, se rendirent à la voix de leurs légitimes souverains, et ils embellirent par leurs soins les villes et les campagnes du Béarn, qui formèrent en peu d'années un des pays les plus agréables, les plus fertiles, et les plus policés de la France.

(1548.) C'est au milieu de ces soins que Henri

d'Albret passa les vingt premières années de son règne, et il eut le bonheur, avant de mourir, d'unir la destinée de sa fille unique, Jeanne de Navarre, avec Antoine de Bourbon, duc de Vendôme, comme nous l'avons dit ci-dessus.

Ce prince perdit la reine, son épouse, en 1559; mais le chagrin que pouvoit lui causer une pareille perte fut compensé par la naissance de Henri IV, son petit-fils, dont il fut le premier instituteur, et dont il préparoit la gloire future par l'éducation mâle et vigoureuse qu'il se proposoit de lui donner.

Il mourut à Hagerman, en Béarn, le 25 mai 1555, âgé de cinquante-trois ans, ou environ. Son corps fut déposé avec ceux de ses père et mère dans l'église cathédrale de Lescar, attendant qu'il pût être transporté à Pampelune, comme il sembloit le desirer.

Henri eut de Marguerite de France, son épouse :

1° JEAN d'Albret, mort jeune;
2° JEANNE d'Albret, reine de Navarre, qui suit.

XVII.

JEANNE D'ALBRET,

REINE DE NAVARRE,

PRINCESSE DE BÉARN, COMTESSE DE FOIX, ETC., ETC.

ARMOIRIES.

Comme celles de son père Henri d'Albret (voy. ci-dessus), excepté qu'elles portoient de Bigorre sur le tout.

Cette princesse naquit le 7 janvier 1528, fut promise en mariage à Guillaume, duc de Clèves et de Juliers, que François I desiroit attirer à sa cause contre l'empereur Charles V. Ce mariage n'eut pas lieu, parceque le duc de Clèves, par sa lâcheté, se rendit indigne d'une aussi haute alliance. Le premier accord ayant été rompu par l'autorité de l'église, elle épousa, en vertu d'un contrat passé à Moulins en Bourbonnois, le 20 octobre 1548, Antoine de Bourbon, duc de Vendôme, pair du royaume de France, et premier prince du sang.

« Cette princesse, dit un historien ancien, étoit belle, sage, et vertueuse. Douée d'un beau jugement naturel, aidé par la lecture des bons livres, à laquelle elle étoit fort adonnée, et d'une humeur si joviale, qu'on ne se pouvoit ennuyer auprès d'elle. Docte, éloquente, elle pouvoit charmer les ennuis et les passions de l'ame. » Malheureusement pour la France elle suivit les mêmes errements que sa mère, Marguerite de Valois, et elle établit le culte protestant dans ses états. Les voies pour ce changement avoient été préparées dès long-temps par ses parents; mais on avoit mis quelque prudence et quelque modération, pour ne pas déplaire à la cour de France. Ici ce fut ouvertement que Jeanne, après la mort de son époux, se déclara la protectrice des huguenots, et qu'elle fit élever son fils conformément à la nouvelle doctrine.

On connoît son courage au milieu des douleurs de l'enfantement, lorsque, pour condescendre au desir de son père et en même temps par une curiosité, bien naturelle aux femmes, qui font tout pour apprendre ce qu'elles ont intérêt de savoir, elle chanta une chanson béarnoise, commençant par ces vers :

> Nostre Donne deou cap deou pon
> Adjouda mi en aqueste houre, etc.

c'est-à-dire : *Notre Dame du bout du pont, aidez-*

moi à cette heure. En Gascogne, il y avoit alors au bout de chaque pont un oratoire consacré à la sainte Vierge, et l'oratoire, placé au pont du Gave, étoit connu par les pélérinages que les femmes en couches faisoient pour obtenir de la mère du Sauveur une heureuse délivrance.

Dans tout le cours de la guerre civile, Jeanne d'Albret ne démentit point le caractère ferme et décidé qu'elle avoit reçu de la nature. Elle guida les premiers pas du jeune Henri dans la carrière administrative, tandis que le prince de Condé et Coligni lui faisoient faire ses premières armes.

Après la mort du roi de Navarre, Jeanne, reine de ce pays, de son propre chef, continue de le gouverner, comme avoient fait ses ancêtres, avec beaucoup d'équité, de modération, et de veiller à l'éducation de son fils. Elle étoit l'ame du parti protestant. Ses ennemis, car elle devoit en avoir beaucoup, firent procéder contre elle à Rome et au concile de Trente, par citation, censure, excommunication; mais Charles IX s'opposa fortement à cette violation du droit des souverains.

Jeanne auroit pu se croire heureuse reine et heureuse mère sans les circonstances douloureuses où elle se trouvoit. L'hymen de son fils avec Marguerite de France, duchesse de Valois, sœur d'un puissant roi, pouvoit lui faire espérer un agréable avenir, et la fin des troubles qui agitoient sa patrie.

La Providence en avoit disposé autrement. Elle n'eut pas la douleur de voir le massacre de ses coreligionnaires, étant décédée à Paris, peu après y être venue pour assister au mariage de son fils, le 9 juin 1572, à l'âge de quarante-quatre ans.

On a prétendu qu'elle avoit été empoisonnée, parcequ'on craignoit sa vigilance et sa pénétration. Il n'y a rien de moins prouvé que cette assertion. D'abord le massacre de la Saint-Barthélemi n'étoit point arrêté alors. On n'y songeoit nullement, et quand on y auroit songé, cette princesse, tout habile qu'elle étoit, n'auroit pas pu rompre les mesures prises à cet égard. C'eût été une victime de plus, et voilà tout.

Jeanne de Navarre laissa donc pour héritiers des débris de la fortune de ses pères Henri IV, dont nous allons nous occuper, et Catherine de Navarre, dont nous avons parlé à l'article précédent.

Elle avoit ordonné par testament que son corps fût conduit à Lescar et déposé auprès de son père; il paroît au contraire, par l'inscription ci-dessous, qu'il fut porté à Vendôme, et inhumé près de celui du roi Antoine, son époux.

EN CE MÊME SÉPULCRE, GIST TRÈS HAUTE, TRÈS SAGE, ET TRÈS VERTUEUSE DAME MADAME JEHANNE D'ALBRET, REINE DE NAVARRE, SOUVERAINE DE BÉARN, ET DUCHESSE DE VENDOSMOIS, FILLE UNIQUE ET SEULE HÉRITIÈRE DE HENRY D'ALBRET, ROY DE NAVARRE, ET DE MARGUERITE DE FRANCE, LAQUELLE DÉCÉDA A PARIS LE IX JOUR DE JUIN MIL-CINQ-CENT-SOIXANTE DOUZE.

II.

HENRI IV,

DIT LE GRAND,

ROI DE FRANCE ET DE NAVARRE.

A double écusson, l'un de France, c'est-à-dire d'azur à trois fleurs de lis d'or, deux en chef et une en pointe; l'autre de Navarre, c'est-à-dire de gueules aux chaînes d'or posées orle en croix et en sautoir; couronne de France.

(Nous donnerons à l'article de Louis XIV la description de la couronne et des colliers.)

Nous n'entreprendrons pas de faire le récit détaillé des actions de ce grand roi; cette tâche est au-dessus de nos forces. D'ailleurs la vie de Henri IV se trouve par-tout, et son image est gravée dans le cœur des François. La poésie épique s'est emparée d'un si brillant sujet; le premier théâtre de la France a mainte et mainte fois retenti des louanges de Henri; l'histoire a tracé en caractères ineffaçables ses vertus, sa valeur, ses victoires, sa clémence, et jusqu'à ses peines domestiques; car ce grand prince fut plus que ses sujets peut-être soumis aux foiblesses humaines. La saine politique admire et propose pour exemple, à ceux qui lui succèdent, ses maximes en fait de gouvernement; la vraie philosophie le préconise comme un des bienfaiteurs de l'humanité; les François applaudirent à la sincérité de sa conversion, et l'Église, par l'organe de son chef, lui donna, avec raison, le titre glorieux de défenseur de la foi, parceque, par sa sagesse, il sut en maintenir la pureté dans ses états, et garantir la religion des fureurs de deux partis acharnés à sa destruction.

Ne pouvant rien ajouter à ce tableau, nous nous renfermerons dans le cercle prescrit par la nature de notre ouvrage; nous bornant à la partie généalogique, nous renverrons le lecteur aux nombreux ouvrages dont ce grand prince a été l'objet. (Voyez Mémoires de Sully, Péréfixe, Mézerai, Velli, Anquetil, et autres écrivains des dix-septième et dix-huitième siècles.)

Henri naquit au château de Pau, en Béarn, le mercredi 13 décembre 1553. Suivant l'histoire de

Navarre, sa première enfance se passa dans les montagnes de Coarasse et dans le castel de Miossens, parceque la dame de Miossens, épouse du baron de ce nom et de la maison de Bourbon-Busset (voyez tome I, page 446), étoit sa gouvernante. On connoît les détails de son éducation. L'année suivante, il fut baptisé le jour des rois 1554, dans la chapelle du château de Pau, sur des fonts d'argent faits exprès. Ses parrains furent les rois de France et de Navarre, qui lui donnèrent leur nom. La marraine, madame Claude de France, depuis duchesse de Lorraine; et la cérémonie se fit par monsieur le cardinal d'Armagnac, évêque de Rhodez, et vice-légat d'Avignon.

L'année d'ensuite (1555), il perdit son aïeul maternel, Henri d'Albret, et en 1562, son père, Antoine de Vendôme; ainsi il resta, toujours avec le nom de prince de Béarn, sous la tutéle de sa mère, Jeanne d'Albret, qui l'éleva dans la religion protestante. Il eut pour précepteurs, d'abord le sage La Gaucherie; ensuite, lorsqu'il fut retourné en Béarn, Florent Chrétien, zélé protestant. A peine âgé de dix ans, le jeune Henri fut pourvu du gouvernement de Guienne, avec dispense d'âge pour exercer. A quinze ans, il fit ses premières armes, en qualité de chef des huguenots sous le prince de Condé (1569), et se trouva à la bataille de Montcontour en 1572.

Le roi Charles IX, autant pour le détacher du

parti protestant, que pour assurer la couronne dans la maison de France, lui donna en mariage sa propre sœur Marguerite de Valois. Peu avant la cérémonie, Jeanne d'Albret meurt : Henri, connu jusqu'alors sous le nom de prince de Béarn, se trouve roi de Navarre. Nonobstant cette circonstance, le mariage se célèbre le 18 août 1572, et le massacre de la Saint-Barthélemy suit immédiatement une alliance contractée sous de si funestes auspices.

Henri forcé d'abjurer sa religion, se résigne. Les temps n'étoient point encore venus où il pourroit faire librement un pareil acte. Retenu dans une espèce de captivité à la cour, il assiste le duc d'Anjou au siége de La Rochelle, entrepris contre les huguenots; mais, au bout de quelques années, et après la mort de Charles IX, il brise ses fers, et se remet à la tête des protestants (1576), qu'il conduit à la victoire, notamment à celle de Coutras (1587). Henri III, de son côté, pressé par les catholiques de l'union, l'appelle à son secours, et les deux Henri forment le siége de Paris.

Henri III étant mort sans enfants, le trône de France écheoit de droit au roi de Navarre, qui est reconnu sur-le-champ roi de France, par une partie des seigneurs françois; mais le plus grand nombre exige qu'il se fasse instruire dans la religion du grand peuple qu'il étoit appelé à gouverner.

Henri persiste d'abord dans sa croyance, continue la guerre avec divers succès contre ses sujets soulevés, gagne les batailles d'Arques, d'Ivri, et d'Issoire, sur le duc de Mayenne, chef de l'union, le 21 septembre (1589 et 1590), fait le siége de Paris, qu'il est bientôt obligé de lever, ainsi que celui de Rouen, à l'approche des Espagnols réunis aux catholiques.

D'un côté, les zélés royalistes qui l'avoient suivi parcequ'ils tenoient au principe de l'hérédité, le pressoient de se rendre au vœu de la France, et de rentrer dans le sein de l'église ; d'un autre côté les protestants, alors dans leur première ferveur, le détournoient de ce dessein. Henri, dans cette alternative, voulut connoître cette religion qu'on ne lui avoit pas apprise. Il l'étudia sincèrement ; et plus encore par conviction que par intérêt, il l'embrassa solennellement, en fit profession publique dans l'église royale de Saint-Denys en France, le dimanche 25 juillet 1593 ; et, l'année suivante, le premier dimanche de carême, 27 février 1594, il fut sacré dans l'église cathédrale de Chartres par Nicolas de Thou, évêque de cette ville. La cité de Rheims fut privée de ce bonheur, parcequ'elle n'avoit pas encore fléchi sous l'autorité paternelle de son roi.

La conversion du roi, et l'auguste cérémonie du sacre produisirent leur effet. Le clergé, la noblesse catholique et protestante s'attachèrent fortement à sa cause; les peuples et les villes s'empressèrent de suivre l'exemple de la noblesse. Paris d'abord, le mardi 22 mars 1594, se remit sous son obéissance. Meaux, Orléans, Bourges, Lyon, Rouen, Troyes, Poitiers, et autres bonnes villes du royaume imitèrent la capitale, et le roi n'eut plus à réduire que les restes de ce parti formidable qui avoit fait trembler sur son trône le souverain de la France. La soumission du duc de Mayenne, chef de l'union, en 1595, et celle du duc de Mercœur qui, pendant les troubles, s'étoit rendu comme indépendant en Bretagne, achevèrent le grand œuvre de la réconciliation.

Une paix honorable, conclue à Vervins (2 mai 1598), avec le roi d'Espagne; l'édit de Nantes accordé aux protestants, le 31 août de la même année, et trois ans après, 1601, l'accession du duc de Savoie au traité de paix universelle, fit du roi Henri IV le plus grand des rois de son temps. Heureux si cette paix, achetée par tant de sacrifices et tant d'actions héroïques, et qu'il donna à ses sujets, eût pu faire à lui-même son bonheur.

(1600.) Henri IV, comme nous l'avons dit, avoit épousé Marguerite de Valois. Cette union, forcée par manque de consentement libre de part et d'autre, fut facilement dissoute, en vertu d'un acte de l'église, daté de 1599; et, l'année suivante, le roi épousa solennellement à Lyon, Marie de Médicis, fille aînée de François de Médicis, grand duc de Toscane, et de Jeanne d'Autriche. Ce second mariage fut pour la France un bonheur. Si des chagrins domestiques altérèrent quelquefois la félicité dont le roi méritoit de jouir, d'un autre côté, une famille nombreuse, aimable, et vertueuse naquit de cette nouvelle union.

Depuis qu'il étoit parvenu à la couronne de France, Henri avoit toujours fait réserve des biens patrimoniaux qu'il tenoit de sa mère, parceque, n'ayant pas d'enfants, il ne vouloit point priver sa sœur de sa succession. Lors de son avénement au trône, il avoit confié à Catherine de Navarre la régence de ses états de Guienne, et la princesse s'étoit acquitté de cette fonction importante avec autant de prudence que de bonheur. Mais en 1607, se voyant pourvu d'héritiers en nombre suffisant pour assurer le trône dans sa famille, il réunit, par un acte authentique du mois de juillet, la Navarre et tous ses autres domaines à la couronne de France; enfin ce grand prince se vit en peu d'années l'arbitre et le plus puissant roi de l'Europe. Il put se livrer à tout son amour pour le peuple, réduire la noblesse à un genre de vie moins turbulent et plus rassurant pour les libertés publiques; il embellit Paris et les provinces de beaux édifices, protégea les lettres et les savants, mais ce fut avec goût et discernement; fit renaître le commerce et en même temps l'amour du travail et de l'économie; mit le sceau à son habile politique en resserrant la puissance autrichienne dans les bornes prescrites par la nature de ses états, et dont elle n'auroit jamais dû sortir.

Il alloit jouir du fruit de ses longs travaux, lorsqu'une mort funeste le ravit à la France, le vendredi 14 mai 1610, sur les quatre heures du soir, à l'âge de cinquante-sept ans, un mois, un jour, et après avoir régné vingt ans, neuf mois, et douze jours. Son corps, porté en pompe solennelle, fut enterré à Saint-Denis, et son cœur à la Flèche, grand collège des jésuites, que ce prince avoit fondé lui-même, à cause de l'estime et de l'amitié qu'il portoit à la célèbre société connue sous ce nom.

On a beaucoup disserté sur la mort tragique d'un prince qui n'avoit pas encore assez vécu pour assurer à ses sujets le bonheur qu'ils pouvoient espérer après quarante ans de troubles et de combats. Les protestants, et après eux les ennemis de la religion, n'ont pas manqué d'accuser les jésuites, et ils l'ont fait sans aucun fondement. Plusieurs, entre autres Mézerai et quelques modernes, font planer les soupçons les plus graves sur Marie de Médicis. Ils se fondent sur l'esprit ambitieux de cette princesse, sur les transports de jalousie auxquels elle se livroit, et que justifioit, jusqu'à un certain point, la conduite plus que galante de son royal époux. Un mot sorti de la bouche de Louis XIII, dans un moment de boutade, donne à penser qu'il partageoit lui-même cette prévention contre sa mère. Il lui échappa de dire, en parlant de Charles IX : *Le sonner du cor ne le fit point mourir; mais c'est qu'il se mit mal avec la reine Catherine sa mère, à Monceaux*, etc. La marquise de Verneuil a été aussi accusée publiquement d'avoir armé l'assassin; il y eut un commencement de procédure contre elle. Mais il ne lui fut pas difficile de se défendre d'une imputation, appuyée sur de foibles conjectures, et soutenue par une femme, son ennemie déclarée. Les Espagnols et les princes de la maison d'Autriche, contre lesquels le roi étoit sur le point de se mettre en campagne, furent à leur tour très compromis; enfin l'avis le plus sage et le plus naturel a prévalu chez la plupart des historiens, qui attribuent cet odieux parricide au seul fanatisme. Henri avoit échappé à plus de cinquante entreprises tentées contre sa personne; il tomba sous les coups d'un vil assassin à cerveau brûlé, et fanatisé par la lecture des écrits de la ligue. Nous avons eu de nos jours à pleurer un prince chéri, moissonné avant le temps, par un semblable moyen. Tant il est vrai qu'il n'y a rien de plus funeste pour un empire que la licence de la presse : mieux vaudroit avoir à combattre cinquante armées qu'un seul mauvais livre, sur-tout en France.

Henri IV eut de Marie de Médicis:

1° LOUIS XIII, dit le Juste, roi de France et de Navarre, qui suit;

2° N.... de France, duc d'Orléans, né à Fontainebleau le 16 avril 1607, entre dix et onze heures du soir, mort d'une fièvre léthargique à Saint-Germain-en-Laye, le 17 novembre 1611, âgé de quatre ans et demi;

3° GASTON-JEAN-BAPTISTE de France, dont nous donnerons bientôt la notice, après celle de son auguste frère;

4° ÉLISABETH de France, reine d'Espagne et des Indes, née à Fontainebleau le 22 novembre 1602, baptisée avec le roi Louis XIII par le cardinal de Gondy, évêque de Paris, le 14 septembre 1606, mariée en même temps que son frère à Philippe IV, depuis roi d'Espagne, alors infant, le 18 octobre 1615. Cette princesse, dont l'histoire d'Espagne fait beaucoup d'éloge pour sa vertu et ses rares qualités, mourut jeune à Madrid, le 6 octobre 1644, et fut inhumée dans la chapelle de l'Escurial, que le roi son époux avoit fait construire;

5° CHRISTINE de France, née au Louvre, à Paris, le 10 février 1606, baptisée en même temps que son frère et sa sœur, eut pour parrain le duc de Lorraine, et pour marraine la grande duchesse de Toscane, Christine de Lorraine, dont elle porte le nom. Elle fut mariée, le 10 février 1619, à Victor-Amédée, duc de Savoie. C'étoit, comme l'observe un historien du temps, la vingtième alliance que la maison de France contractoit avec celle de Savoie. Restée veuve en 1637, elle gouverna la Savoie pendant la minorité de ses enfants, sous la protection de la France, et sut maintenir ses états en paix, malgré les efforts de l'Espagne. Cette princesse mourut à Turin, le 27 décembre 1663, sur les cinq heures du soir. Son corps fut mis en dépôt dans l'église des Carmélites-Déchaussées, dites des Orfanelles, jusqu'à ce qu'il pût être placé, suivant son desir, auprès de celui de son mari, dans l'église de Verceil;

6° Henriette-Marie de France, née au Louvre le 25 novembre 1609, baptisée le 15 juin 1614; parrain, François, cardinal de La Rochefoucauld, grand aumônier de France; marraine, sa sœur Élisabeth de France, depuis reine d'Espagne. Mariée le 11 mai 1625 à très haut, très puissant, et très excellent prince Charles, prince de Galles, depuis roi de la Grande-Bretagne. Voici les principales clauses du contrat de mariage : 1° Madame, future épouse (c'est ainsi qu'on l'appeloit), aura le libre exercice de sa religion, avec une chapelle et le droit de choisir ses aumôniers et prêtres, au nombre de vingt-huit, dont le chef seroit un évêque; 2° que le roi et le prince son fils s'obligeront de ne point la contraindre dans l'exercice de sa religion, ni dans le choix de ses domestiques, qui seront tous François et catholiques, assujettis pourtant à prêter serment de fidélité au roi de la Grande-Bretagne; 3° que les enfants nés du mariage seront élevés jusqu'à l'âge de treize ans auprès de Madame; 4° que la dot de la princesse sera de soixante mille écus, et que le roi de la Grande-Bretagne dotera la future de cinquante mille écus de bagues; 5° qu'arrivant le cas où le prince de Galles décéderoit sans enfants, Madame jouira de ses droits et reprises, douaire et préciput, assignés en terres, châteaux, et maisons, meublés convenablement, avec titre de duché ou comté, à charge de reversion, faute d'hoirs mâles; 6° enfin, qu'au moyen de ces concessions, la princesse renoncera à toutes successions paternelles et maternelles, directes ou collatérales.

Après les dispenses obtenues du pape Urbain VIII, à raison de la différence de religion, le mariage fut célébré en l'église cathédrale de Paris, le 11 mai 1625, par le cardinal de La Rochefoucault, M. le duc de Chevreuse représentant, en vertu de procuration, le prince de Galles, époux de la princesse. Peu de temps après, le roi Jacques VI étant mort, madame Henriette de France, devenue reine d'Angleterre, fut conduite avec un magnifique cortége en ce pays, dont elle devoit faire l'ornement, mais où elle ne trouva bientôt que des revers et des tribulations.

Henriette, digne fille du grand Henri, fut l'héroïne de son siècle, la femme forte de l'Écriture-Sainte. Ne pouvant ici entrer dans le détail des malheurs qu'elle eut à supporter, nous renvoyons le lecteur au chef-d'œuvre de l'éloquence françoise, à l'oraison funèbre qu'a prononcé le sublime Bossuet sur la tombe encore fumante de cette auguste princesse, retirée en France après les malheurs de sa maison. Elle mourut subitement dans son château de Colombes, près Paris, le 10 septembre 1669, sur les quatre heures du matin. Son cœur et ses entrailles furent donnés au monastère des filles de Sainte-Marie de Chaillot, et son corps transporté à Saint-Denis, pour être placé près de ses augustes ancêtres.

De son mariage avec le roi de la Grande-Bretagne naquirent CHARLES, prince de Galles (depuis Charles II); JACQUES, duc d'Yorck (depuis Jacques II); HENRI, duc de Glocester; HENRIETTE-MARIE, princesse d'Orange, épouse du prince Guillaume; et d'autres enfants morts en bas âge.

Enfants naturels,

NÉS DE GABRIELLE D'ESTRÉES ([1]).

1° César de Bourbon, duc de Vendôme, chef de la deuxième branche de Bourbon-Vendôme, qui sera décrite en son lieu;

2° Alexandre, dit le chevalier de Vendôme, né à Nantes, au mois d'avril 1598, de Gabrielle d'Estrées, duchesse de Beaufort, fille d'Antoine d'Estrées, marquis de Cœuvres, maître de l'artillerie de France, légitimé par lettres du roi données à Fontainebleau, au mois d'avril 1599, reçu chevalier de l'ordre de Saint-Jean-de-Jérusalem, dans l'église du Temple à Paris, en 1604. Il fut successivement abbé de Marmoutier en 1610, grand prieur de France, et général des galères de Malte. Dans cette éminente fonction, il donna des marques de son courage. Choisi par le roi Louis XIII pour aller à Rome, en qualité d'ambassadeur extraordinaire, prêter le serment d'obédience filiale au nom de la France, il fit son entrée dans la capitale du monde chrétien, et reçut du pape la bénédiction solennelle, le dimanche 4 octobre 1615. De retour dans sa patrie, il prit part aux troubles qui eurent lieu pendant la régence, et sa conduite, plus qu'imprudente, obligea le gouvernement de s'assurer de sa personne. Il fut arrêté à Blois, le 15 juin 1626, et conduit au château de Vincennes, où il mourut le 8 février 1629, à l'âge d'environ trente-un ans. On suppose, mais sans preuve, qu'il est mort de poison. Son corps fut porté

([1]) Henri eut plusieurs autres enfants naturels de différentes maîtresses. Nous ne parlons que de ceux qui ont été reconnus.

à Vendôme, et enterré dans l'église des pères de l'Oratoire de ce lieu. Sa belle-sœur lui fit ériger un monument funèbre au côté droit du grand autel;

3° CATHERINE-HENRIETTE de Bourbon, née aussi de la duchesse de Beaufort, et légitimée de France au mois de février 1597, épousa en 1619 Charles II de Lorraine, duc d'Elbeuf, pair de France, comte d'Harcourt, chevalier des ordres du roi, lieutenant-général et gouverneur en Guienne et Picardie. Elle mourut à l'âge de soixante-six ans, le 20 juin 1663, laissant postérité.

NÉS DE LA MARQUISE DE VERNEUIL.

4° HENRI de Bourbon, évêque de Metz, abbé de Vaux-de-Cernay, de Bonport, de Tyron, de Saint-Germain-des-Prés, d'Orcamp, de La Valasse, etc.; puis duc de Verneuil, pair de France, chevalier des ordres du roi, et gouverneur du Languedoc. Il naquit au mois d'octobre 1601, de CATHERINE-HENRIETTE de Balzac, marquise de Verneuil, fille de François de Balzac, seigneur d'Antragues, et de Marie Touchet, dame de Belleville, qui, dans sa jeunesse, avoit été la seule maitresse du roi Charles IX. Ce jeune prince fut légitimé au mois de janvier 1603, destiné à l'Église, et pourvu de tous les bénéfices dont nous avons parlé. En 1621, il prit possession de son évêché de Metz, qu'il géra par ses suffragants, parcequ'il n'étoit pas revêtu du caractère sacerdotal. C'est ainsi qu'en vertu d'un rescrit de Rome, il resta administrateur du diocèse de Metz depuis cette époque jusqu'en 1661. Reçu alors chevalier de l'ordre du Saint-Esprit, et deux ans après nommé duc et pair de France, il reprit l'habit séculier sous le nom de duc de Verneuil, après s'être démis de tous ses bénéfices; fut ensuite ambassadeur à la cour de Londres pour S. M. Louis XIV, en 1665, et gouverneur de Languedoc. Déja sur le retour, il lui prit envie de se marier, et il épousa Charlotte Seguier, veuve, quoique fort jeune, de Maximilien de Bethune, duc de Sully, et fille de Pierre Seguier, chancelier de France. Il mourut bientôt après, dans son château de Verneuil, le 28 mai 1680, sur les onze heures du matin, sans laisser de postérité. Son corps fut inhumé aux Carmélites de Pontoise, et son cœur porté à l'abbaye de Saint-Germain-des-Prés ;

5° GABRIELLE-ANGÉLIQUE de Bourbon, née pareillement de Henriette de Balzac, marquise de Verneuil, légitimée de France, et mariée à Lyon, le 12 décembre 1622, à Bernard de La Valette-de-Foix, duc d'Épernon, Pair, et colonel-général de l'infanterie françoise, morte en couches à Metz, le 24 avril 1627.

NÉS DE JAQUELINE DE BEUIL, COMTESSE DE MORET.

6° ANTOINE de Bourbon, légitimé de France, né en 1607 de Jaqueline de Beuil, comtesse de Moret, fille de Claude de Beuil, seigneur de Courcillon. Le roi, par l'acte de légitimation donné à Paris au mois de janvier 1608, dote son fils des abbayes de Savigny, de Saint-Étienne de Caen, de Saint-Victor de Marseille, et de Signy. M. de Beauveau, en ses mémoires, p. 27, nous représente ce prince comme un des plus braves de son temps, doué des plus belles qualités, et il ajoute qu'il ressembloit beaucoup, sous ce rapport, à son auguste père, ce qui le rendoit redoutable au roi Louis XIII. Il fit ses preuves à la conquête de la Savoie et à l'attaque du pont de Suze ; mais il prit part aux troubles qui agitoient alors la France sous le ministère du cardinal de Richelieu, notamment à la rébellion du duc de Montmorency, et fut tué d'un coup de mousquet au combat de Castelnaudary, le 1*er* septembre 1632.

On a fait plusieurs contes à son sujet : les uns, sur la foi d'un écrit publié en 1699 par M. Gardet, prêtre, ont supposé qu'Antoine, échappé du combat de Castelnaudary, s'étoit retiré en Anjou, dans un ermitage, où il avoit passé saintement le reste de ses jours, sous le nom de père Jean-Baptiste : d'autres ont cru reconnoître en lui le fameux masque de fer, ce prisonnier d'état dont la destinée a tant de fois exercé les critiques ; mais ces suppositions n'ont aucun fondement.

NÉS DE CHARLOTTE DES ESSARTS.

7° JEANNE-BAPTISTE de Bourbon, fille de Charlotte Des Essarts, comtesse de Romorantin, fille de François Des Essarts, seigneur de Sautour, écuyer du roi, lieutenant-général pour sa majesté en Champagne, fut légitimée par lettres du roi données au mois de mars 1608, prit l'habit de religieuse à Chelles, fut élue coadjutrice de Louise de Bourbon-Lavedan à l'abbaye de Fontevrault en 1624, puis abbesse, chef supérieure et général de l'ordre en 1637; bénite par Philippe Cospeau, évêque de Lisieux; elle mourut deux ans après, le 16 juillet 1670, et fut enterrée dans l'église de son monastère;

8° MARIE-HENRIETTE de Bourbon, née de la même mère que la précédente, prit, comme sa sœur, le parti de la retraite ; nommée abbesse de Chelles, près Paris, en 1627; elle mourut deux ans après, et fut inhumée dans l'église de Chelles.

III.

LOUIS XIII,

DIT LE JUSTE,

ROI DE FRANCE ET DE NAVARRE.

Comme son prédécesseur.

Si Louis ne se fût pas trouvé placé entre deux héros, Henri IV et Louis XIV, son nom brilleroit d'un éclat plus vif, et il seroit compté avec raison parmi les plus grands rois que la France ait vu naître dans son sein. En effet, son règne présente une série d'actions brillantes qui soutiennent la gloire de Henri IV, et préparent la voie aux événements du siècle d'immortelle mémoire.

La France réunie en elle-même par la prise de La Rochelle, et par la défaite des huguenots; la noblesse, jadis si turbulente, si factieuse, obligée de courber sa tête superbe sous l'autorité d'un puissant monarque: les cabales réduites au silence; les révoltes partielles apaisées ou punies avec une juste sévérité; l'Angleterre humiliée, l'Italie défendue par nos armes, l'Allemagne affranchie d'un joug de fer, la maison d'Autriche mise à deux doigts de sa perte; des provinces conquises, des victoires nombreuses remportées sur mer et sur terre. Que peut-on voir de plus glorieux; et qu'une pareille histoire est bien digne de trouver un écrivain capable d'en faire sentir tout le prix! Le plan que nous avons adopté nous dispense d'entrer dans les détails; nous nous bornerons aux simples traits, comme nous l'avons fait à l'article précédent, et comme nous le pratiquerons dans la suite.

Louis-le-Juste naquit au palais royal de Fontainebleau, le 27 septembre 1601, le jour de saint Côme, patron de son bisaïeul maternel, le célèbre Côme de Médicis, grand duc de Toscane. Les cérémonies de son baptême se firent avec une pompe extraordinaire, dans la cour ovale de Fontainebleau, le 14 septembre 1604; et il eut pour parrain le pape lui-même, Paul V, représenté par son légat; pour marraine, Éléonore de Médicis, duchesse de Mantoue et de Montferrat, sa tante maternelle.

La première éducation de Louis fut fort négligée. On lui avoit inspiré un grand dégoût pour les livres, par les mauvaises lectures qu'on lui proposoit. Aussi sa science se bornoit à celle de la musique, qu'il possédoit en perfection, à la peinture qu'il traitoit passablement, et à la fauconerie dans laquelle il excelloit.

Ce prince n'avoit que neuf ans lorsqu'il parvint au trône, par la mort de son auguste père; et, le lendemain même (15 mai 1610), il tint son lit de justice au parlement de Paris, les pairs séants, où il déclara régente la reine sa mère. Il fut sacré et couronné à Reims, le dimanche 17 octobre de la même année, par le cardinal de Joyeuse, archevêque de Rouen, le siége de Rheims vacant.

Louis fut aussi brave que son père, et presque toujours sous les armes; à peine étoit-il sorti de l'enfance, que les exercices guerriers remplacèrent les premiers amusements. A l'âge de quatorze ans, le 2 octobre 1614, il vint tenir un second lit de justice à Paris, et s'y fit déclarer majeur suivant l'usage, laissant toutefois à sa mère le maniement des affaires, pour un certain temps. Les troubles qui survinrent, et qui étoient suscités par l'inquiétude et l'ambition des grands, l'obligèrent de convoquer les états généraux du royaume, ainsi que deux assemblées des notables, à Rouen d'abord et ensuite à Paris; ces assemblées n'ayant produit aucun fruit, on poursuivit les rebelles, qui tentèrent en vain de s'opposer au passage du roi, lorsqu'il se rendoit en Guienne, pour accomplir le traité récemment signé entre la France et l'Espagne. La première condition de ce traité étoit la conclusion du mariage du roi avec ANNE d'Autriche, infante d'Espagne, fille aînée de Philippe III, roi d'Espagne et des Indes, et de Marguerite d'Autriche. Ce qui eut lieu à Bordeaux, le 25 octobre 1615, avec le cérémonial d'usage.

(1619.) Le roi, débarrassé, par la victoire du pont de Cé, des soulévements qu'avoit occasionés la mauvaise administration et l'esprit turbulent de sa mère, prit les rênes du gouvernement, et donna toute sa confiance au célèbre cardinal de Richelieu, se réservant le droit de prononcer, et d'approuver les plans que son ministre lui proposoit; ce qui souvent n'avoit lieu qu'après de grandes discussions établies entre eux. Ainsi, on ne peut pas, sans injustice, s'empêcher de reconnoître que Louis, comme roi, eut la plus grande et la première part aux événements de son règne.

(1521.) Le premier fruit de cet heureux accord

entre le prince et son ministre fut de rétablir l'exercice de la religion dans les provinces où il avoit été aboli par les religionnaires. Les huguenots dans le temps de la régence avoient toujours plus ou moins soutenu les intérêts des révoltés contre l'autorité souveraine. On les voyoit par-tout où il se trouvoit des troubles à exciter. Ils ne se contentoient pas de l'édit de Nantes, il leur falloit l'indépendance et une république.

Le roi commença par se rendre en Guienne et de là en Navarre, un des principaux foyers du protestantisme. Sur son passage à travers les provinces méridionales, il ne vit que l'image de la plus affreuse dévastation; les églises avoient été renversées pendant les guerres et les biens envahis. Ses premiers soins furent de relever les unes et de faire rentrer les propriétaires dans les autres. Ce qu'il fit sans éprouver d'obstacle. Les habitants de la Navarre s'empressèrent, en présence du monarque, de reconnoître la sainte religion que Henri d'Albret d'abord, et ensuite Jeanne sa fille avoient tenté en vain d'anéantir. C'est à cette occasion que le royaume de Navarre fut définitivement réuni à la couronne, et un parlement établi à Pau, capitale du Béarn.

Les huguenots, effrayés des progrès de l'autorité royale, prirent les armes de tous les côtés. Le roi les poursuivit avec une vigueur étonnante, leur enleva en moins d'un an toutes les places dont ils se faisoient un rempart contre lui, et il les réduisit à recevoir la paix, et à se contenter de l'édit de Nantes, qui étoit tout ce qu'ils avoient alors à espérer de la bonté et de la justice du prince.

(1627.) Il restoit encore un autre obstacle plus difficile à surmonter. Depuis soixante ans, les Rochelois, forts de leur situation avantageuse, et d'un commerce qui les rendoit riches et puissants, ne cessoient de braver l'autorité souveraine, de fournir aux mécontents une retraite assurée, avec les moyens de troubler l'état. Le siége de La Rochelle fut entrepris; il dura un an. Les Anglois tentèrent en vain de secourir la place. Deux fois ils furent battus et obligés de fuir. Enfin cette ville rebelle ayant été obligée d'implorer la miséricorde de Louis, ce prince y fit son entrée le jour de la Toussaints 1628. La prise de La Rochelle est un des plus grands événements de l'histoire de France. Le protestantisme reçut alors un échec dont il ne se releva jamais, et devint ce qu'il auroit dû toujours être, une religion tolérée, mais non prépondérante, au moins en France.

(1629.) L'expédition de Savoie, conduite par le roi lui-même eut le plus heureux succès. Les barricades du pas de Suze, forcées par sa valeur et celle de ses troupes, obligèrent le duc de Savoie de se détacher des intérêts de l'Espagne, et de livrer passage aux François pour aller au secours du duc de Mantoue, allié de la France.

(1630.) Le reste du règne de Louis XIII n'offre qu'une suite de succès et de victoires remportées tant sur les rebelles de l'intérieur que sur les ennemis extérieurs. Si ces succès furent balancés par quelques revers partiels, l'avantage demeura toujours à la France.

Louis avoit toujours eu de l'éloignement pour son épouse; elle étoit espagnole, et cela lui suffisoit : car jamais prince ne fut plus que lui sujet à la prévention. Cependant le désir d'avoir un héritier de sa puissance, et les sages conseils de Richelieu le réunirent à son épouse, après une séparation volontaire de vingt-trois ans, et il obtint ce qu'il avoit toujours demandé au ciel par ses ardentes prières ; en un mot, il devint père, et donna naissance à Louis XIV. C'est à cette occasion qu'il mit à perpétuité son royaume sous la protection de la reine des cieux, de la mère du Sauveur, à qui il attribuoit le bonheur de laisser un héritier de sa puissance et de ses vertus.

En 1640, il eut un second fils, chef de la branche illustre d'Orléans, dont nous donnerons la description.

(1643.) Enfin ce grand prince, encore à la fleur de son âge, sentit approcher sa fin. Il venoit de perdre son principal ministre, l'appui le plus ferme de son trône. La foiblesse de sa complexion, augmentée encore par les fatigues de la guerre, et par les contradictions auxquelles il avoit été continuellement en proie depuis son avénement à la couronne hâtèrent sa mort.

Les derniers mois de sa vie furent employés par lui à régler le sort futur de l'état, pendant la minorité de son fils. Il auroit bien voulu écarter de la régence et sa femme et son frère. La première, parcequ'il n'avoit pas une grande opinion de sa capacité, et que d'ailleurs elle lui paroissoit trop portée en faveur de l'Espagne, qu'il avoit en horreur; le second à cause de son caractère brouillon et turbulent; mais il falloit, suivant les lois, que l'un ou l'autre eût la régence. Il la laissa donc à Anne d'Autriche, et la lieutenance du royaume à son frère; mais avec l'obligation de prendre les avis d'un conseil de régence, présidé par le prince de Condé.

Après avoir pourvu aux soins de ses états avec toute la prudence convenable, il se prépara de la maniere la plus édifiante à son dernier moment. Il traça lui-même, pendant sa maladie, l'ordre de ses funérailles; mit en musique le *de profundis*, qui devoit être chanté dans sa chambre, immédiatement après son décès, et ce fut avec cette tranquillité d'esprit, qu'après avoir reçu les sacrements, il passa de cette vie dans une meilleure, le 14 mai 1643, jour de l'Ascension, à pareille date que Henri IV, dans la quarante-deuxième année de son âge, après un règne de trente-trois ans. Il fut enterré à Saint-Denis, et son cœur porté à la maison professe des jésuites de Paris, dédiée à saint Louis, dans l'église même qu'il avoit fait bâtir.

Louis, héritier de la valeur de Henri IV, s'étoit trouvé en personne à plus de quarante siéges, et à presque autant de combats, plus ou moins décisifs; il conduisoit lui-même ses armées, et traçoit les plans de bataille. Son goût pour la guerre, si l'on en croit un auteur contemporain, étoit entretenu par la passion extrême qu'il avoit pour la chasse. C'étoit le plus grand chasseur roi qui ait jamais existé, et même le plus habile de son royaume : il n'est guère de provinces que ce prince n'ait parcourues toujours chassant. C'est à lui que la France doit l'avantage d'être délivrée, en grande partie, d'une quantité incroyable de sangliers, loups, renards, et autres bêtes carnassières, qui désoloient les campagnes à cette époque.

Ce service n'est pas sans mérite; il seroit pourtant peu de chose aux yeux de la postérité, si Louis n'y avoit joint la gloire de fonder les plus beaux et les plus utiles établissements dont puisse s'honorer l'humanité. C'est sous son règne, et par ses soins, que furent fondés en France l'hospice des enfants trouvés, les sœurs de la charité, et l'hôtel-dieu de Paris, ainsi que tant d'autres maisons pieuses, destinées au soulagement et à l'instruction des pauvres. Les lettres s'applaudirent d'avoir trouvé dans Louis un protecteur qui, sans être savant lui-même, seconda les vues de son ministre, remit l'université, la Sorbonne, en vigueur, fonda l'académie françoise, et prépara, dans le monde chrétien, le troisième siècle de la littérature. Sous ses auspices, les résidences royales et les grandes villes du royaume furent embellies de nouveaux édifices; le commerce intérieur et maritime reçut une nouvelle forme. L'agriculture fit des progrès, la France se reposa dans le sein des arts pacifiques des fatigues qu'elle avoit éprouvées pendant le cours de ses longues agitations.

Et cependant Louis ne fut point aimé, il fut encore moins regretté. Effet de la prévention et de l'injustice des hommes! A un physique peu agréable, il joignoit une mélancolie habituelle qui lui donnoit un air presque sauvage. Une austérité de mœurs, une chasteté sans exemple, qui contrastoient singulièrement avec la légèreté et la dissipation des gens du monde; et plus que tout cela, une sévérité de principes religieux et monarchiques qui l'obligèrent souvent d'employer le glaive de la justice contre les perturbateurs de la tranquillité publique, et lui firent donner le surnom de *Juste*, inspiroient pour lui une sorte d'éloignement, que ceux qui l'approchoient n'étoient pas toujours les maîtres de réprimer.

Il ne faut donc pas s'étonner si des historiens superficiels, des faiseurs de prétendus mémoires secrets ont cherché, sinon à flétrir son nom, du moins à ternir son mérite personnel, par l'affectation qu'ils ont mise à donner au grand cardinal tout l'avantage qui devoit au moins se partager entre le roi et son ministre.

Nous venons de parler de la chasteté de Louis; il eut pourtant deux amies ou favorites, mademoiselle de Hautefort, d'une famille très noble, et mademoiselle de Lafayette, de l'illustre maison qui porte ce nom : mais c'étoit seulement pour le plaisir de la conversation, comme il faisoit avec ses favoris. Le trait suivant mettra à même de juger combien ses intentions étoient pures. Dans un moment de dépit (car Louis étoit jaloux même de ses amis), il menaça mademoiselle de Hautefort de la colère du cardinal, et lui montra une lettre qu'il venoit d'écrire contre elle. La demoiselle l'arrache au roi : celui-ci veut la reprendre : elle se défend. Enfin, ne sachant comment sauver la lettre, elle la met sous son fichu; puis étendant les bras, elle dit à Louis : *Prenez-la, si vous osez.* Le prince, dit-on, retira ses mains comme s'il eût eu peur du feu. Mademoiselle de Lafayette, qui succéda à la première dans l'affection du monarque, craignant que l'amour platonique qui les enivroit tous deux ne dégénérât bientôt en un amour physique, se retira, comme l'on sait, au couvent de la Visitation, rue Saint-Antoine, où bientôt après elle prit le voile, du consentement de son royal ami, qui continua long-temps de lui rendre des visites dans sa retraite. Cette bonne intelligence ayant déplu au cardinal, on vint à bout de la rompre. C'est cette demoiselle qui, de concert avec Richelieu, avoit forcé en quelque sorte le roi de revenir vers son épouse: aussi la reine ne savoit comment lui témoigner sa reconnoissance, et la France, sans le savoir alors, lui fut redevable de la naissance de Louis-le-Grand.

Louis eut de son épouse ANNE d'Autriche:

1° Louis XIV, qui suit;
2° Philippe de France, duc d'Orléans, chef de la branche qui porte ce nom, et que nous décrirons ensuite.

NOTICE PARTICULIÈRE

SUR

GASTON-JEAN-BAPTISTE-DE-FRANCE,

FRÈRE UNIQUE DE LOUIS XIII; DUC D'ORLÉANS, DE CHARTRES, DE VALOIS, ET D'ALENÇON; COMTE DE BLOIS, D'AMBOISE, DE MONTLHÉRY ET DE LIMOURS; SEIGNEUR DE MONTARGIS, PAIR DE FRANCE, GOUVERNEUR DE LANGUEDOC, LIEUTENANT-GÉNÉRAL DE SA MAJESTÉ DANS TOUT LE ROYAUME, CHEF DE SES CONSEILS SOUS LA REINE RÉGENTE, ET GÉNÉRALISSIME DES ARMÉES DE FRANCE.

ARMOIRIES.

De France, c'est-à-dire d'azur à trois fleurs de lis d'or, au lambel de trois pièces d'argent.

(Nous placerons l'écusson en tête de la branche d'Orléans.)

Gaston naquit au palais royal d'Orléans (aujourd'hui le palais du Luxembourg), le vendredi 25 avril, fête de la Saint-Marc, entre dix et onze heures du matin, et il fut baptisé au Louvre, le 15 juin 1614; les parrains et marraines étoient l'éminentissime cardinal duc de Joyeuse, pair de France, et la reine Marguerite de Valois, sœur de

Henri III, et première épouse du feu roi Henri IV.

Ce prince fut d'abord appelé duc d'Anjou, et confié aux soins de plusieurs instituteurs, dont les uns l'entretinrent dans le goût des plaisirs, et les autres dans des idées de grandeur peu conformes à la place secondaire qu'il devoit occuper dans l'état, lui faisant croire sans cesse que, vu la foible santé de son frère, il devoit être roi. C'est ce qui explique la conduite, souvent inconséquente, qu'il tint pendant tout le cours de sa vie.

Dès l'âge de seize ans, il demanda d'entrer au conseil, ce qui lui fut refusé. Son gouverneur même, le comte d'Ornano, soupçonné de lui avoir suggéré cette idée, fut envoyé en prison au château de Caen.

Le 6 août 1626, il fut marié à Nantes, avec mademoiselle de Montpensier, unique et riche héritière de la maison de Bourbon-Montpensier. C'est à cette occasion que, au lieu du duché d'Anjou, le roi lui donna pour apanage les duchés d'Orléans et de Chartres avec leurs dépendances. Vers la même époque, il pratiquoit des intelligences avec les ennemis du cardinal de Richelieu, et se trouvoit impliqué dans la conjuration de Chalais, qui avoit médité la ruine du ministre. Après neuf mois de mariage, Gaston perdit son épouse, et chercha à contracter de nouveaux nœuds avec différentes princesses; il fixa d'abord ses regards sur Marie de

Gonzague, fille du duc de Nevers, héritière des souverainetés de Mantoue et de Montferrat; princesse aimable qu'il oublia bientôt pour d'autres objets, bien moins dignes du frère d'un roi de France.

(1627.) L'expédition de La Rochelle, où il eut le commandement des armées royales sous le roi, lui fournirent l'occasion de signaler sa valeur (car il en avoit) et firent trêve, pour quelque temps, à son inquiétude et à ses plaisirs. Mais il retomba bientôt dans ses premiers égarements, et ne cessa de susciter des ennemis au ministre. Toujours livré à des favoris pour qui l'intrigue étoit un aliment nécessaire, il unit étroitement ses intérêts à ceux de sa mère. Tous leurs complots furent déjoués; la reine-mère, obligée de fuir hors du royaume, et le duc d'Orléans de se retirer en Lorraine. C'est là qu'épris des charmes de Marguerite, sœur de Charles IV, duc de Lorraine, il conclut son mariage avec elle.

(1631.) Cette union, contractée contre les lois du royaume, indigna Louis XIII contre son frère : pour l'en punir, il refusa, jusqu'à l'instant de sa mort, de reconnoître cette alliance ; et il sévit d'une manière éclatante contre ceux qui l'avoient conseillée ou qui y avoient prêté les mains. Le duc de Lorraine vit ses états ravagés, une partie de ses places envahies, fut obligé d'abandonner Monsieur, et de le faire sortir de ses états.

(1632.) Gaston, toujours poursuivi, se sauve à Bruxelles auprès de sa mère, revient ensuite en France pour être témoin de la mort funeste de Montmorency, à qui il avoit mis les armes à la main contre son roi, et quitte de nouveau sa patrie pour échapper à la vengeance du cardinal. Il resta dans son exil jusqu'à ce que rappelé, il se retira à Blois, où il ne cessoit d'armer contre Richelieu de nouveaux ennemis, qu'il avoit la foiblesse d'abandonner, après les avoir conduits au bord du précipice.

La mort du cardinal, arrivée en 1642, et celle du roi, son frère, en 1643, sembloient devoir donner à Gaston les moyens de rétablir son crédit. Il n'en fut pas ainsi. Le même esprit de légèreté et d'inconséquence le suivit pendant tout le temps de la régence d'Anne d'Autriche.

(1644.) Il se montra pourtant avec quelque éclat, pendant les campagnes de 1644—1646, lorsqu'il commandoit les armées royales en qualité de lieutenant-général du royaume. On lui dut la prise de Gravelines, de Mardick, de Courtray, et de beaucoup d'autres places. Ce prince auroit pu jouir en paix de ses triomphes avec d'autant plus de facilité qu'il avoit à la cour du nouveau roi la considération qu'on lui avoit refusée sous Louis XIII. Mais on le voit toujours flottant entre les deux partis pendant les guerres de la fronde, tantôt pour les princes, tantôt pour Mazarin. Cette conduite acheva de le perdre dans l'esprit des François.

Obligé de sortir de Paris à l'approche de l'armée royale, qui marchoit contre lui et ses partisans, il se retira d'abord à Limours, puis à Blois, en 1652, où il passa le reste de ses jours. Il mourut dans cette ville, le 2 février 1660, âgé de cinquante-deux ans, et fut enterré à Saint-Denis.

« Ce prince, dit le cardinal de Retz, avoit, à l'ex-
« ception du courage, tout ce qui étoit nécessaire à
« un honnête homme ; mais comme il n'avoit rien,
« sans exception, de tout ce qui peut constituer un
« grand homme, il ne trouvoit rien dans lui-même
« qui pût suppléer, ni même soutenir sa foiblesse.
« Comme elle régnoit dans son cœur par la frayeur,
« et dans son esprit par l'irrésolution, elle salit tout
« le cours de sa vie. Il entra dans toutes les affaires,
« parcequ'il n'avoit pas la force de résister à ceux
« mêmes qui l'y entraînoient pour leur intérêt ; mais
« il n'en sortit jamais qu'avec honte, parcequ'il n'a-
« voit pas la force de les soutenir. Cet ombrage
« amortit, dès sa jeunesse, en lui les couleurs, même
« les plus vives et les plus gaies, qui devoient bril-
« ler naturellement dans un esprit beau et éclairé,
« dans un enjouement toujours aimable, dans une
« intention très bonne, dans un désintéressement
« complet, et dans une facilité de mœurs incroya-
« ble. »

Un homme d'état contemporain disoit, *que la Peur étoit un excellent orateur pour persuader à ce prince tout ce qu'on vouloit de lui.* Enfin Gaston d'Orléans avoit beaucoup d'esprit, de savoir, et de goût pour les arts. Il étoit extrêmement curieux de médailles, de bijoux, et de miniatures. On conserve à la bibliothèque du roi (cabinet des estampes) une collection, unique dans son genre, de tous les animaux et oiseaux de ses ménageries, des plantes et des fleurs de ses jardins; exécutée en miniature, sur vélin, et peinte d'après ses ordres avec une exactitude merveilleuse, par Nicolas Robert.

Gaston d'Orléans eut pour première épouse MARIE de Bourbon, duchesse de Montpensier, dauphine d'Auvergne, souveraine de Dombes, fille unique de Henri de Bourbon, duc de Montpensier (voyez t. I, p. 423) et de Catherine, duchesse de Joyeuse. De ce mariage, naquit:

ANNE-MARIE-LOUISE d'Orléans, souveraine de Dombes, princesse de la Roche-sur-Yon, duchesse de Montpensier, pair de France, etc., etc. Cette princesse, née le 4 juin 1627, joua, comme l'on sait, un grand rôle dans les guerres de la Fronde. Elle offrit à MONSIEUR d'aller elle-même à Orléans pour empêcher les habitants d'ouvrir les portes de leur ville aux troupes du roi, et, par son adresse, elle réussit dans son projet. De retour à Paris après cette expédition, elle fit tirer le canon de la Bastille sur les troupes du roi, le jour de la bataille livrée dans le faubourg Saint-Antoine, et par cette manœuvre hardie elle sauva le prince de Condé. Une action aussi violente la perdit pour jamais dans l'esprit de Louis XIV. Le cardinal Mazarin, qui n'ignoroit pas que cette princesse aspiroit alors à devenir épouse du roi, ou de tout autre souverain, dit en plaisantant: *Ce canon-là vient de tuer son mari.* En effet, la cour, après la pacification des troubles, la laissa pendant plusieurs années en exil dans ses terres, et s'opposa toujours aux alliances qui pouvoient lui convenir. Après avoir eu l'espérance d'obtenir la main de l'empereur, de Louis XIV, et de plusieurs autres souverains, elle se crut fort heureuse, à l'âge de quarante-trois ans, d'épouser un simple gentilhomme, cadet de Gascogne, nommé Péguilhem, entré dans le monde en 1655, avec une compagnie de chevau-légers, et *pas un quart d'écu.* Sa fortune fut rapide. Il devint successivement duc de Lauzun, colonel-général des dragons, capitaine des gardes-du-corps, et honoré de plusieurs ambassades. Le mariage proposé, et d'abord agréé par le roi, fut pourtant contre-mandé à cause de la donation que la princesse faisoit de toutes ses terres à son futur époux. Les deux amants n'en restèrent pas là. Ils s'unirent secrètement, et encoururent une disgrace complète. Le duc de Lauzun en fut pour dix ans de détention à la citadelle de Pignerol. Il sortit pourtant, et obtint la liberté de se rendre auprès de Mademoiselle, à condition que le mariage seroit tenu secret, et qu'il abandonneroit, en faveur du duc du Maine, les souverainetés dont l'avoit doté sa trop généreuse épouse.

L'harmonie ne dura pas long-temps entre les deux époux. Lauzun étoit par trop galant, et Mademoiselle brûloit encore à cinquante-trois ans de tous les feux de la jeunesse. A la sutie de scènes fort scandaleuses qu'ils donnèrent à la cour, et après un outrage sanglant que fit Lauzun à Louise d'Orléans (il voulut l'obliger de lui tirer les bottes), cette princesse se ressouvint qu'elle étoit petite-fille du grand Henri, et chassa pour toujours son insolent époux de sa présence.

Enfin mademoiselle de Montpensier, après avoir passé le commencement de sa vie dans les plaisirs et dans les intrigues, le milieu dans les amours et les chagrins, la fin dans l'obscurité, mourut avec de grands sentiments de piété et de repentir de ses fautes, le 5 avril 1693, à l'âge de soixante-six ans, et fut enterrée à Saint-Denis. Elle a laissé des mémoires assez bien écrits, et où l'on trouve, à travers une foule de minuties, bien des choses curieuses.

Gaston d'Orléans épousa en secondes noces MARGUERITE de Lorraine, fille puînée de François de Lorraine, comte de Vaudemont, et il eut d'elle :

1° N.... d'Orléans, appelé par quelques uns Jean-Gaston, né à Paris le 17 août 1650, mort d'une diarrhée le 10 août 1652 ;
2° MARGUERITE-LOUISE, dite *mademoiselle d'Orléans*, née à Paris au palais d'Orléans, le 28 juillet 1645, mariée le 19 avril 1661 au grand duc de Toscane, Côme de Médicis, rentrée en France en 1675, et morte à Paris le 17 septembre 1721, laissant une postérité qui a continué la maison souveraine de Toscane ;
3° ÉLISABETH d'Orléans, dite *mademoiselle d'Alençon*, née au palais d'Orléans, le 26 décembre 1646, mariée à

Loüis-Joseph de Lorraine, duc de Guise, pair de France, le 15 mai 1667, donna naissance à François-Joseph de Lorraine, duc d'Alençon, de Guise, et de Joyeuse, décédé sans postérité à l'âge de cinq ans, et mourut elle-même en viduité le 17 mars 1696;

4° Françoise-Magdeleine d'Orléans, dite *mademoiselle de Valois*, née le 13 octobre 1648, mariée le 4 mars 1663 à Charles Emmanuel II, duc de Savoie, fit son entrée à Turin, le 4 mai de la même année, et mourut le 14 janvier 1664, à Turin, âgée de quinze ans et trois mois, sans laisser d'enfants;

5° Marie-Anne d'Orléans, dite *mademoiselle de Chartres*, née à Paris au palais d'Orléans, le 9 novembre 1652, morte à Blois le 17 août 1656, enterrée à Saint-Denis.

Enfants naturels.

1° Louis, comte de Charny, gouverneur d'Oran, né à Tours d'une demoiselle nommée Roger de La Marbelière, en 1638. Ce jeune homme ne fut point légitimé. Se trouvant sans fortune, après la mort de son père, il alla s'établir en Espagne, où il obtint un commandement; se distingua dans la guerre contre le Portugal, et fut fait général des armées de la côte de Grenade, sur la fin de 1684, puis gouverneur d'Oran; et après avoir rempli une carrière glorieuse dans sa patrie adoptive, il mourut en 1592, laissant lui-même un fils naturel nommé Louis, comte de Charny, qui marcha sur ses traces, fit ses preuves de bravoure dans la campagne de Catalogne, avant la paix de Riswich, servit utilement le roi Philippe V, sur-tout à la bataille d'Almanza, et fut fait maréchal de camp vers 1710; il avoit déja obtenu la clef de gentilhomme de la chambre en août 1707; fut pourvu du gouvernement de Jaca au mois de mars 1719. Il vivoit encore en 1724, et avoit épousé une dame de qualité;

2° MARIE, née à Paris, le 1ᵉʳ janvier 1631, d'une demoiselle nommée Marie Porcher, baptisée sous ce nom à Saint-Sulpice, le 5 du même mois. On ignore sa destinée.

IV.

LOUIS XIV,

DIT LE GRAND,

ROI DE FRANCE ET DE NAVARRE.

(La description de la couronne et des colliers, à cause de son étendue, sera remise à la fin du volume.)

Ce grand prince, né au château royal de Saint-Germain-en-Laye, le 5 septembre 1638, de Louis XIII et d'Anne d'Autriche, fut, au moment de sa naissance, surnommé *Dieu-Donné*, parceque sa mère l'avoit eu après vingt-deux ans de stérilité; il parvint à la couronne, le 14 mai 1643, à l'âge de quatre ans, sept mois, et huit jours. Il avoit été baptisé par Dominique Séguin, évêque de Meaux, dans la chapelle du vieux château de Saint-Germain, le 21 avril 1643, et tenu sur les fonds sacrés par le cardinal Mazarin et par madame la princesse de Condé. Il eut aussi pour parrain Monsieur, frère du feu roi, mais ce fut, suivant l'usage de ce temps, à l'époque où on lui administra le sacrement de la confirmation.

Lorsqu'il fut en âge d'apprendre, on lui donna le marquis de Villeroi pour gouverneur, et pour précepteur l'abbé de Beaumont, connu depuis sous le nom d'Hardouin de Péréfixe, archevêque de Paris. Nonobstant la célébrité de ses maîtres, l'éducation de Louis fut encore plus négligée que n'avoit été celle de son père. La politique intéressée du cardinal en fut, dit-on, la cause. Il seroit plus simple d'attribuer cette négligence aux troubles de la minorité, ou plutôt au préjugé qui dominoit alors, qu'un prince n'avoit pas besoin d'être savant pour bien gouverner. Ses connoissances se bornèrent donc à savoir lire, écrire, et un peu de latin (¹). Il n'en fut pas de même des exercices corporels, tels que l'é-

(¹) On a une traduction du premier livre des commentaires de César, qui porte son nom ; mais ce n'est qu'un recueil des versions latines qu'on lui faisoit faire de temps en temps, et que l'abbé de Beaumont ajusta comme il put, après les avoir corrigées.

quitation, l'escrime, la danse, et même la chasse, dans lesquels ce prince excelloit.

Depuis, lorsque les troubles de la fronde furent apaisés, le cardinal Mazarin et lui-même sentirent le vice de cette première éducation. A l'âge de dix-huit ans, il revint sur ses études. La lecture des bons livres, principalement des poëtes, tels que Corneille et Malherbe; celle des romans estimés alors, mais oubliés aujourd'hui (c'étoit à cette époque les seuls ouvrages en prose supportables); plus que tout cela, l'étude des langues italienne et espagnole, la conversation des hommes de lettres, des artistes, et des dames, dans une cour, reconnue pour la plus polie et la plus élégante de l'Europe, lui formèrent ce goût pur, ce tact fin et délicat, ce coup d'œil si juste, qui lui faisoient juger et apprécier un poëme, un édifice, un tableau, et un morceau de sculpture, avec autant de justesse et plus de sincérité que n'auroit pu faire le maître le plus consommé. Quant au grand art du gouvernement, il eut pour précepteur le célèbre Mazarin qui, pendant les deux dernières années de sa vie, l'initia dans la politique, lui apprit à travailler et à pouvoir même se passer de premier ministre.

Déclaré majeur à quatorze ans, suivant l'usage, il n'en resta pas moins sous la tutèle de sa mère et du cardinal Mazarin, qui ne lui firent aucune part dans le gouvernement de ses états.

Louis fut sacré à Reims, le 7 juin 1654, par Simon Legras, évêque de Soissons, le siége de Reims étant alors vacant; puis, en vertu d'une des principales clauses du traité des Pyrénées, marié, le 4 juin 1660, à MARIE-THÉRÈSE d'Autriche, infante, fille de Philippe IV, roi d'Espagne et des Indes, née le 20 septembre 1638, décédée le 30 juillet 1683.

La mort du cardinal Mazarin, arrivée le 9 mars 1661, rendit à Louis XIV toute sa liberté. Il s'en étoit privé jusque-là par reconnoissance pour un ministre à qui il avoit de grandes obligations; mais il annonça solennellement qu'il gouverneroit par lui-même, et l'on sait comme il tint parole. Lorsque, le jour même de la mort du cardinal, les ministres lui demandèrent à qui ils devoient s'adresser, il répondit: *A moi;* et ce mot renferme tout.

Dès l'année suivante (1662), il force la maison d'Autriche à lui céder la préséance dans les cérémonies; et le pape Alexandre VII de lui faire une réparation authentique, pour la violation du droit des gens, en la personne de son ambassadeur à Rome.

Son premier début dans la carrière politique fut de se former un conseil capable de le seconder dans ses vues. Les Colbert, les Tellier, les Lionne, les Seignelay, les Louvois, furent les ministres et les exécuteurs de sa volonté suprême. L'ordre rétabli dans les finances, le peuple soulagé d'impôts, la discipline dans l'armée, l'équité dans l'administration de la justice, la décence et une délicatesse exquise jusque dans les plaisirs les plus brillants introduits à la cour, et sur-tout les arts encouragés, tels furent les premiers fruits de son gouvernement. Par rapport à la guerre, quoiqu'on fût alors en paix, il se prépara à la faire avec avantage. L'acquisition de Dunkerque, des secours donnés à propos à l'empereur contre les Turcs, au Portugal, aux états-généraux de Hollande, une marine créée comme par enchantement, furent les moyens préparatoires qui, sans que ce prince eût encore pour ainsi dire tiré l'épée, rendirent dès-lors son royaume florissant et redoutable. Les peuples, assujettis depuis la mort de Henri-le-Grand à l'empire des premiers ministres, ne revenoient pas de leur surprise, et manifestoient leur admiration en voyant un roi, à peine âgé de vingt-trois ans, opérer ce que Henri n'avoit pu faire qu'à cinquante.

La mort d'Anne d'Autriche, arrivée en 1666, et celle de Philippe IV, père de Marie-Thérèse, en 1667, laissoient au roi de grands droits à exercer, quoiqu'il y eût, en quelque sorte, renoncé par les traités précédents; mais on sait ce que deviennent ces prétendues renonciations, souvent forcées par la circonstance, et rarement observées dans les grands états. D'ailleurs, cette renonciation ne pouvoit avoir d'effet à l'égard des Pays-Bas, dévolus par toutes les lois, à la reine, comme fille du roi d'Espagne, provenante du premier lit. Quoi qu'il en soit, Louis, tout disposé à faire valoir ses droits, entre en campagne; et c'est la première guerre qu'il dirigea lui-même.

(1667.) La conquête entière de la Flandre, et, l'année suivante (1668), celle de la Franche-Comté, commencèrent ce long cours de victoires et de conquêtes qui ne se terminèrent qu'à la mort du monarque. Nous n'entrerons pas dans les détails de ces guerres; il suffira de dire que celle-ci dura peu, et se termina la même année, le 2 mai 1668, par le traité d'Aix-la-Chapelle, qui conservoit à la France les conquêtes faites en Flandre; quant à la Franche-Comté, elle fut rendue pour lors.

L'expédition de 1668 eut cela d'avantageux pour la France, que, dirigée et conduite par le roi en personne, accompagné des Condé, des Turenne, des Vauban, et des Catinat, une foule d'officiers de tous grades s'y formèrent d'après les leçons de ces grands maîtres, et contribuèrent au succès des guerres suivantes.

Pendant cette paix, qui dura jusqu'en 1673, Louis continua, comme il avoit commencé, à fortifier et à embellir son royaume. De nouveaux ports de mer creusés, soixante vaisseaux de ligne armés en guerre, de nouvelles colonies fondées dans les deux Indes, augmentèrent sa puissance.

Il s'en servit pour faire sentir aux Hollandois le poids de sa vengeance. Il avoit bien des griefs contre eux. Ces fiers républicains, qui étoient redevables de leur liberté autant à la France qu'à leur courage, ne songèrent nullement à la reconnoissance lorsqu'ils se virent au rang des puissances maritimes. Non contents de contrarier, par tous les moyens possibles, le commerce des François dans les deux mondes, d'insulter, d'une manière grossière, dans leurs livres et dans leurs médailles, le roi de France et celui d'Angleterre, alors notre allié, offroient leur protection à tous les factieux des deux royaumes, et toléroient la licence de la presse avec un éclat qu'il n'étoit pas de la grandeur d'un roi tel que Louis de souffrir.

Ce prince, à la tête d'une armée formidable, entre dans les Pays-Bas, passe la Meuse, le Rhin, et en peu de temps s'empare de quarante places fortes, et de trois grandes provinces. Amsterdam seule, entourée par les flots de la mer lachés exprès par les habitants, résiste à ses armes. C'en étoit fait de la république naissante, sans le secours, un peu tardif, mais venu pourtant à-propos, de l'empereur, du roi d'Espagne, et de l'électeur de Brandebourg. Louis eut alors à lutter à-la-fois contre quatre puissances intéressées dans la querelle, et il y réussit.

Quatre cent mille hommes, partagés en cinq armées, et disposées avec ordre sur les quatre principales frontières du royaume, envahirent à-la-fois le Palatinat, la Franche-Comté, le Roussillon, les Pays-Bas autrichiens, et pénétrèrent bien avant dans l'Empire; tandis que la flotte, commandée par le duc de Vivone, aidé du fameux Duquesne, remporta deux victoires navales sur les flottes hollandoises, dirigées par Ruyter, qui périt dans la dernière action.

Cette guerre, la plus vive et la plus acharnée dont il soit fait mention dans les fastes de l'histoire moderne, et qui duroit depuis environ six années, de 1673 jusqu'en 1678, fut véritablement le triomphe de la France, et se termina par le triple traité de Nimègue. A la vérité, le roi rendit aux Hollandois ce qu'il leur avoit pris (ces conquêtes étoient trop éloignées pour qu'on pût les conserver avec avantage); mais il eut la gloire de dicter les conditions du traité, d'où il résulte qu'il garda l'Alsace, que le cardinal Mazarin avoit acquise antérieurement, la Franche-Comté, les provinces espagnoles en-deçà des monts, une partie de la Flandre autrichienne, et la Lorraine dont le duc Charles IV venoit d'être dépouillé.

Louis, par ce traité, ayant imposé des lois à l'Europe, Louis, toujours victorieux depuis qu'il régnoit, n'ayant assiégé aucune place qu'il n'eût prise, méritoit bien le surnom de GRAND, que la ville de Paris, par l'organe de ses magistrats, lui décerna en 1680, et que la France et l'Europe depuis lui ont conservé. Cependant la guerre précédente n'avoit point interrompu les travaux du grand roi pour l'utilité et l'embellissement de ses états; et la paix procura les moyens de les continuer avec plus d'avantage encore.

C'est dans cet intervalle de 1678 à 1679 qu'on peut placer l'établissement des François dans les Indes orientales, celui d'une chaire de professeur de droit; la fameuse déclaration du clergé de France, et ses quatre propositions, et l'entier achèvement de Versailles, la fondation de la maison de Saint-Cyr, le canal du Languedoc devenu navigable, les ports de Brest, de Toulon, de Rochefort construits ou réparés de nouveau. La marine portée à plus de cent vaisseaux de guerre, et à soixante mille matelots. C'est avec ces moyens que le roi fit bombarder Alger deux fois, et mit un terme aux pirateries des barbares qui l'habitoient, qu'il humilia la république de Gênes, la forçant de lui faire, par le doge en personne, une satisfaction pour les griefs qu'on avoit à lui imputer, qu'il força le pape lui-même de céder à sa puissance à l'occasion de l'abolition des franchises.

Tout sembloit garantir à la France une paix durable. Louis XIV crut pouvoir signaler alors sa puissance par un coup d'autorité que les publicistes ont beaucoup blâmé dans le temps, et qui est encore maintenant l'objet des critiques sanglantes des écrivains modernes. Je veux parler de la révocation de l'édit de Nantes, datée du 22 octobre 1685. On ne veut voir dans cet acte qu'une persécution odieuse, que la perte de cinquante mille familles (produit fort exagéré), qui allèrent porter dans les pays étrangers leurs capitaux avec la haine du nom françois. Pour juger sainement une semblable mesure, il faudroit être dégagé de passions et de préjugés, sur-tout connoître les temps qui ont précédé, et les raisons que le gouvernement a eues d'agir ainsi. Nous reviendrons sur ce sujet à l'article du premier des Condé.

(1688.) La jalousie des étrangers contre la France, jalousie suffisamment manifestée par la ligue d'Ausbourg, projetée l'année d'avant, entre les puissances de l'Europe; d'un autre côté, la fermeté avec laquelle le roi exerçoit les justes droits que lui conféroit le traité de Nimègue, les prétentions de ce prince sur la succession de l'électeur palatin, pour Madame; l'élection de l'archevêché de Cologne faite en faveur du prince de Bavière, au préjudice du cardinal de Furstemberg, enfin l'invasion du prince d'Orange en Angleterre, à l'effet de détrôner son beau-père, Jacques II, déterminèrent le roi à reprendre les armes. Il ne les avoit jamais réellement quittées, et il étoit en mesure de lutter avec gloire contre l'Europe entière conjurée.

(1689.) Les évènements de cette guerre, encore plus animée que la précédente, feroient à eux seuls la matière d'un volume : nous nous bornerons aux simples résultats.

Louis avoit perdu Turenne et Condé; mais il lui restoit les élèves de ces deux hommes immortels et ceux qu'il avoit formés lui-même au grand art de la guerre, son propre fils, les princes du sang, Louis de Bourbon, appelé M. le Duc, et Armand, prince de Conti, MM. de Vendôme; les Catinat, les Luxembourg, les Bouflers, les Villeroi, les d'Uxelles, les Feuquières, etc. Dans la marine, les d'Estrées, les Duquesne, les Tourville, etc. Il avoit aussi à regretter le célèbre Colbert; mais il étoit là pour suppléer à tout; et l'on peut dire, sans exagération, que la guerre de 1689 ne fut pas moins glorieuse pour la France que celle qui l'avoit précédée. On compte parmi les principaux faits d'armes de Louis et de ses généraux les batailles de Fleurus, de Steinkerque, de Nerwinde, de la Marsaille dans le Piémont, la prise de Namur, et le bombardement de Bruxelles.

La France, attaquée à-la-fois par toutes les puissances de l'Europe, fit face de tous côtés, eut toujours le soin de porter le théâtre de la guerre dans le pays ennemi, et de garantir son territoire de toute invasion. C'est vers le milieu de cette guerre, en 1693, et pour récompenser la valeur de ses guerriers, que Louis institua l'ordre royal et militaire de Saint-Louis. Il y eut d'abord huit grands croix, huit commandeurs, et un nombre de chevaliers illimité.

(1697.) Une lutte aussi sanglante, qui duroit depuis huit ans, devoit se terminer par la paix. Louis, entouré d'ennemis, résistant à tous, les fatigant tous, en avoit besoin ; ceux-ci la desiroient encore plus. Le duc de Savoie, par sa défection du parti des alliés, la leur rendit encore plus nécessaire. Elle fut donc conclue à Riswick, en septembre et octobre 1697. Par le traité, Louis conserve son royaume intact, Guillaume, prince d'Orange, la couronne d'Angleterre, dont il s'étoit emparé, et le traité de Nimègue est maintenu, à l'égard de la France, dans toutes ses parties.

On a blâmé Louis XIV de n'avoir pas profité de tous ses avantages; mais d'un côté le desir de soulager les peuples, qu'une si longue guerre sembloit devoir épuiser; de l'autre, l'avantage qui restoit à la France de montrer à toute l'Europe et sa grandeur et sa force, étoient des motifs plus que suffisants pour décider à la paix un prince qui n'avoit pour but que la gloire de sa nation.

(1700.) Depuis long-temps les puissances aspiroient à la succession d'Espagne. Charles II, prince foible de corps et d'esprit, à peine âgé de trente-neuf ans, n'ayant ni enfants, ni parents capables de lui succéder, étoit indécis sur le choix de l'héritier à qui il laisseroit ses vastes états. Le roi d'Angleterre et les Hollandois avoient proposé un traité de partage, auquel Louis XIV consentit d'abord. Le roi d'Espagne, irrité de voir qu'on partageoit ainsi son bien de son vivant, et sentant sa fin approcher, se décida en faveur de Philippe de France, duc d'Anjou, second fils de monseigneur le dauphin, et petit-fils de Louis XIV.

Le testament fut accepté par la cour de France; et aussitôt après la mort du roi d'Espagne, arrivée le premier novembre 1700, le jeune prince fut proclamé roi, sous le nom de Philippe V. Reconnu d'abord par l'Angleterre, la Hollande, la Bavière, et la Savoie, on crut n'avoir affaire que contre l'empereur qui vouloit faire valoir ses droits en faveur de l'archiduc Charles; mais des intrigues bien ménagées, et la juste défiance qu'inspiroient aux alliés la réunion de tant de royaumes dans une même maison, rendirent la guerre générale. Elle fut cruelle et désastreuse pour la France. Tous les genres de fléaux semblèrent se réunir pour accabler cette puissance. Louis opposa son grand courage à ce débordement d'ennemis; il remporta d'abord quelques avantages ; mais l'année 1704 vit changer la face des affaires. L'Espagne, dont Philippe V avoit pris possession sans obstacle, fut inondée d'Anglois et de Portugais coalisés. Les François se virent repoussés de l'Allemagne, par suite de la bataille d'Hochstet; l'année suivante, plus glorieuse pour la France, fut encore plus funeste à l'Espagne, qui vit une partie de son territoire envahie. La campagne de 1706 étoit une des plus désastreuses. L'Espagne presque entièrement soumise à l'archiduc Charles, Philippe V obligé de fuir de sa capitale, la perte des possessions espagnoles; en Italie, les batailles funestes de Ramillies, de Turin, signalèrent cette année; les François se virent obligés de se défendre dans leurs propres foyers, extrémité fâcheuse pour un peuple accoutumé depuis si long-temps à faire du pays ennemi le théâtre de sa gloire. Cependant ils se défendoient encore avec un courage digne d'admiration. Le génie du grand roi planoit sur eux, et s'il ne les conduisoit plus, comme auparavant, à des victoires certaines, il les inspiroit et leur apprenoit l'art de surmonter les difficultés, et de vaincre le malheur par la persévérance.

: (1707.) Les campagnes de 1707 et de 1708 n'offrent qu'une alternative de succès et de revers qui prolongeoit encore la lutte dans laquelle la France se trouvoit engagée. C'est dans ces diverses expéditions que se distinguèrent, d'une part, les ducs de Vendôme, de Villars, le maréchal de Berwick; de l'autre, le prince Eugène, et le fameux Marleboroug, successeur du prince d'Orange, Guillaume III, roi d'Angleterre, qui descendoit au tombeau. La prise de Lérida par le duc d'Orléans, suite de la victoire d'Almanza, remportée en Espagne par Berwick (cette victoire avoit rouvert au roi Philippe le chemin de sa capitale); les lignes de Stolopen forcées par le maréchal de Villars; les succès du chevalier Forbin et de Dugué-Trouin sur mer, balancèrent un moment la fortune, mais ne décidèrent pas la question.

L'année 1709 est la plus funeste pour la France. Au fléau d'une guerre si opiniâtre, se joint une famine affreuse. L'hiver fut si cruel que l'on perdit tout espoir de récolte; et non seulement les oliviers, les mûriers périrent, mais encore les fruits qui résistent ordinairement aux plus fortes gelées; et, comme si ce n'eût pas encore été assez de ces maux, des disputes théologiques sur la constitution *Unigenitus*, vinrent ajouter aux disgraces qu'éprouvoient Louis et son peuple. C'est dans cette campagne que se livra la bataille de Malplaquet, le 11 septembre, une des plus meurtrières que l'on ait vues jusqu'alors, et dans laquelle les François signalèrent leur courage. Les alliés n'en retirèrent d'autre fruit que la prise de Mons.

Au commencement de 1710, le roi, touché des malheurs de ses sujets, se décide à faire des avances pour la paix; dans un congrès tenu à Gertruidenberg, les offres du roi sont rejetées avec dédain; en conséquence la guerre continue. En Espagne, le roi Philippe V, privé, pour ainsi dire, de l'appui de la France, se voit replongé dans de nouveaux malheurs, et forcé de fuir une seconde fois de Madrid. Mais Louis XIV envoie le seul Vendôme à son secours, et bientôt la victoire remportée à Villa-Viciosa, fixe la destinée du roi d'Espagne, et lui assure la possession de son trône.

En 1711, la guerre fut moins animée; et une intrigue de cour fournit les moyens de parvenir à un accommodement. La reine Anne, qui depuis la mort de Guillaume, prince d'Orange et roi d'Angleterre, tenoit les rênes du gouvernement anglois, ouvrit enfin les yeux sur l'ambition de Marleborough et de son épouse. Jusqu'alors le parti des Wigts avoit dominé dans le parlement, et s'étoit opposé à toute réconciliation: la disgrace du général, l'ascendant que prirent les Torys aplanirent les difficultés. Les Anglois se lassèrent d'une guerre dont ils faisoient seuls les frais; la mort de l'empereur Joseph, arrivée le 17 avril, et qui laissoit en possession du trône impérial l'antagoniste de Philippe V, leur ouvrit les yeux. Depuis dix ans ils combattoient pour empêcher que les royaumes de

France et d'Espagne ne fussent réunis dans la même maison ; c'eût été bien pis, si l'Empire et l'Espagne avoient été gouvernés par le même prince ; on auroit eu à craindre un nouveau Charles-Quint. En conséquence, un congrès général fut indiqué à Utrecht pour le 29 janvier de l'année suivante.

(1712.) Les conférences étoient à peine ouvertes, que la guerre se continuoit avec la même vigueur. Au congrès, les puissances alliées, fières de leurs avantages, ne vouloient rien relâcher de leurs prétentions. En vain Louis offroit d'abandonner la cause de l'Espagne ; il alloit même jusqu'à promettre de l'argent pour aider à faire la guerre à son petit-fils ; les alliés vouloient plus : ils exigeoient qu'il se chargeât seul de le détrôner, dans l'espace de deux mois. A cette demande absurde, le roi répondit : *Puisqu'il faut que je fasse la guerre, j'aime mieux la faire à mes ennemis qu'à mon fils.*

La France n'étoit pas moins dans la consternation. Des partis envoyés par le prince Eugène avoient ravagé la Champagne, et pénétré jusqu'à Reims. Un autre parti hollandois s'étoit montré aux environs de Versailles ; l'année d'avant, le Dauphiné, la Provence avoient souffert les horreurs de la guerre. Dans cette extrémité, Louis, dont rien ne pouvoit ébranler la constance, fit un dernier appel à son peuple, et cet appel fut entendu : on fit de nouveaux efforts que le succès couronna pleinement.

Les ennemis avoient formé au nord une ligne immense qui embrassoit plus de soixante lieues de pays; ils étoient en possession de Lille et de la première ligne des frontières, menaçoient Landreci, et avoient concentré aux environs de cette ville leurs principaux moyens. Villars, à la tête d'une armée bien moins nombreuse, mais aguerrie et remplie de courage, leur donne le change par une manœuvre habile, admirée encore de nos jours, force leurs retranchements à Denain, et s'empare de Marchiennes, où les alliés avoient établi leurs magasins. Surpris et coupés de toutes leurs communications, les ennemis abandonnent Landreci, et se retirent avec précipitation sur la dernière ligne. Douai, le Quesnoi, Bouchain, ainsi que toutes les places du centre de l'opération sont reprises sur-le-champ, et ce succès décide non seulement du sort de la campagne, mais encore de celui de toute la guerre.

(1713.) La paix est arrêtée le 29 janvier entre la France, l'Angleterre, et la Hollande. Les autres traités particuliers sont signés successivement entre les puissances belligérantes dans le cours de la même année. L'empereur seul et l'Empire persistèrent encore à s'y refuser; mais ils furent bientôt contraints de conclure, l'un à Rastadt, le 6 mars

1714, l'autre à Baden, le 7 septembre de la même année.

Par ce fameux traité, la France conserve l'intégrité de son territoire, Philippe V est reconnu roi d'Espagne et des Indes, avec la clause pourtant de renoncer, pour lui et ses successeurs, au trône de France; l'empereur reste en possession du Milanois et des provinces que les Espagnols possédoient en Italie, ainsi que des Pays-Bas autrichiens; les Hollandois acquièrent une forte barrière sur le Rhin et la Meuse; et les Anglois, qui avoient presque seuls supporté les frais de la guerre, n'eurent à-peu-près rien. Ainsi l'on peut dire que l'avantage principal resta du côté de la France.

(1715.) Le grand roi ne survécut pas long-temps à son ouvrage. Chargé de gloire et d'années, il dépérissoit de jour en jour. Au retour de Marly, vers la fin d'août, il se trouva si abattu, qu'il ne songea plus qu'à couronner une vie glorieuse aux yeux des hommes par une mort précieuse devant Dieu; ce fut sans ostentation, et avec tout le calme d'un vrai chrétien qu'il se disposa à sortir de la vie.

Après une maladie de quelques jours, et qui, comme l'on sait, fut assez cruelle, il appela auprès de lui le duc du Maine, à qui il confia les dispositions de son testament, ensuite le duc d'Orléans. Il dit à celui-ci, en l'embrassant, que, l'ayant toujours aimé, il lui recommandoit sur-tout de respecter la religion, et de conserver à Louis XV son royaume. Puis, faisant approcher le dauphin, âgé de cinq ans, et le prenant entre ses bras, il lui dit : « Mon enfant, vous allez être roi d'un grand royau- « me, soyez toujours bon chrétien; ne suivez pas « mon exemple pour les guerres : je les ai trop ai- « mées. Tâchez d'avoir la paix avec vos voisins; rap- « portez à Dieu toutes vos actions, et faites-le ho- « norer par vos sujets. Aimez-les. Je suis fâché, « ajouta-t-il en soupirant, de les laisser dans l'état « où ils sont. Suivez toujours les conseils les plus « modérés; tâchez de diminuer les impôts; faites ce « que je suis assez malheureux de n'avoir pu faire; « n'oubliez jamais la reconnoissance que vous de- « vez à madame de Ventadour : pour moi, madame, « dit-il en se tournant vers la gouvernante de mon- « seigneur le dauphin, je ne puis trop vous marquer « la mienne. » Ensuite il embrassa deux fois son petit-fils, lui donna sa bénédiction, et, levant les yeux au ciel, il fit une courte prière, en le suivant des yeux. A cet instant, les princesses entrèrent, poussant des cris de douleur. Le roi les consola, réconcilia quelques unes d'entre elles qui étoient brouillées, et leur donna pareillement sa bénédiction.

Après avoir reçu le saint viatique, pour la dernière fois, il fit entrer les seigneurs de la cour, et leur dit : « Messieurs, je vous demande pardon des

« mauvais exemples que je vous ai donnés. Je vous
« remercie de l'amitié que vous m'avez toujours
« marquée; je vous demande pour mon petit-fils
« la même fidélité que vous m'avez témoignée : vous
« contribuerez tous à l'union; si quelqu'un s'en
« écarte, vous le ramènerez. Je sens que je m'at-
« tendris et que je vous attendris aussi. Adieu, mes-
« sieurs, souvenez-vous quelquefois de moi. » Puis,
après avoir parlé à M. de Villeroi, qu'il avoit fait
gouverneur du dauphin, et recommandé les finances à M. Desmarets, il resta seul avec madame de
Maintenon, s'avança pour l'embrasser, et se sentant
prêt à pleurer, il la pria d'examiner si personne n'é-
coutoit, *quoique*, ajouta-t-il, *on ne sera pas surpris
que je m'attendrisse avec vous*.

Les dernières paroles de ce grand roi furent
pour madame de Maintenon. Après être revenu
d'un évanouissement, il lui dit : « Il faut que vous
« ayez bien du courage et de l'amitié, pour de-
« meurer là si long-temps; retirez-vous. Je sais ce
« que votre cœur souffre d'un pareil spectacle;
« mais j'espère que cela finira bientôt. » En effet, sa
tête s'embarrassa. Il perdit toute connoissance; et il
expira quelques moments après. Madame de Maintenon se retira dans son appartement, *pour pleurer
en liberté son roi, son ami, son époux*.

Louis-le-Grand décéda en paix le 1er septembre
1715, à l'âge de soixante-dix-sept ans, après un-

règne de soixante-douze. Il avoit survécu à neuf papes, trois empereurs, quatre rois d'Angleterre, trois d'Espagne, quatre de Portugal, cinq de Pologne, quatre de Suède, quatre de Danemarck, et à plus de cent princes souverains. A sa mort, il étoit servi par les petits-fils de ceux qui lui avoient été attachés dans sa jeunesse. Enfin l'histoire ancienne et moderne ne nous offre qu'un seul prince, Masinissa, roi de Numidie, qui ait régné plus long-temps que lui (quatre-vingts ans), quoique avec bien moins de gloire.

La France avoit déja possédé plusieurs rois dignes de son admiration, mais ni l'Europe, ni la France elle-même n'avoient point encore vu de souverain qui, dans le cours d'un si long règne, ait su réunir des qualités plus rares, ni qui ait plus dignement soutenu le surnom de grand, dans tous les temps de sa vie. Sa taille et sa beauté répondoient à sa dignité. En le voyant, on étoit en même temps frappé d'admiration, et comme saisi d'un saint respect; l'on ne pouvoit s'empêcher de dire en soi-même, avec Racine :

> En quelque état obscur que le ciel l'eût fait naître,
> Le monde, en le voyant, eût reconnu son maître.

« Quoiqu'on lui ait reproché, dit un de ses meilleurs historiens, quelques petitesses dans son zèle contre les jansénistes (il pouvoit ajouter des rigueurs un peu outrées contre les protestants), trop de hauteur avec les étrangers dans ses succès, de la foiblesse pour le sexe, une trop grande sévérité dans des choses qui lui étoient personnelles; des guerres légèrement entreprises, et poussées quelquefois trop loin; cependant ses grandes qualités l'emporteront toujours sur ses fautes. La postérité admirera dans son gouvernement une conduite ferme, noble, et suivie; dans sa cour, le modèle de la politesse, du bon goût, et de la grandeur. Il gouverna ses ministres loin d'en être gouverné. Il eut des maîtresses, mais elles n'influèrent pas dans les affaires générales. S'il aima les louanges, il souffrit la contradiction; affable dans sa vie privée, plein de respect pour sa mère tant qu'elle vécut, de reconnoissance pour le cardinal Mazarin, observant avec son épouse tous les devoirs de la bienséance et de l'amitié, quoiqu'il lui fût souvent infidèle; bon père, bon maître, toujours décent en public, extrêmement laborieux dans le cabinet, exact dans les affaires, pensant juste, parlant bien, ayant sans cesse quelque chose de flatteur à dire aux personnes qui l'approchoient; en un mot, Louis fut toujours aimable, mais il le fut avec dignité. »

Nous ne parlerons pas des merveilles opérées sous son règne dans les arts, dans les sciences, dans la littérature, dans le commerce, l'agriculture, enfin dans toutes les parties qui font l'honneur et la gloire d'une nation puissante. Tout cela est renfermé dans ces mots : LE SIÈCLE DE LOUIS XIV. C'est ce siècle qui rivalise au moins avec celui de Périclès à Athènes, d'Auguste à Rome, de Médicis, et de François 1; et c'est à Louis seul que ce grand siècle est dû.

LOUIS XIV eut de MARIE-THÉRÈSE, infante d'Espagne, reine de France et de Navarre :

1° LOUIS de France, dauphin de Viennois, qui suit;
2° PHILIPPE de France, duc d'Anjou, né à Saint-Germain-en-Laye, le 5 août 1668, mort au même lieu le 10 juillet 1671;
3° LOUIS-FRANÇOIS de France, duc d'Anjou, né le 14 juin 1672, mort le 4 novembre de la même année;
4° ANNE-ÉLISABETH de France;
5° MARIE-ANNE de France;
6° MARIE-THÉRÈSE de France; toutes trois mortes au berceau.

Enfants naturels.

De LOUISE-FRANÇOISE de LABAUME-LE-BLANC, fille d'honneur de MADAME, depuis duchesse de La Vallière-Vaujour, pair de France, etc., retirée ensuite aux Carmélites de la rue Saint-Jacques, morte en 1710, à l'âge de soixante-cinq ans, en odeur de sainteté, après une dure pénitence qui dura trente-cinq ans, le grand roi eut :

1° LOUIS de Bourbon, né à Paris le 27 décembre 1663,

mort le 15 juillet 1666, sans avoir été légitimé; enterré à Saint-Eustache;

2° Louis de Bourbon, comte de Vermandois, amiral de France, né au vieux château de Saint-Germain-en-Laye, le 2 octobre 1667, légitimé par lettres patentes du mois de février 1669. La charge d'amiral de France ayant été rétablie la même année, il en fut pourvu, quoique dans son enfance, par lettres du mois de novembre de la même année. Ce jeune prince, âgé seulement de vingt ans, mourut de fièvre maligne, au retour du siège de Courtrai, le 18 novembre 1683. Plusieurs historiens ont prétendu reconnoître en lui le fameux masque de fer dont il a été tant question pendant le cours du dernier siècle. Ils supposent qu'à la suite d'une violente altercation avec le dauphin son frère, ce prince, annonçant des dispositions très nuisibles à la tranquillité de l'état, auroit été renfermé, par ordre du roi, dans une forteresse pour le reste de ses jours; et que, pour cacher ce coup d'état, on auroit supposé sa mort au camp de Courtrai. Nous reviendrons un jour sur cette question;

3° Marie-Anne de Bourbon, nommée mademoiselle de Blois, et, comme sa mère, qualifiée duchesse de La Vallière-Vaujour, pair de France, née au château de Vincennes, le 2 octobre 1666, légitimée l'année suivante, mariée à Louis-Armand de Bourbon, prince de Conti, dont elle n'eut point d'enfant. Morte à Fontainebleau le 9 novembre 1685.

D'Athénaïs de Rochechouart, duchesse de Montespan, naquirent:

1° Louis de Bourbon, duc du Maine, dont on verra ci-après la notice;

2° Louis-César de Bourbon, comte du Vexin, abbé de Saint-Denis en France, et de Saint-Germain-des-Prés à Paris, né le 20 juin 1672, légitimé au mois de décembre de l'année suivante; mort le 10 janvier 1683, dans sa onzième année, et enterré dans le chœur de Saint-Germain-des-Prés;

3° Louis-Alexandre de Bourbon, comte de Toulouse, qui aura aussi sa notice après celle de son frère aîné;

4° Louise-Françoise de Bourbon, nommée mademoiselle de Nantes, née le 1ᵉʳ juin 1673, légitimée la même année, et mariée le 24 juin 1685 à Louis III, prince de de Condé; restée veuve en 1710, morte le 16 juin 1743;

5° Louise-Marie de Bourbon, nommée mademoiselle de Tours, morte en 1681;

6° Françoise-Marie de Bourbon, nommée mademoiselle de Blois, née en 1677, légitimée en 1681, épouse de Philippe, petit-fils de France, duc d'Orléans, régent du royaume; morte le 1ᵉʳ février 1749;

7° Deux autres enfants mâles, morts au berceau, sans avoir été légitimés.

V.

LOUIS DE FRANCE,

DIT LE GRAND DAUPHIN,

APPELÉ AUSSI

MONSEIGNEUR.

Au 1 et 4 de France, au 2 et 3 d'or, au dauphin vif d'azur; la tête toujours contre-mont et le corps courbé. Couronne comme le roi, excepté qu'elle n'est fermée que de quatre quarts de cercle, ou diadèmes, aboutissant de même à une double fleur de lis.

Ce prince, le vingt-quatrième dauphin de Viennois, et le treizième des princes qui portèrent ce titre, devenu si auguste depuis qu'il fut l'apanage des fils aînés de France, naquit, le 1er novembre 1661, au château de Fontainebleau. Il eut pour gouverneur le duc de Montausier, et le célèbre Bossuet pour précepteur. C'est en faveur de ce prince que le roi fit établir les commentaires et les belles éditions des auteurs latins dites *ad usum delphini*, ouvrage superbe, que ne fera pas oublier la *Collection des classiques latins*, publiée de nos jours. Avec de tels maîtres, on auroit pu espérer de former un héros. Cependant le dauphin ne fut jamais qu'un prince médiocre. Il avoit pourtant beaucoup de ces qualités qui font aimer et estimer l'homme en société.

Le grand dauphin étoit bon, indulgent, patient, très respectueux envers le roi, il avoit peu d'intelligence, et encore moins d'application aux affaires; du reste, c'étoit un homme d'habitude, sans ambition, aimant la bonne chère ainsi que les plaisirs paisibles, et naturellement gai, mais préférant sa chère paresse à toutes les jouissances du monde. Il ressembloit du côté de la figure à son auguste père, excepté qu'il étoit de moyenne stature.

Malgré tout cela, Louis ne manquoit ni de courage, ni de talents pour la guerre. Son père le mit à la tête de ses armées en 1688. Il prit Philisbourg, Heidelberg, Manheim, conquit le Palatinat ; et cette campagne, très avantageuse pour la France, le couvrit de gloire.

En 1681, il avoit été marié à Marie-Anne-Christine-Victoire de Bavière, fille aînée de Ferdinand-Marie, électeur de Bavière, et d'Adélaïde de Savoie.

Ensuite de sa première expédition, le dauphin accompagna Louis XIV au siége de Mons et à celui de Namur; il commanda aussi l'armée de Flandre, en 1694; et dans ces circonstances, il se distingua par des actions de valeur, et par la dignité de son caractère; enfin il eut, en 1700, le bonheur de voir son second fils, le duc d'Anjou, appelé à la couronne d'Espagne. Comme son tempérament le portoit à la modération, il avoit le plus grand plaisir à répéter sans cesse, *le roi mon père*, et *le roi mon fils*, sans ambitionner la royauté pour lui-même.

Le grand dauphin aimoit, comme nous l'avons dit, la vie paisible; lorsqu'il n'étoit pas appelé au commandement des armées, il séjournoit à Meudon ou à Choisy; là il se livroit aux plaisirs de l'amour, quoiqu'il fût gêné un peu dans ses goûts par le roi son père; ce qui peut paroître étonnant, car Louis XIV n'auroit pas dû tant blâmer dans son fils une foiblesse qui le possédoit lui-même; avec cette différence pourtant que le dauphin ne mettoit pas tant de dignité dans ses amours : car toute femme lui étoit bonne; et il ne demandoit pas si elle étoit belle ou de haute qualité.

Sa première intrigue fut avec une demoiselle de La Force, placée auprès de madame la dauphine. Cette inclination répandit de l'amertume dans la famille royale. La dauphine, princesse de Bavière, n'étoit pas bien vue à la cour de Louis XIV, à cause de son amitié pour son frère, avec lequel on étoit alors en guerre, ce qui devoit occasioner des refroidissements entre les deux époux; mais, sans entrer dans des détails intérieurs, que la nature de notre ouvrage nous interdit, et qui ne sont pas très utiles pour l'histoire, il nous suffira de dire que cette désunion hâta la mort de la dauphine. Elle mourut le 20 avril 1690, sans être fort regrettée de son époux, ni même du roi, parcequ'elle affectoit des sentiments anti-françois.

Madame du Roure, avoit remplacé auprès du prince mademoiselle de La Force. Veuve aussi du comte du Roure, comme le dauphin l'étoit, elle se félicitoit d'épouser son auguste amant; mais Louis XIV, qui lui-même ne vouloit pas avouer son second mariage avec madame de Maintenon, n'avoit garde de céder à un pareil desir; en conséquence, madame du Roure fut exilée à Montpellier, et il n'en fut plus question.

Le dauphin eut pour favorite mademoiselle de Chouin, de la maison de Savoie. Cette demoiselle, sans être belle, étoit grande, bien faite, fort agréable, et qui plus est vertueuse. Aussi le prince s'attacha-t-il à elle par une union sincère que Louis XIV eut pour agréable; cette union fut, dit-on, couronnée par un mariage secret, comme l'étoit celui du roi avec madame de Maintenon (¹).

Mademoiselle de Chouin, épouse de Louis, dauphin de France, donna un exemple bien rare de désintéressement, en obligeant son époux de brûler le testament qu'il avoit fait en sa faveur, et lui annonçant d'une manière ferme et précise que mille écus de rente, qu'elle s'étoit ménagés de ses épargnes, lui suffisoient pour vivre aussi heureuse qu'elle pourroit l'être, en cas qu'elle eût le malheur de le perdre.

De ce moment, le dauphin devint aussi rangé, aussi appliqué aux affaires qu'il l'avoit été peu avant cette époque. L'union entre lui et son auguste père devint tous les jours plus intime, au point que le roi

(¹) Pour expliquer ces mariages secrets des deux plus grands princes de l'Europe, il suffira de dire que la politique de la France, à laquelle on n'a jamais dérogé, ne vouloit pas qu'un roi de France épousât ostensiblement une de ses sujettes, ce qui étoit très bien vu. En effet, si le roi, ayant contracté alliance avec la fille d'un gentilhomme françois, l'eût déclaré reine, il en seroit résulté l'inconvénient très grave de donner à une famille noble une prépondérance qui auroit offensé la noblesse de ses états, très jalouse alors, et qui conservoit une sorte d'égalité. Le grand roi lui-même, tout absolu qu'il étoit, n'osa point franchir à cet égard les bornes de son pouvoir.

voulut que les ordonnances de M. le dauphin fussent acquittées au trésor royal comme les siennes propres.

Ce prince étoit l'idole de la nation; ses manières simples et affables lui avoient gagné l'affection de toutes les classes de la société, qui s'étoient persuadées que, dans le conseil privé, il prenoit toujours la cause du peuple, demandoit la diminution des impôts, s'élevoit contre le luxe des courtisans et l'avidité des gens en place : toutes choses auxquelles il n'avoit peut-être jamais songé; car il étoit alors très soumis aux volontés de son père, et plein de respect pour madame de Maintenon. On se félicitoit d'avance de l'avoir un jour pour roi. Mais la Providence en avoit disposé autrement. Ce prince fut attaqué de la petite-vérole, maladie plus commune alors qu'elle ne l'est actuellement; et il en mourut le 9 avril 1711, à l'âge de quarante-neuf ans cinq mois et quatorze jours.

Il avoit eu de son épouse :

1° Louis de France, duc de Bourgogne, second dauphin, qui suit;
2° Philippe de France, duc d'Anjou, depuis roi d'Espagne et des Indes, dont nous parlerons à l'article d'Espagne;
3° Charles de France, duc de Berry, dont nous donnerons une notice particulière.

Il eut aussi de la demoiselle du Roure une fille naturelle que le roi ne voulut pas reconnoître, vu l'incertitude du père, mais qui fut mariée à un sieur Ménager, négociateur du traité secret de 1711 entre la France et l'Angleterre, ainsi qu'un autre enfant d'une fille de basse condition, dont la vie et la mort sont absolument inconnues.

J'ai lu aussi quelque part que ce prince eut d'une célèbre actrice, nommée la Raisin, un fils qui lui ressembloit parfaitement. Le roi n'ayant pas voulu le reconnoître, ce jeune homme, d'ailleurs plein de talents, seroit mort dans la misère, si La Jonchère, trésorier de l'extrordinaire des guerres, ne l'en eût retiré, en lui donnant sa sœur en mariage. On ne nous dit pas ce qu'il est devenu, ni s'il a laissé une postérité.

VI.

LOUIS DE FRANCE,

DUC DE BOURGOGNE, PUIS DAUPHIN, APPELÉ LE SECOND DAUPHIN.

ARMOIRIES.

Comme le grand Dauphin son prédécesseur.

Ce prince si vertueux, si sage, si digne de la vénération de la postérité, naquit le 6 août 1682, et reçut à sa naissance le titre de duc de Bourgogne, qu'il conserva jusqu'à la mort de son père, arrivée en 1711. Dès qu'il fut retiré des mains des femmes, le roi lui donna pour gouverneur le duc de Beauvilliers, un des hommes les plus sages de son siècle; et pour précepteur l'abbé de Fénelon, depuis archevêque de Cambrai.

Il n'avoit que sept ans quand, à l'occasion d'une carte généalogique des rois de France, le duc de Montausier lui demanda lequel de tous les titres de ces rois il préfèreroit d'avoir. *Celui de Père du peuple,* répondit-il sans hésiter.

Le défaut capital du duc de Bourgogne étoit la colère. Il s'y livroit quelquefois jusqu'à l'emportement. Ce fut la religion qui l'en corrigea; et l'on peut dire que la douceur insinuante de Fénelon, ses soins assidus, et les artifices innocents que ce digne précepteur employa, préparèrent le triomphe de la religion.

Entre autres traits remarquables de l'adresse de Fénelon à corriger son élève, on cite celui-ci. Un menuisier, à qui l'on avoit fait la leçon, voyant approcher le prince de ses outils, lui dit d'un air absolu de se retirer. Le jeune duc, peu accoutumé à de pareilles brusqueries, se fâcha; alors le menuisier, haussant le ton, et faisant semblant d'être hors de lui-même, lui cria : *Retirez-vous, mon prince; car quand je suis en colère, je casse bras et jambes à qui se trouve sur mes pas.*

Aux plaintes que le duc faisoit de l'insolent ouvrier, Fénelon répondoit sans s'émouvoir : *C'est un bien bon ouvrier : c'est dommage qu'il se livre ainsi à la colère.* Le prince insistoit pour que l'on chassât un si *méchant* homme. *Pour moi,* reprit avec douceur Fénelon, *je le crois plus digne de pitié que de châtiment. On l'appelle méchant parcequ'il menace quiconque le distrait de son travail; mais que diriez-vous d'un prince qui battroit son valet de chambre au moment où celui-ci lui rendroit des services?* Le duc sentit la leçon, et promit de se corriger.

Un autre jour, qu'il venoit de se livrer à un violent accès de colère, tous ceux qui l'abordèrent feignirent de le trouver très malade; et il finit par se croire tel. Le médecin Fagon, appelé sur-le-champ, lui demanda *s'il ne s'étoit pas livré à l'emportement.* — *Vous avez deviné juste*, répond le prince : alors ce fut au tour du médecin de l'endoctriner. Il lui fit une longue énumération des terribles effets de la colère, qui alloient quelquefois jusqu'à la mort subite : il lui prescrivit un régime sanitaire; et, pour préservatif, de se tenir tranquille, sans parler, sans gesticuler, et même de fuir l'objet qui lui auroit déplu, aussitôt qu'il ressentiroit les premières émotions. L'avis fit impression sur le jeune duc, qui d'ailleurs avoit le desir sincère de se corriger. C'est par ces artifices innocents que Fénelon parvint à rendre le duc de Bourgogne le plus parfait des princes qu'on ait encore vus.

Quelque temps avant le traité de Ryswick, le duc de Savoie, qui avoit signé sa paix avec le roi, conclut le mariage de Marie-Adélaïde sa fille avec le duc de Bourgogne, et le mariage fut célébré en France avec une pompe extraordinaire le 17 décembre 1697; mais, vu l'âge encore tendre des deux époux, la consommation n'eut lieu que deux ans après. Cette union, beaucoup trop courte, fut très heureuse. Le duc aimoit sa femme à l'adoration, et elle méritoit d'être aimée. A une jolie figure elle joignoit un fond de gaieté et d'enjouement qui faisoit les délices de la cour, et à ces avantages une vertu à toute épreuve.

En 1701, le roi son aïeul donna au prince le commandement de ses armées en Allemagne, où il n'eut pas occasion de se faire remarquer; mais, l'année suivante (1702), ayant été envoyé, en qualité de généralissime, en Flandre, il repoussa les ennemis jusque sous le canon de Nimégue. Rappelé à la cour au moment où il auroit pu être très utile, il ne retourna plus aux armées. En général, ce prince se distingua moins par les qualités guerrières que par les vertus morales et chrétiennes. Les malheurs de la guerre affligeoient son cœur sensible et compatissant; et il se promettoit bien, si Dieu l'appeloit un jour au trône, de gouverner sur un plan différent de celui qu'avoit suivi son aïeul.

Le grand dauphin étant mort, il devenoit l'héritier présomptif de la couronne. Aux connoissances de la littérature et des sciences, qu'il possédoit parfaitement, aux éminentes qualités qui décoroient sa belle ame, il voulut joindre celles d'un prince qui desiroit de régner en roi sage, et de faire des heureux pendant le court espace de temps qui lui seroit accordé, en cas qu'il parvînt au trône. Il assistoit exactement aux conseils, se faisoit instruire par les intendants des provinces de l'état du royaume, et il prenoit des notes pour dresser un plan de gouvernement capable de procurer le bonheur public.

La mort, l'impitoyable mort, qui devoit rendre le grand roi le plus malheureux des pères, après lui avoir ravi son fils unique, se préparoit à augmenter la désolation de la royale famille.

La jeune dauphine, l'idole son époux, l'enfant chérie de la cour de France, qu'elle amusoit par ses saillies, autant qu'elle édifioit le public par sa piété et sa bonne conduite, tombe malade le 5 février 1712 vers le soir. Nous n'entrerons pas dans les détails de cette catastrophe. Le seul souvenir affecte jusqu'aux larmes. La princesse, en proie aux douleurs les plus violentes, fut placée sur son lit de douleurs pendant sept jours; et après avoir reçu le saint viatique avec la plus grande ferveur, elle fit approcher les dames de sa suite, les consola toutes, et se tournant vers la duchesse de Guiche : *Adieu*, lui dit-elle, *ma belle duchesse; aujourd'hui dauphine, demain rien;* puis elle expira, le 12 février 1712, dans les bras de madame de Maintenon, qu'elle se plaisoit toujours d'appeler sa bonne tante.

Cependant le dauphin, qui, pendant les trois premiers jours de la maladie, n'avoit pas abandonné le chevet du lit de sa chère épouse, forcé, par l'ordre précis de son aïeul, de se retirer, livré au plus violent désespoir, et déjà pénétré du poison mortel qui circuloit dans ses veines (c'étoit une fièvre maligne des plus violentes), passoit les jours et les nuits en prière, tantôt s'abandonnant à la volonté de Dieu, tantôt le conjurant de lui rendre sa femme, et s'offrant pour elle en sacrifice; lorsqu'enfin on lui apprit que tout étoit fini : *Mon Dieu, s'écria-t-il, conservez du moins le roi!* Puis, montant en carrosse pour aller à Marly, il se trouva mal. Le lendemain, il communia avec dévotion, et le roi vint le rejoindre pour unir ses larmes avec celles de son fils. Le dauphin paroissoit résigné; mais le soir une fièvre brûlante le prend. Dans la nuit, le mal redouble, et devient sans remède. Le prince demande encore le saint viatique : on appelle le prêtre; on réveille le roi, qui accourt et trouve son fils presque agonisant.

A une pareille nouvelle, Paris est dans la consternation; les églises se remplissent de monde, le saint-sacrement est exposé, la châsse de sainte Geneviève descendue; vœux inutiles! le prince avoit passé de ce monde dans un autre meilleur, où il devoit recevoir la récompense de ses vertus. Ce malheur arriva le 18 février 1712, six jours après son épouse.

Ce prince n'étoit pas moins cher aux soldats qu'au peuple, parcequ'à la bravoure il joignoit un fonds de sensibilité qui le faisoit pourvoir à tous les besoins des troupes. A une affaire assez vive, où il avoit en tête le fameux Marlborough, les deux armées se canonnèrent long-temps, sans pourtant s'approcher. La soif et la faim l'avoient obligé de descendre de cheval. Ses officiers de bouche lui offroient un repas : *Non*, dit-il, *ce n'est ni le temps ni le lieu*; et il se contenta d'un simple rafraîchissement. Au même instant, un boulet de canon renverse la table préparée, brise le siége, et emporte la tête d'un de ses valets de chambre. Le prince voit le coup sans pâlir, et se contente de s'éloigner de quelques pas seulement.

Le duc de Bourgogne aimoit les lettres, et les cultivoit avec succès. Les savants dans le besoin étoient sûrs de trouver en lui un protecteur généreux, pourvu qu'ils joignissent la vertu au mérite littéraire. La Fontaine, qui ne savoit mettre aucun ordre dans ses affaires, avoit toujours vécu aux dépens de ses amis. Il les perdit lors de sa conversion. Ce fut alors que le duc de Bourgogne vint à son secours. Il le fit visiter par un de ses gentilshommes, qui lui remit de sa part un rouleau de cinquante louis, et un brevet de pension sur sa cassette.

La maxime favorite du duc de Bourgogne étoit que *les rois sont faits pour les peuples, et non les peuples pour les rois.* Maxime développée depuis par Massillon. Il ajoutoit que le prince *doit punir avec justice, parcequ'il est le gardien des lois; qu'il doit récompenser, mais non gratifier; parceque les* récompenses sont des dettes, et que, n'ayant rien à lui, il ne peut rien donner gratuitement qu'aux dépens du peuple.

Il avoit encore une grande qualité : c'étoit la discrétion. Admis au conseil, il ne lui échappa pas un seul mot qui pût laisser soupçonner les secrets de l'état. Se défendant un jour sur ce point contre les caresses insinuantes de son épouse, il lui répondit en chantant :

> Jamais : mon cœur n'est qu'à ma femme,
> Parcequ'il est toujours à moi ;
> Elle a le secret de mon ame,
> Quand il n'est pas celui du roi.

Ce prince avoit beaucoup aimé les spectacles dans sa première jeunesse. Parvenu à un âge plus avancé, il disoit que *le spectacle d'un dauphin étoit l'état* des provinces. On ne finiroit pas, s'il falloit rapporter tous les traits de générosité et de grandeur d'ame de ce prince, dont la mémoire est encore chère aux François. Dans l'impossibilité de nous étendre davantage, nous passerons à son frère, le duc de Berry.

Louis de France, duc de Bourgogne, second dauphin, fut enterré à Saint-Denis, et il eut de son épouse :

1° N...., duc de Bretagne, né le 25 juin 1704, décédé le 11 mars 1705, sans avoir été nommé ;

2º Louis, duc de Bretagne, né le 8 janvier 1707, déclaré dauphin après son père. Il le fut seulement quinze jours, étant mort le 8 mars 1712;
3º Louis de France, né le 15 février 1710, d'abord duc d'Anjou, puis dauphin après la mort de son frère le duc de Bretagne, enfin roi de France, sous le titre de Louis XV. Nous en donnerons la notice.

NOTICE PARTICULIÈRE

SUR

CHARLES DE FRANCE,

PETIT-FILS DE LOUIS XIV, ET FRÈRE DU DUC DE BOURGOGNE ; DUC DE BERRY, D'ALENÇON, ET D'ANGOULÊME ; VICOMTE DE VERNON, D'ANDELI, ET DE GISORS ; SEIGNEUR DE COIGNAC ET DE MERPINS ; CHEVALIER DES ORDRES DU ROI ET DE LA TOISON D'OR.

ARMOIRIES.

De France, à la bordure de gueules, couronne de prince du sang.

Ce prince naquit à Versailles le 31 août 1686. Il étoit d'un très beau blond, d'une taille assez ordinaire, d'un embonpoint et d'une fraîcheur qui annonçoient la plus brillante santé. Il paroissoit fait pour la société. « C'étoit, disent les mémoires du temps, le meilleur homme du monde, le plus doux, le plus compatissant, le plus accessible. Il avoit de la dignité sans orgueil, son esprit étoit médiocre, ses vues bornées, son imagination nulle. Mais il avoit en revanche le sens droit et capable d'écouter et de prendre toujours le bon parti. Il aimoit la justice, la vérité, la raison. Tout ce qui étoit contre la religion le peinoit à l'excès; il avoit de la fermeté et détestoit la contrainte. »

L'éducation qu'on lui donna fut bien éloignée de faire fructifier un si beau naturel. Il n'aimoit pas l'étude; on le rebuta, et l'on finit par lui émousser l'esprit, le rendre timide et contraint. De là cette méfiance extrême de lui-même, qui lui nuisoit infiniment. Il s'en apercevoit, et il se plaignoit de ses premiers maîtres.

Lorsqu'il fut en âge d'être marié, deux partis se présentèrent; une des filles de Jacques II, roi d'Angleterre, détrôné, et Mademoiselle, fille de M. le duc d'Orléans, depuis régent. Louis XIV, par des raisons de politique, préféra Mademoiselle. Ce mariage eut lieu sans aucune cérémonie d'éclat le 6 juillet 1710.

Nous parlerons de cette princesse à l'article de la branche d'Orléans. Il suffira de dire que le duc de Berry, après avoir aimé passionnément sa femme pendant quelque temps, s'en dégoûta bientôt; refroidissement auquel contribua la duchesse par son caractère altier et par la supériorité qu'elle affectoit sur son mari. Ce jeune prince, rebuté de tout le monde, se livra à des travers. Il se prit de passion pour une femme de chambre, bien petite et bien laide, et il la garda jusqu'à sa mort, qui arriva peu de temps après.

Il avoit fait une chute à la chasse; de cette chute il étoit résulté une blessure grave, dont le prince n'avoit pas voulu parler. Comme il mangeoit beaucoup, on attribua son mal à une indigestion, et on le traita en conséquence. C'est ce qui accéléra sa fin. Ses regrets étoient déchirants, mais trop tardifs. Il mourut, âgé d'environ vingt-huit ans, le 4 mai 1714, et fut enterré à Saint-Denis, auprès de ses pères.

On cite de ce prince un trait de bienfaisance qui lui fait honneur. Il n'avoit pas encore quatorze ans lorsque, se promenant un jour dans le parc de Versailles, il rencontre un officier réformé dont l'extérieur annonçoit la misère. Attendri sur le sort de cet infortuné, qui lui faisoit part de sa détresse, il le console et lui dit de venir le trouver à la chasse le lendemain, jour auquel il devoit recevoir son mois, l'officier n'y manqua pas; et le duc de Berry lui fit présent d'une bourse de trente louis. C'étoit tout ce qu'il avoit reçu. Le soir, les princes firent une partie de lansquenet. Le duc de Berry refusa de jouer, alléguant diverses raisons dont on ne se paya pas; il fallut dire la véritable. Il avoua alors qu'il avoit mieux aimé se priver de ses plaisirs que de laisser mourir de faim un officier qui avoit bien servi le roi. Pourquoi faut-il qu'on ait gâté un si beau caractère!

Charles de France, duc de Berry, eut de son épouse:

1.º Charles de Berry, duc d'Alençon, mort au berceau;
2º N.... de Berry, morte en naissant;
3º Marie-Louise-Élisabeth de Berry, née posthume, et décédée le lendemain de sa naissance.

Plus une fille naturelle, dont madame de Berry eut la bonté de prendre soin, ainsi que de la mère.

VII.

LOUIS XV,

DIT LE BIEN-AIMÉ,

ROI DE FRANCE ET DE NAVARRE.

Armes de France, entourées des cordons de l'ordre du Saint-Esprit et de Saint-Michel, le sceptre et la main de justice en sautoir, couronne fermée et manteau royal doublé d'hermine, etc.

Ce prince naquit à Versailles le 15 février 1710, et fut d'abord nommé duc d'Anjou. Il eut pour gouvernante madame la duchesse de Ventadour, de l'illustre maison de Rohan. Devenu dauphin par la mort de son père, arrivée le 8 mars 1712, il succéda à Louis XIV, son bisaïeul, le 1er septembre 1715, à l'âge de cinq ans et demi seulement.

Dès le lendemain, Philippe, duc d'Orléans, prince le plus proche du trône, fut déclaré régent, et, le 12 du même mois, le jeune roi tint son lit de justice en parlement, où furent confirmées les dispositions déja prises pour le gouvernement de l'état. Nous parlerons des actes de la régence à l'article du duc d'Orléans.

Dès que le roi eut atteint l'âge de sept ans, on le remit entre les mains des hommes. Il eut pour gouverneur le maréchal duc de Villeroi, pour précepteur l'abbé de Fleury, ancien évêque de Fréjus, et pour sous-précepteur un autre abbé Fleury, connu par son Histoire ecclésiastique. Malgré la célébrité de ses maîtres, son éducation ne fut pas plus soignée que celle de son prédécesseur. Comme il étoit le dernier rejeton de la famille royale, la crainte qu'on avoit de le perdre fit que ses maîtres n'osèrent pas trop le contraindre pour l'étude; ils ne lui apprirent donc que ce qu'il ne pouvoit guère ignorer sans honte.

A l'âge de douze ans, Louis fut sacré et couronné à Reims, avec toute la solennité possible, par Armand-Jules de Rohan, archevêque de cette ville, le 25 octobre 1722. L'année suivante, il fut déclaré majeur le 16 février, et le 22 il annonça lui-même au parlement sa majorité.

M. le duc d'Orléans étant mort la même année, le jeune roi nomma pour premier ministre le duc de Bourbon, qui ne tint pas long-temps ce poste, et fut remplacé par l'évêque de Fréjus, ancien précepteur du roi, que, bientôt après, ce prince fit nommer cardinal, et prit pour son principal ministre. Ce fut un des plus sages administrateurs que la France ait encore eus; il ne se servoit de son pouvoir que pour faire le bien et pour réparer les maux qu'avoit causés le système de Law. Louis XV, sous un tel maître, se formoit au grand art de gouverner les peuples par la douceur et par la modération.

Il n'avoit pas atteint sa seizième année, qu'on songea à le marier. On choisit de préférence à l'infante d'Espagne, déja proposée, Marie-Charlotte-Sophie-Félicité Leczinska, fille unique de Stanislas, élu roi de Pologne en 1704, dépossédé en 1710, et retiré alors en France.

Le mariage fut célébré avec une grande magnificence, le 5 septembre 1725, à Fontainebleau, et une heureuse fécondité en fut la suite. En effet, les deux époux étoient faits pour se convenir. Louis étoit un très bel homme, d'une taille avantageuse, ayant la jambe parfaitement bien faite, l'air noble, les yeux grands, le regard plus doux que fier, les sourcils bruns; il annonçoit un tempérament délicat, mais il le fortifia depuis par l'exercice, principalement par celui de la chasse. Son caractère étoit la bonté unie à l'amour du beau; quant à Marie, on l'eut prise pour la vertu assise sur le trône.

Sans être parfaitement belle, elle avoit de la grace, une piété angélique, et une modestie enchanteresse. Louis s'attacha sincèrement à elle, et vécut pendant plusieurs années dans la meilleure intelligence. Il fallut dans la suite toute l'astuce et toute la perversité des courtisans qui l'entouroient, pour détruire un si doux accord.

En 1733, la seconde élection de Stanislas au trône de Pologne alluma la guerre en Europe. Louis XV, gendre de ce prince, le soutint contre l'électeur de Saxe, appuyé par l'empereur Charles VI. Ce souverain agit si puissamment en faveur de son protégé, que Stanislas fut obligé d'abandonner la couronne qui lui avoit été déférée, et de se réfugier encore en France. Louis se vengea de cet affront sur l'empereur. Il s'unit avec l'Espagne et la Savoie, et déclara la guerre. Elle fut glorieuse pour la France.

En moins de cinq ans, l'empereur perdit presque toutes ses possessions dans l'Italie. Le maréchal de Villars termina sa glorieuse carrière par la prise de Milan, de Tortone, et de Novarre. Le maréchal de Coigui gagna les batailles de Parme et de Guastella. Naples et la Sicile furent conquises par les Espagnols. Tant de pertes obligèrent l'empereur à demander la paix; elle se fit, et à son détriment. Par le traité définitif, signé à Vienne, le 19 novembre 1738, Stanislas abandonne à la vérité ses prétentions sur la Pologne, mais il conserve le titre et les honneurs de roi; on lui cède la Lorraine et le duché de Bar, à la charge de réversion à la couronne de France; don Carlos conserve Naples et la Sicile, dont il étoit déja en possession, et le roi de Sardaigne a pour son partage une partie de la Lombardie.

(1738.) Cette année est sans contredit la plus brillante époque du règne de Louis XV. Après une paix honorable, médiateur généreux en faveur de son ennemi réconcilié, il travaille avec zèle à le délivrer d'une guerre cruelle contre les Turcs, et il y réussit; il renouvelle l'ancienne alliance de la France avec la Suède. Protecteur de deux républiques qu'il aime, il éteint les troubles élevés à Genève, et soumet à la puissance de Gênes l'île de Corse, qui s'en étoit détachée.

C'est à ce moment que l'on chercha à fixer les regards de Louis sur quelque objet flatteur qui pût l'endormir sur le trône; il résista long-temps aux séductions et aux agaceries des dames de la cour; il disoit souvent avec indignation : *Je trouve la reine encore plus belle.* Cependant cette résistance ne fut pas de longue durée. Sa première conquête fut la duchesse de Mailli. Heureux s'il s'en fût tenu à cette dame, qui étoit douce, et incapable de le déranger de ses devoirs!

Depuis 1729, Louis étoit père d'une nombreuse

famille, et, qui plus est, bon père. Il aimoit ses enfants avec cette simplicité bourgeoise, si rare chez les princes, se les faisoit amener plusieurs fois dans la journée, et souvent il les alloit voir et présidoit lui-même à leur éducation : enfin il étoit heureux.

En 1740, la mort de l'empereur Charles VI ouvrit une nouvelle scène. La succession de la maison d'Autriche se trouvoit disputée par quatre prétendants. Louis XV s'unit avec les rois de Prusse et de Pologne pour faire élire Charles-Albert, électeur de Bavière. C'est dans le cours de cette guerre que Louis XV fit sa première campagne en 1744. Il prend lui-même les villes de Courtrai, Ypres et Menin; puis, quittant la Flandre où il avoit des succès, il vole au secours de l'Alsace, attaquée par les Autrichiens; et pendant ce voyage il est attaqué à Metz d'une maladie dangereuse qui le réduit à l'extrémité.

A cette occasion, les François donnèrent à leur bon roi les témoignages les moins équivoques de leur tendresse alarmée. Tout étoit en mouvement dans le royaume pour solliciter du ciel la guérison du roi, et l'on parvint à l'obtenir. C'étoit dans le moment le plus critique de la maladie que, sans concert, et par un cri d'amour unanime, Louis XV fut proclamé *le Bien-Aimé*. On reçut la nouvelle de sa guérison comme celle d'une victoire importante; et le roi, dans les transports de sa reconnoissance, s'écrie : *Ah! qu'il est doux d'être aimé ainsi! et qu'ai-je fait pour le mériter?* A peine Louis est-il rétabli, qu'il va assiéger Fribourg, et prend cette ville le 5 novembre 1744. C'est par cette conquête qu'il termine la campagne.

(1745.) Au commencement de cette année, le roi se remet à la tête de ses armées pour aller en Flandre achever l'œuvre commencée. Il avoit sous lui le maréchal de Saxe, avec une armée pleine de bravoure et de bonne volonté. Fort de ces moyens puissants, il gagna successivement la bataille de Fontenoi, célèbre dans les fastes de la gloire; celle de Lawfeld en 1747. La journée de Mêle, suivie de la prise de Gand, Ostende forcée en trois jours, Bruxelles prise au cœur de l'hiver, tout le Brabant hollandois subjugué, Berg-Op-Zoom emportée d'assaut, Maestricht investie en présence de quatre-vingt mille ennemis, sont les résultats des deux campagnes de 1746 et 1747, et les fruits de la vaillance des maréchaux de Saxe et de Lowendal.

La campagne de 1746, en Italie, ne fut pas si heureuse; et les succès des Anglois sur mer compensoient les avantages remportés en Flandre; mais comme Louis XV, à chacun de ses triomphes, avoit offert aux alliés une paix honorable, elle fut enfin signée à Aix-la-Chapelle le 18 octobre 1748. Louis, toujours généreux, ne garda rien pour lui; mais il assura Parme et Plaisance à l'infant don Philippe, son gendre; les royaumes de Naples et Sicile à l'infant don Carlos, son parent, et il eut l'avantage de placer, d'une manière fixe, sur deux trônes de l'Europe, des membres de la maison royale de Bourbon.

Pendant l'intervalle de paix qui s'écoula entre 1748 et 1755, Louis travailla à dédommager la France des malheurs de la guerre. Des grandes routes sont établies dans différentes directions pour la facilité du commerce; et quantité de monuments publics élevés aux frais de l'état; la fondation de l'école militaire, les sciences et les arts protégés d'une manière toute particulière, les finances bien réglées, l'aisance répandue dans toutes les classes de la société, tout sembloit annoncer une longue suite de beaux jours, dont pourtant les querelles du jansénisme, les mutineries des parlements, l'envahissement successif et sensible de la philosophie moderne sur la religion altérèrent souvent la sérénité.

C'est au milieu de cette paix profonde que les Anglois, pour quelques terrains incultes de l'Amérique septentrionale, recommencèrent la lutte en 1755. Elle ne fut pas heureuse pour la France. A la vérité, nos frontières restèrent intactes; mais la marine souffrit beaucoup, et les colonies encore plus. La prise de Port-Mahon sur les Anglois par le maréchal de Richelieu, en 1756, la bataille de Hastimbeck, gagnée par le maréchal d'Estrées sur le duc de Cumberland, la conquête de l'électorat de Hanovre, en 1757, balancèrent les succès de l'ennemi; mais la perte de la bataille de Rosbac, celle de Crevelt, où le roi de Prusse, allié des Anglois, ainsi que le duc de Brunswick furent vainqueurs, causèrent à la France un dommage que ne réparoit pas la victoire remportée à Berghem en 1759. Les Anglois avoient fait d'immenses progrès dans l'Inde, et ruiné notre commerce en Afrique. Le pacte de famille, signé en 1761, entre les princes régnants de la famille de Bourbon, ne produisit pas l'effet qu'on en avoit espéré; il fallut songer à la paix. Après bien des débats, elle fut conclue à Paris au commencement de 1763. Les Anglois rendirent quelques unes de leurs conquêtes, mais ils en gardèrent la meilleure partie, et ruinèrent notre marine. Du reste, les puissances de l'Europe restèrent dans les mêmes positions où elles se trouvoient auparavant.

C'est dans le cours de cette guerre que Louis, en 1748, perdit son épouse, Marie Leczinska; et que, le 5 janvier 1757, veille des Rois, ce prince, entouré de ses gardes et de ses grands officiers, fut frappé au côté droit des côtes d'un coup de couteau, porté par un individu nommé Damiens. Heureusement la blessure ne fut pas mortelle, et l'assassin reçut la peine due à son forfait, le 28 mars suivant.

Jamais la France ne jouit d'une paix plus prolongée que depuis 1763 jusqu'à la guerre d'Amérique, qui eut lieu sous le successeur de Louis. Et cependant cette paix fut un appât trompeur, qui couvroit le piége dans lequel les François et la monarchie avec elle devoient bientôt tomber. La démoralisation dans les classes supérieures et intermédiaires de la société avoit fait de rapides progrès depuis la régence; et elle alloit toujours croissant. Tout étoit infecté du poison de la licence et de l'impiété. On ne peut lire sans dégoût les descriptions de l'intérieur des salons sous ce régne; nous les épargnerons à nos lecteurs.

Les classes inférieures, conservant leur simplicité primitive, résistoient encore au torrent; et, avec de la fermeté, on auroit pu apporter quelque remède au mal; mais Louis n'avoit plus cette fermeté : il suivit lui-même la pente irrésistible qui entraînoit son siècle. Quoiqu'il eût toujours conservé les principes de la religion, quoiqu'il en pratiquât les observances légales avec beaucoup d'exactitude, il avoit bu dans la coupe du plaisir, et la fin de sa vie nous offrit une image parfaite de Salomon sur le déclin de ses jours. Il y a plus : aux malheurs domestiques, à la perte de son fils chéri, le dauphin, de la dauphine, et du duc de Bourgogne, son petit-fils, vinrent se joindre les provocations et les résistances plus qu'indécentes des parlements, jointes aux basses cabales de ses ministres et de ses maîtresses; provocations qui l'obligèrent souvent, malgré sa bonté, de sévir contre ces corps turbulents et factieux, et c'est ce qui acheva de le perdre. Enfin on peut dire qu'il se dégoûta de la royauté, et que, sans cesser d'être bon père, d'aimer son peuple, j'oserois dire d'être un parfait honnête homme, il cessa en quelque sorte d'être roi par la foiblesse qu'il mit dans ses mesures pour réprimer le crime.

Il sentoit lui-même la position de l'état, et il avoit en quelque sorte prédit la révolution; mais, après s'être assuré qu'elle n'éclateroit pas de son vivant, il se borna à faire des vœux pour que son successeur fût plus heureux, et réparât le mal que son indolence ne faisoit qu'accroître.

Après avoir consenti, quoique avec beaucoup de peine, à l'expulsion des jésuites, en 1764, mesure funeste dont les effets se font encore sentir, après avoir introduit, en 1770 et 1771, dans la magistrature des changements qui ne furent pas heureux, il fut attaqué, pour la seconde fois, de la petite-vérole, au commencement de mai 1774, et il succomba à cette terrible maladie, le 10 du même mois, à l'âge de soixante-cinq ans, après un règne de cinquante-neuf ans, étant, à cette époque, le plus ancien des rois de l'Europe.

Louis XV eut de son épouse :

1° Louis de France, dauphin, dont nous allons parler;

2° N.... de France, duc d'Anjou, né le 30 août 1730, mort le 7 avril 1733;

3° LOUISE-ÉLISABETH de France, née le 14 août 1727, mariée en 1739 à don Philippe, infant d'Espagne, duc de Parme, Plaisance, et Guastella; morte à Versailles le 6 décembre 1759;

4° ANNE-HENRIETTE de France, née le 14 août 1727, sœur jumelle de la précédente, et décédée à Versailles le 10 février 1752;

5° LOUISE-MARIE de France, née le 28 juillet 1728, morte en 1733;

6° MARIE-ADÉLAÏDE de France, dite madame ADÉLAÏDE, née le 23 mars 1732. Cette princesse, après la mort de son auguste mère, du dauphin son frère, et des princesses qui l'avoient précédée dans l'ordre de la nature, fit, suivant l'étiquette du palais, les honneurs de la cour de France, en remplacement de la reine défunte; et elle s'acquitta de ce devoir avec toute la dignité et la sagesse que l'on pouvoit attendre d'une personne aussi vertueuse qu'elle l'étoit. A l'arrivée de la dauphine Marie-Antoinette, elle se retira de la cour, et vécut dans l'exercice des vertus chrétiennes, jusqu'à la révolution, époque où elle passa en Italie, le 21 février 1790. Réfugiée à Rome, elle put gémir en liberté, à l'abri de la protection du père des chrétiens, sur les malheurs de sa famille. Elle est morte dans l'émigration, le 25 février 1800, à Trieste, où elle s'étoit retirée avec sa sœur;

7° MARIE-LOUISE-THÉRÈSE-VICTOIRE de France, née le 11 mai 1733, suivit la même destinée que sa sœur, avec laquelle elle vécut toujours dans la plus parfaite intimité; partageant son exil à Rome et à Trieste, ses peines et ses plaisirs, vivant dans la retraite et dans les sentiments de la piété la plus pure. Elle est morte à Trieste le 7 juin 1799, un an avant madame Adélaïde;

8° Sophie-Philippine-Élisabeth-Justine de France, née le 27 juillet 1734, morte le 3 mars 1782;

9° Thérèse-Félicité de France, née le 26 mai 1736, morte en 1744;

10° Louise-Marie de France, née le 15 juillet 1737, disposée, par une vocation particulière, à la vie ascétique, et dégoûtée des grandeurs du monde, se consacra à Dieu, jeune encore, et prit le voile en 1771, au couvent des religieuses Carmélites, à Saint-Denis en France, où, après avoir passé quinze ans dans l'exercice de la règle la plus austère, elle rendit son ame à Dieu le 23 décembre 1787. On a d'elle, outre un recueil de lettres pieuses, un ouvrage très précieux, intitulé *Méditations eucharistiques*, imprimé en 1789; livre devenu fort rare, et que l'on se propose même de faire réimprimer.

VIII.

LOUIS FILS AINÉ DE FRANCE,

DAUPHIN DE VIENNOIS.

Ce prince, un des plus recommandables et des plus chers aux François que la maison royale de Bourbon ait produits, vint au monde le 4 septembre 1729. A cette époque, la France étoit heureuse et fière de son roi; le peuple fit éclater les transports de la joie la plus vive; et, à mesure que le dauphin avançoit en âge, il justifioit les hautes espérances que l'on avoit conçues de lui. Aussi la reine sa mère disoit-elle avec un sentiment de satisfaction : « Le ciel ne m'a accordé qu'un fils; mais il me l'a donné tel que j'aurois pu le souhaiter. »

Il eut d'abord pour gouvernante madame la duchesse de Ventadour, la même qui avoit eu l'honneur de surveiller la première enfance de son auguste père; puis pour gouverneur, M. le comte de Châtillon; pour précepteur, M. le comte de Boyer; tous deux, dit l'abbé Clément, étoient la vertu même. Les autres personnes choisies pour aider les premières dans l'importante fonction de précepteurs de l'héritier présomptif de la couronne offroient autant de garantie sous le double rapport du mérite uni à la piété.

Le jeune Louis justifia le choix que l'on avoit fait de ceux qui présidèrent à son éducation. Sa douceur, sa constante application, en firent bientôt un prince accompli, et, qui plus est, versé dans toutes les connoissances qui embellissent le mérite et font le charme de la société. A l'âge de quinze ans, il avoit lu, dans leur langue, tous les anciens; ses connoissances en géographie et dans les mathématiques étoient très étendues; en un mot, on le tenoit pour un des plus savants du royaume que sa naissance sembloit l'appeler à gouverner un jour.

Il fit sa première communion le 8 avril 1741. On sait que c'est cet acte solennel qui souvent détermine ce qu'un chrétien doit être par la suite; et il la fit avec les sentiments de cette piété solide que ses maîtres lui avoient inculquée, et dont il ne se départit jamais. Quand on lui présenta le tableau chronologique des rois de France, un évêque lui demanda auquel il voudroit ressembler. « A saint « Louis, dit-il, à saint Louis; oui, je veux être saint « comme lui. » La réponse n'étoit pas mal choisie; en effet, on ne trouve dans l'histoire aucun roi qui, comme ce prince, ait réuni, au suprême degré, la sainteté de la vie avec la bravoure du guerrier, et la fermeté nécessaire à un grand roi pour bien gouverner ses états.

Dès que le dauphin eut atteint sa quinzième année, son auguste père songea à le marier, et il jeta les yeux sur une infante d'Espagne, MARIE-THÉRÈSE-ANTOINETTE-RAPHAELLE de Bourbon, fille de Philippe V, son parent. Il ne pouvoit faire un meilleur choix. Le mariage fut célébré le 21 février 1745, à Versailles, avec beaucoup de magnificence.

A peine le dauphin avoit-il goûté les douceurs de l'hymen, que le son des instruments guerriers l'appelle aux armes; et il se rend à ce noble cri avec toute l'ardeur martiale de ses ancêtres. Paré de la cocarde blanche, il suit son auguste père, se montre comme lui à la tranchée, aux champs de Fontenoi, et participe à la victoire. C'est à cette occasion que sa majesté, faisant parcourir au dauphin le champ de bataille, lui adresse ces belles paroles : « Apprenez, mon fils, par ce spectacle, combien la vic-

« toire est chère et douloureuse. » Après une campagne aussi glorieuse pour le roi, et dans laquelle le dauphin avoit fait éclater tant de courage, de noblesse de sentiments, et de zéle pour s'instruire, il fut reçu à Paris avec une joie extraordinaire.

L'année suivante (1746) le dauphin reçut l'ordre de la Toison d'or; mais, au moment où la France se préparoit à célébrer par des fêtes magnifiques la naissance du premier enfant que la dauphine alloit lui donner, elle est forcée de les changer en deuil. La dauphine venoit de donner le jour à une princesse, qui ne lui survécut que de deux ans, lorsque la mort vient la précipiter elle-même au tombeau. Le dauphin étoit inconsolable. Il perdoit une compagne qui, aux graces touchantes et à l'amabilité de son caractère, joignoit une élévation d'esprit et une bonté de cœur qui la rendoient chère à la patrie. Il ne fallut pas moins que la raison d'état pour obliger le dauphin à contracter un second hymen. Le roi lui choisit pour épouse MARIE-JOSÉPHE de Saxe, fille de Frédéric-Auguste II, électeur de Saxe, et de Marie-Joséphe d'Autriche, née le 4 novembre 1731. Le dauphin, qui n'avoit fait qu'entrevoir le bonheur, commença à le goûter pleinement avec sa seconde épouse, non moins aimable et non moins vertueuse que la première. C'est cette princesse qui est la mère de nos rois. Le mariage eut lieu le 9 février 1747.

En 1750, le 28 octobre, le roi admit, pour la première fois, Monseigneur au conseil des dépêches. C'étoit dans ce conseil que se traitoient plus particulièrement les affaires de l'intérieur; c'est aussi là que le dauphin fit briller, avec modestie, ses lumières, son amour pour la religion et les lois, et son zèle pour le bonheur des peuples.

Le 13 septembre 1751, la dauphine accoucha très heureusement d'un prince à qui l'on donna le nom de duc de Bourgogne. Ce premier enfant fut suivi de sept autres princes et princesses, qui comblèrent la France de joie, et dont plusieurs feront le sujet des articles suivants.

Louis qui, dans tant d'occasions, avoit donné les preuves les plus marquantes de la bonté de son cœur, fut mis à une rude épreuve, lorsqu'étant un jour à la chasse il eut le malheur de tuer par mégarde un de ses écuyers, M. Chambord. Tout ce qu'on peut imaginer de soins touchants, de prévenances, et de sacrifices pour consoler la veuve du défunt de la perte qu'elle venoit de faire, fut mis par lui en usage. Il n'oublia jamais ce malheureux coup. Voici la lettre qu'il écrivit à madame Chambord. Elle mérite d'être rapportée :

« Vos intérêts, madame, sont devenus les miens.
« Je ne les envisagerai jamais sous une autre vue;
« vous me verrez toujours aller au-devant de tout
« ce que vous pourrez souhaiter, et pour vous et

« pour cet enfant que vous allez mettre au jour
« (cette dame étoit alors enceinte). Vos demandes
« seront toujours accomplies : je serois bien fâché
« que vous vous adressassiez pour l'exécution à un
« autre qu'à moi. Sur qui pourriez-vous compter
« avec plus d'assurance? La seule consolation, après
« l'horrible malheur dont je n'ose me retracer l'idée,
« est de contribuer, s'il est possible, à la vôtre, et
« d'adoucir autant qu'il dépend de moi la douleur
« que je ressens comme vous. »

Le dauphin ne se borna pas à de stériles complimens de condoléance, il tint constamment lieu de père à l'intéressante famille dont, sans le vouloir, il avoit causé le malheur, en la privant de son chef. On pourroit citer mille traits de bienfaisance, de piété, de vertu, qui décorent la vie de Louis. Les mémoires du temps en sont remplis. Nous renvoyons le lecteur principalement à M. de Villiers, à l'abbé Proyart, et au P. Griffet, qui ont parlé de ce grand prince avec plus d'étendue que nous ne pouvons le faire dans cet ouvrage.

Mais ce qui rendra toujours le dauphin recommandable aux yeux de la postérité, c'est le soin tout particulier qu'il prit de l'éducation de ses enfants. Comme il étoit fort savant, ainsi que nous l'avons dit, il ne lui auroit pas été difficile de les former lui-même pour la gloire de la religion, l'honneur des princes, et le bonheur du peuple. Mais l'héritier du trône avoit d'autres devoirs à remplir; et, ne pouvant employer tous ses moments à la pénible fonction d'instituteur, il étoit obligé de la confier à d'autres. Louis fit ce choix suivant son cœur.

Cependant, quelle que fût la juste confiance que méritoient les maîtres habiles et vertueux qu'il avoit choisis, il se réserva toujours le droit de présider lui-même, deux fois par semaine, aux exercices de ses enfants; de les interroger, de suivre leurs progrès, de les stimuler, de les récompenser ou de les punir lui-même. On aime à se représenter ce bon dauphin, sortant d'auprès du trône, où il a honoré les droits du nom de père, de ce nom si respectable, pour en porter les douceurs au milieu de ses enfants, se prêtant à leurs jeux, consultant leurs goûts, interrogeant leurs sentiments, jetant dans leurs ames tendres les semences de la vertu, et leur offrant l'exemple de tous les devoirs qu'il remplissoit lui-même avec la plus grande exactitude. C'est ainsi qu'il forma trois rois magnanimes, qu'il trempa des ames fortes, et qu'il les prépara à subir l'épreuve du malheur, ainsi que nous le verrons dans les notices suivantes.

Le bonheur domestique étoit la récompense de tant de vertus, et il ne fut interrompu que par la mort du duc de Bourgogne, l'aîné de la famille. C'est à cette époque que nous placerons la sublime leçon que Louis donna à ses fils, lorsqu'on leur suppléa la cérémonie du baptême. Il fit apporter le registre sur lequel l'église inscrit, sans distinction de rang et de fortune, tous ses enfants, et il leur tint ce discours : « Voyez, mes enfants, votre nom « placé à la suite de celui du pauvre et de l'indigent. « La religion, d'accord avec la nature, met tous les « hommes de niveau. La vertu seule établit entre « eux quelque différence; et peut-être que celui qui « vous précède sera plus grand aux yeux de Dieu « que vous ne le serez jamais aux yeux des peuples. » « Conduisez, disoit souvent ce prince au gouver- « neur de ses enfants, conduisez-les dans la chau- « mière du paysan; montrez-leur tout ce qui peut « les attendrir; qu'ils voient et qu'ils goûtent le pain « noir dont se nourrit le pauvre; qu'ils touchent de « leurs mains la paille qui lui sert de lit..... Je veux « qu'ils apprennent à pleurer. Un prince qui ne s'est « jamais attendri ne sauroit être bon. » Et ses enfants ont suivi, peut-être trop à la lettre, ces sublimes leçons : je ne dis pas cela sans raison.

(1765.) Le dauphin, toujours attentif au bien de l'état, desiroit ardemment de commander l'armée dans la dernière guerre. Le roi, par des raisons que nous ne pouvons apprécier, ne consentit point à sa demande. Il est certain qu'on l'auroit vu soutenir à la tête de nos troupes l'honneur et la gloire du nom françois. Son courage à la bataille de Fontenoi l'avoit déja prouvé, et les qualités de général qu'il fit paroître au camp de Compiègne, en 1765, le démontrent encore davantage.

Cependant la santé du prince étoit fort altérée depuis environ trois ans. L'embonpoint dont il avoit joui jusqu'alors avoit dégénéré en une maigreur de corps et une pâleur sombre qui inspiroient une vive inquiétude. Au mois d'août de la même année, il est attaqué d'un rhume qui se tourne bientôt en fluxion de poitrine. On s'alarme d'abord, mais on se rassure ensuite par une lueur de mieux. Le prince revient à Versailles, et il y est attaqué d'une dyssenterie accompagnée de fièvre et de vives douleurs. Il a pourtant la force de se rendre à Fontainebleau, et pendant quelques jours paroît se mieux porter. Mais bientôt le mal reprend avec plus de violence, et il y succombe le 20 septembre 1765, après avoir rempli ses devoirs religieux avec la plus haute piété.

Avant de rendre le dernier soupir, il fit appeler M. de Lavauguyon, gouverneur des princes : « M. de « Lavauguyon, lui dit-il, je vous charge de dire à « mes enfants que je leur souhaite toute sorte de « bonheur et de prospérité. » Puis il s'adresse à son confesseur, à qui il ordonne de dire, en présence de la cour, ce dont ils étoient convenus. C'étoit à-peu-près les mêmes préceptes pour ses enfants. Il leur recommandoit l'amour de Dieu, l'obéissance au roi et à la dauphine leur mère. Enfin, prenant la main d'un seigneur qu'il avoit beaucoup aimé, il la porte vers son cœur en lui disant ces mots : *Vous n'êtes jamais sorti de ce cœur là;* et, tournant ses regards vers ses amis en pleurs : *Ah,* dit-il, *je ne savois pas que vous m'aviez toujours aimé!*

Le corps de ce grand prince fut porté à Sens, d'après sa volonté dernière, et déposé dans le chœur de la cathédrale, sous un cercueil recouvert de velours noir, avec une croix de moire d'argent, au milieu de laquelle étoient gravés ces mots sur une lame d'airain :

ICI EST LE CORPS DE TRÈS HAUT, TRÈS PUISSANT, ET TRÈS EXCELLENT PRINCE, LOUIS DAUPHIN, DÉCÉDÉ AU CHATEAU DE FONTAINEBLEAU, LE 11 DÉCEMBRE, AGÉ DE XXXVI ANS, III MOIS, ET XVI JOURS.

Depuis l'instant du décès de M. le dauphin, son auguste compagne ne traîna plus qu'une vie importune et languissante. Elle ne voulut recevoir aucune consolation, et sa tendresse pour ses enfants, toute vive qu'elle étoit, ne put faire diversion au chagrin qui la consumoit. Elle décéda quinze mois après la mort de son époux. Ses qualités recommandables, sa piété, et son amour pour ses devoirs d'épouse et de mère lui méritèrent l'estime et l'amitié du roi, et doivent lui assigner dans la postérité une place marquée parmi les nobles victimes de l'amour conjugal. C'est le troisième exemple de cette sublime vertu qui nous est donné par les princesses alliées à la maison royale de Bourbon. En général, et je

me fais un devoir de le remarquer ici, il n'y a pas
de famille dans l'histoire ancienne, ni dans l'histoire moderne où les femmes se soient plus signalées par leur mérite personnel, par les graces dont
elles furent ornées, par leur tendre amour pour
leurs maris et pour leurs enfants, et sur-tout par
cette vertu si précieuse, dont les anciens avoient
fait une divinité sous le titre de la *Pudicité*, et que
les chrétiens recommandent, à bien plus juste titre,
sous le beau nom de *chasteté*.

Louis, dauphin, eut de sa première femme, l'infante d'Espagne :

MARIE-THÉRÈSE de France, dite MADAME, née le 9 juillet 1746, morte le 27 avril 1748.

De Marie-Josèphe de Saxe, sa seconde épouse :

1° LOUIS-JOSEPH-XAVIER de France, duc de Bourgogne, né
le 13 décembre 1751. Ce jeune prince, moissonné
comme une fleur qui tombe avant le lever du soleil,
donnoit les plus hautes espérances. Sous les yeux d'un
père éclairé et vertueux, il faisoit des progrès rapides
dans les sciences religieuses et humaines, que lui enseignoit son respectable précepteur, M. de Coëtlosquet,
évêque de Limoges, il sembloit promettre qu'il porteroit un jour avec gloire un nom déja si difficile à soutenir, le nom de Bourbon. A peine âgé de sept ans, il
avoit présenté à son auguste aïeul un ouvrage de géométrie, dont les figures étoient enluminées de sa propre
main. Il étoit très curieux de la physique que lui en-

seignoit l'abbé Nollet. Mais ce qui charmoit sur-tout, c'étoit sa tendresse pour ses augustes parents. Un mot échappé au dauphin le touchoit jusqu'aux larmes. Son respectueux attachement pour son respectable gouverneur M. de Lavauguyon, plus encore sa piété, son innocence, ajoutoient à l'espoir qu'on avoit conçu de lui, lorsqu'au milieu de la satisfaction générale la foiblesse de sa santé fit concevoir les plus vives inquiétudes; et, sur le point de faire sa première communion, à laquelle il se disposoit, il tomba sérieusement malade. Sa résignation à la volonté de Dieu est on ne peut pas plus édifiante. On lui administra dans la même journée deux des sacrements de l'église. Déja son précepteur, l'évêque de Limoges, l'avoit préparé au dernier passage, en lui répétant ces paroles de l'Écriture: *Mon royaume n'est pas de ce monde;* et il s'en étoit fait l'explication à lui-même, en disant: *Vous le voulez, ô mon Dieu, je me soumets à votre sainte volonté.* Enfin il mourut le 22 février 1761, sur les quatre heures du matin, avec un courage qui étonna ceux qui l'assistèrent dans ses derniers moments.

2º Xavier-Marie-Joseph de France, duc d'Aquitaine, né le 8 septembre 1753, mort le 22 février 1754;

3º Louis-Auguste de France, duc de Berry, dauphin après la mort de son auguste père, ensuite roi de France, sous le titre de Louis XVI, qui suit;

4º Louis-Stanislas-Xavier de France, comte de Provence, depuis roi de France, sous le titre de Louis XVIII, qui aura sa notice;

5º Charles-Philippe de France, comte d'Artois, maintenant roi de France, sous le titre de Charles X;

6º Marie-Zéphirine de France, dite Madame, née le 26 août 1750, morte le 1ᵉʳ septembre 1755;

7° Marie-Adélaïde-Clotilde-Xavière de France, dite Madame Clotilde, ou vulgairement la grosse Madame, à cause de sa taille, née le 23 septembre 1759, mariée le 27 août 1775 à Charles-Emmanuel-Ferdinand, roi de Sardaigne. Cette princesse, modèle de vertu, de bonté et de perfection, fit le bonheur de son époux et de ses sujets, et mourut fort regrettée en 1802. Elle a aussi éprouvé les malheurs de la révolution, ayant vu son pays adoptif en proie aux fléaux d'une guerre cruelle.

8° Philippine-Marie-Hélène-Elisabeth de France, connue sous le nom de madame Élisabeth.

Cette princesse, née à Versailles le 3 mai 1764, étoit le huitième et dernier des enfants de Louis, dauphin de France. Comblée de tous les dons de la nature et des faveurs de la fortune, elle sut se rendre digne des uns et des autres; et lorsque le malheur vint s'emparer d'elle, il la trouva disposée à le souffrir, et à mériter d'offrir aux siècles futurs l'exemple de l'héroïsme le plus parfait. Elle annonça, dès son jeune âge, le germe des vertus qu'elle développa dans la suite. On ne la désignoit à la cour que sous le nom de la *vertueuse princesse*. Élevée par mesdames de Mersan et de Mackau, elle dut à leurs leçons cette inflexibilité de principes, et cette noblesse de sentiments qui lui servirent dans la suite. La vie des hommes illustres par Plutarque étoit sa lecture favorite; et la respectable maison de Saint-Cyr fut l'école où Élisabeth passa sa première jeunesse. C'est dans cette sainte maison qu'elle puisa les sentiments de piété qui ne la quittèrent jamais. « La religion, disoit-elle, est une chaîne bien« faisante de consolations et de devoirs, dont le premier « anneau, placé dans les cieux, ramène sans cesse « l'homme à son origine et à sa fin. »

Le roi pensa que, la raison et la sagesse ayant devancé l'âge de madame Élisabeth, il pouvoit aussi avancer en sa faveur le temps de la majorité. On lui forma sa maison, et, à l'âge de quatorze ans, elle se trouva maîtresse de toutes ses actions.

Cette princesse n'étoit pas d'une beauté régulière; mais sa figure et toute sa personne avoient ce charme et cette dignité inséparables de la vertu, avec la majesté qui convient à la fille des rois. A seize ans, les Graces avoient pris plaisir à arrondir le contour de son visage, qu'embellissoit un teint de lis animé du coloris de l'innocence, qui lui donnoit un embonpoint sans lequel il n'existe point de véritable beauté. Comme elle n'avoit point de maison de campagne, le premier soin du roi son frère fut de lui en procurer une. En 1781, Louis XVI fit l'acquisition d'un agréable domaine, qui avoit appartenu à la famille de Rohan-Guémenée, et il le destina à sa chère sœur, sans qu'elle en sût rien. La reine se chargea d'installer la princesse dans sa nouvelle demeure, et elle s'acquitta de ce soin avec la plus grande délicatesse. Sous prétexte d'une promenade, Marie-Antoinette attira Élisabeth vers ce lieu enchanteur, que l'on avoit meublé avec le plus grand goût; et lorsque l'on fut sur le point de se séparer, la reine dit à sa belle-sœur: *Ma chère amie, vous êtes chez vous.* La princesse fut extrêmement sensible à cette attention de la part de son frère.

C'est à Montreuil qu'Élisabeth manifesta cet esprit de bienfaisance et de charité qui ne l'avoit jamais quittée: tout ce qui l'entouroit étoit heureux. On connoît la romance du *Pauvre Jacques*, qui fut faite à l'occasion d'un trait de bienfaisance.

Sans aucun goût de dépense personnelle, madame

Élisabeth croyoit qu'une sage économie étoit une qualité nécessaire. Sa pension devint un trésor pour les pauvres, que le rude hiver de 1788 put seul tarir sans épuiser sa bonne volonté.

C'est ainsi que madame Élisabeth vécut jusqu'au 14 juillet. Prévoyant alors les effets de la révolution, au lieu de fuir, elle se prépara à tout souffrir, résolut de partager le sort de son auguste frère, et ne le quitta plus depuis ce moment.

Au 20 juin, cette princesse, s'élevant au-dessus de son sexe, donna au monde le plus sublime exemple de l'amour fraternel. Une troupe de furieux cherchoit la reine. « Où est-elle, s'écrioient-ils, nous voulons sa « tête. » — « La voici, » répond Élisabeth. Quelques uns de ses serviteurs tremblants disent aux brigands : « Non, « ce n'est point la reine, c'est madame Élisabeth ! » — « Eh ! messieurs, de grace, dit la princesse, laissez-leur « croire que je suis la reine, afin que ma sœur ait le « temps de se sauver. » Sans cesse à côté de son frère pendant ces moments d'angoisses, elle détourna plusieurs fois le fer des assassins, leur disant : « Messieurs, « prenez garde, vous pourriez blesser quelqu'un avec « vos armes. » Cette douceur angélique, ce sang-froid admirable, déconcertoient les furieux, et sauvoient les jours du monarque.

Conduite, après le 10 août, avec le roi et sa famille à la tour du Temple, elle y adoucit, par ses soins et sa constante amitié, le poids des maux qui pesoient sur elle-même. Un jour qu'elle rattachoit un bouton à l'habit de Louis XVI, privée de ciseaux, elle rompit le fil avec ses dents. « Quel contraste, lui dit le roi ; il ne « vous manquoit rien dans votre jolie maison de Mon- « treuil. » — « Ah ! mon frère, répondit-elle, puis-je

« avoir des regrets, quand je partage vos malheurs. »
Lorsque Louis quitta sa famille pour aller à la mort,
elle le raffermit dans la certitude religieuse qu'il alloit
recevoir une couronne immortelle. Louis lui recommanda, pour dernier adieu, sa femme et ses enfants.
Ce vœu d'un frère mourant fut accompli. Elle supplioit les commissaires du Temple de la laisser sortir
pour parcourir les sections de Paris, afin de demander
la grace de son frère; et elle ne reçut que des refus insultants. Lorsqu'elle embrassa pour la dernière fois
Marie-Antoinette, ce fut pour elle le coup de la mort;
et si cet ange de bonté desiroit de vivre encore, c'étoit
pour prendre soin des deux enfants de son malheureux
frère.

Le 9 mai 1794 on arracha madame Élisabeth aux tendres orphelins dont elle étoit devenue la mère; on la conduisit à la Conciergerie, et de suite au tribunal révolutionnaire. Là, après une instruction fort succincte,
elle fut condamnée à mort avec vingt-quatre autres
victimes de la rage des tyrans. Son unique crime étoit
d'avoir été la consolation de son frère et de sa sœur.
Ce crime, aux yeux des monstres ennemis de l'humanité, renfermoit tout. La procédure se réduisoit à ce
simple sophisme : « Louis XVI et Marie-Antoinette
« ont péri; donc ils étoient coupables. Élisabeth est la
« sœur de Louis XVI et l'amie de Marie-Antoinette;
« donc elle est coupable, donc, etc. »

A la lecture de sa sentence, Élisabeth resta immobile: nul signe de frayeur ne décolora son visage, et sa
constance l'accompagna jusqu'au lieu du supplice. Elle
envisagea la mort sans s'effrayer, et elle employa ses derniers moments à consoler ses compagnons d'infortune.

Dans la voiture qui la menoit, son fichu tomba.

Exposée en cet état aux regards de la multitude, elle dit au bourreau : « Au nom de la pudeur, couvrez-moi « le sein ! »

Arrivée au lieu du sacrifice, elle vit tomber, je ne dirai pas avec sang-froid, mais avec la constance d'une vierge chrétienne et martyre, elle vit tomber sous la hache révolutionnaire les têtes des vingt-quatre personnes condamnées en même temps qu'elle, et vingt-quatre fois elle entendit retentir à ses oreilles le son du fatal instrument. Par un raffinement de cruauté, on l'avoit réservée pour passer la dernière. Bientôt après, madame Élisabeth, ornée encore des graces de la jeunesse et de la beauté, reçut le coup mortel à l'âge de trente ans et sept jours. Son corps fut déposé dans le cimetière de la Madeleine, auprès des nombreuses victimes de la tyrannie décemvirale.

IX.

LOUIS XVI,

ROI DE FRANCE ET DE NAVARRE.

Comme son prédécesseur.

Ce prince, né à Versailles le 23 août 1754, de Louis, dauphin de France, et de Marie-Josèphe de Saxe, sa seconde femme, reçut d'abord le nom de duc de Berry. Son éduction fut très soignée : son auguste père ne négligea rien pour former son cœur à la vertu, et pour orner son esprit de toutes les connoissances qui relèvent les qualités personnelles et font quelquefois de l'homme même obscur un personnage important dans la société; mais ce qu'on négligea de lui inspirer, et ce qui pourtant est la vertu la plus nécessaire AU POLITIQUE (c'est ainsi que Platon désigne le ROI), ce fut la fermeté et une juste confiance en ses propres forces.

« Son ame franche et vertueuse, dit M. de Bo-
« nald (Biogr. univ., t. XXV, pag. 218), s'ouvrit de
« bonne heure à tous les sentiments vertueux, et son
« esprit droit et sérieux à toutes les connoissances
« utiles; mais la fermeté et une juste confiance en
« lui-même manquèrent à son caractère, et ce dé-
« faut rendit inutile ou funeste tout ce qu'il avoit reçu
« ou acquis pour sa gloire et pour le bonheur des
« peuples. Son éducation fut celle des rois, dont
« les instituteurs oublioient trop souvent que la
« même doctrine qui leur enseigne à modérer leur
« pouvoir leur commande sur-tout de le main-
« tenir. »

Les auteurs de la Biographie des contemporains, quoique opposés de principes avec l'historien que nous venons de citer, portent de Louis le même jugement. Ainsi, d'après ces deux autorités, nos descendants pourront apprécier convenablement la noble victime dont nous retraçons ici l'histoire.

Il sembloit que ce prince fût destiné pour le malheur. A sa naissance, il n'y avoit presque personne pour assister, suivant l'usage, aux couches de la princesse; le courrier dépêché à Choisi pour porter la nouvelle de son entrée dans le monde tomba de cheval au moment d'arriver, et mourut aussitôt, sans remplir sa mission. Louis, en 1765, perdit son père et, bientôt après, sa mère. Sa douleur fut extrême; et lorsqu'il entendit pour la première fois l'huissier de la chambre dire à haute voix: *Place à Monseigneur le dauphin*, des pleurs inondèrent son visage, et il s'évanouit.

Le 16 mai 1770, le jeune dauphin épousa à Paris Marie-Antoinette-Josèphe-Jeanne, archiduchesse d'Autriche, fille de Marie-Thérèse, impératrice des Romains, reine de Hongrie et de Bohême, etc. Cette nouvelle alliance fut signalée par un événement terrible. Lors des fêtes que donna la ville de Paris, la négligence de ceux qui étoient chargés de veiller au maintien de l'ordre occasiona la mort de plus de douze cents personnes, qui furent écrasées par les voitures ou étouffées sous les pieds des chevaux.

Le dauphin et la dauphine témoignèrent, dans cette circonstance, la plus vive douleur, et prodiguèrent tout ce qu'ils avoient pour soulager les victimes de ce funeste accident.

Bientôt la mort de Louis XV, arrivée en 1774, imposa au nouveau monarque un fardeau qu'il n'accepta qu'en tremblant, et après avoir imploré les secours du ciel. Mais Dieu, qui vouloit donner au monde une preuve manifeste de sa puissance, en disposoit autrement. Louis avoit toujours été écarté des conseils sous le règne précédent, ou plutôt il s'en étoit écarté lui-même par modestie, et ce fut une faute.

Privé d'appui, au moment où il en avoit le plus de besoin, il en choisit dans une classe d'hommes qui étoient depuis long-temps les disciples, et peut-être, sans qu'ils s'en doutassent eux-mêmes, les instruments de la secte impie qui méditoit la chute de l'autel et du trône. Un comte de Maurepas, courtisan superficiel, dont l'âge n'avoit pu amortir l'extrême frivolité; un M. Turgot, partisan fanatique de la secte matérialiste, qui, comme le dit M. de Bonald, ne voyoit dans le gouvernement que du blé, du commerce, et par conséquent de l'argent; M. Lamoignon-Malesherbes, qui à des vertus très recommandables joignoit la folie des opinions nouvelles; un ministre de la guerre élevé dans la tactique allemande, et n'apercevant dans les soldats que des machines animées. Aucun de ces hommes ne connoissoit la France, encore moins ses ressources, consistant moins dans l'argent que dans l'amour du travail, dans la modération et dans les mœurs patriarcales, dans cette subordination et cet amour de l'ordre que les stoïciens désignoient si justement par ces mots : *Ordo quis datus, qua parte locatus es in re.* C'est avec ces ressorts que Louis, âgé de moins de vingt ans, étoit appelé à gouverner l'état.

Quoi qu'il en soit, ce prince débuta par des mesures capables de lui concilier l'amour des peuples. Il remit le droit de joyeux avénement, établit le Mont-de-Piété et la caisse d'escompte, abolit la torture, les corvées, la servitude territoriale dans quelques provinces, rendit aux protestants les droits civils, et rappela les compagnies de magistrature dispersées sous le régne précédent.

Ces mesures préliminaires furent bientôt suivies d'un traité d'alliance et de commerce, du 6 février 1778, avec les États-Unis d'Amérique, notifié à l'Angleterre le 13 mars suivant, et qui devint le signal d'une guerre maritime assez animée; guerre injuste et impolitique, qui, consacrant le principe de l'insurrection, préparoit les voies à la révolution. Louis XVI n'approuvoit pas une semblable violation du droit des nations; mais ses perfides conseillers surent bien vaincre sa foible résistance. Quoi qu'il en soit, le succès couronna la hardiesse de ceux qui avoient provoqué cette attaque subite. La guerre d'Amérique releva aux yeux de l'Europe l'honneur de notre pavillon. A la paix de 1783 nos forces navales, malgré quelques revers éprouvés, se trouvèrent sur un pied respectable, et bientôt après entièrement rétablies.

Louis, toujours animé du desir d'opérer le bien, ne cessoit, au milieu des soins qu'entraîne la guerre après soi, d'encourager les arts et les travaux utiles. Aucun monarque françois, sans peut-être en excepter Louis XIV et Louis XV, n'a porté plus loin que lui la générosité à cet égard. Outre un grand nombre d'édifices qui décorent nos villes, et qui furent élevés par ses ordres, il avoit chargé le comte d'Angevillers, directeur de ses bâtiments, de faire exécuter chaque année un certain nombre de tableaux et de statues par les peintres et les sculpteurs les plus habiles. Les savants et les artistes étoient bien pensionnés et logés aux frais du gouvernement. Tout faisoit espérer une longue suite de prospérités. De nombreux héritiers environnoient déja le trône. Le roi étoit véritablement aimé, et la reine conservoit encore l'amour des François. Les finances seules donnoient quelques inquiétudes, qui ne portoient pourtant que sur la manière dont elles étoient administrées. Enfin la France honorée et triomphante pouvoit se livrer au sentiment de sa dignité, lorsqu'en moins d'une année l'horizon politique commença à se couvrir de nuages, légers d'abord, mais qui bientôt, grossissant et se précipitant les uns sur les autres, éclatèrent en une horrible tempête. C'est cette tempête que nous appelons la *révolution*.

Déja une faction puissante se formoit dans l'ombre; déja depuis environ cinquante ans, de prétendus beaux esprits, connus depuis sous le titre fastueux de philosophes, avoient considérablement affoibli, par leurs écrits, le respect dû à la religion, aux mœurs, et aux institutions sur lesquelles la destinée de la France reposoit depuis tant de siècles; déja une foule de nobles, d'ecclésiastiques même, séduits par les nouvelles doctrines, s'étoient avilis aux yeux des peuples, par une conduite peu conforme à la dignité de leur caractère. Les hautes classes de la société et les classes intermédiaires, partageant le même libertinage d'esprit et de cœur, il n'étoit pas difficile de prévoir qu'il se feroit tôt ou tard une révolution dans les choses, comme elle s'étoit opérée dans les esprits.

Quand on veut troubler un état, les prétextes ne manquent pas. Aux ministres déja cités, en avoient succédé d'autres qui n'avoient ni plus de talents ni plus de loyauté que leurs prédécesseurs; mais c'étoient des hommes de cour; à leur tête se trouvoit le trop fameux Necker, banquier protestant, qui prétendoit régler un puissant empire sur le modèle d'une maison de commerce.

Un déficit de 80 millions (au capital de 2 milliards environ) étoit annoncé; il falloit le combler. Cette dette, qui aujourd'hui nous paroît peu de chose, paroissoit immense alors. En conséquence, les notables du royaume furent convoqués. Cette assemblée, composée de l'élite du clergé, de la noblesse, et de la magistrature, mais dont la plupart des membres, beaux esprits philosophes, s'amusoient plus à faire valoir leur faconde qu'à remédier aux maux de l'état, fut ouverte à Versailles le 22 février 1787, délibéra longuement, et se sépara, sans presque rien conclure, le 25 mai suivant.

La cour resta donc en présence des parlements, de ces corps équivoques, qui, dans de certaines circonstances, se prétendoient *les tuteurs des rois:* les parlements, qui avoient déja rejeté l'impôt du timbre et la subvention territoriale, crurent faire un coup de parti en demandant la convocation des *états-généraux;* et, ce qu'il y a de plus étonnant, le clergé se joignit à eux.

Ces assemblées augustes n'avoient lieu que dans des circonstances extraordinaires, soit lorsque l'état se trouvoit en péril par l'invasion du territoire, par la captivité d'un roi; soit lorsqu'il s'agissoit de remédier aux inconvénients d'une minorité orageuse, etc. Ici rien de tout cela n'avoit lieu : la France étoit en paix avec ses voisins; la famille royale nombreuse et florissante ; il ne falloit que mettre de l'ordre dans la recette et dans la dépense, établir un fonds d'amortissement pour combler le déficit: mais les têtes étoient montées, et tous les François en chœur répétèrent : *Les états-généraux !* Ils eurent lieu, ces fameux états-généraux, et chacun sait ce qu'il en résulta.

Malgré les bornes que nous nous sommes prescrites d'écarter de cet ouvrage tout détail, nous ne pouvons cependant pas nous dispenser de donner une idée de cette étonnante révolution qui, en moins de trois ans, changea la face de la France.

L'ouverture des états-généraux, précédée d'une magnifique et imposante cérémonie religieuse, se fit à Versailles le 5 mai 1789. Le roi parut alors sur son trône, dans tout l'éclat de la pompe royale, et prononça un discours qui excita dans tous les cœurs l'émotion la plus vive. Mais l'impression qu'avoit faite ce discours ne dura pas long-temps.

Les députés du tiers-état, à qui, par une imprudence impardonnable, et peut-être par une perfidie calculée d'avance, on avoit accordé une double représentation, se servent de leur force numérique pour porter une atteinte mortelle à la constitution primitive de la monarchie, en exigeant la réunion des trois ordres dans le même lieu, avec le vote par tête et non par ordre. Le clergé et la noblesse résistèrent pendant plus d'un mois à ces prétentions. Peur mettre fin au désordre qui alloit toujours croissant, une séance royale est indiquée pour le 23 juin. Déja, le 17 de ce mois, le tiers-état s'étoit constitué en *assemblée nationale constituante;* le 20, malgré l'injonction formelle du roi, il avoit tenu une séance clandestine dans un jeu de paume, où, après plusieurs discours incendiaires, il s'étoit engagé par un serment solennel, connu depuis sous le nom de *serment du jeu de paume,* et conçu en ces termes : « Nous jurons de ne pas nous séparer, et de « nous rassembler par-tout où nous pourrons, jus- « qu'à ce que la *constitution* du royaume et la régé- « ration publique soient établies. »

Le serment du jeu de paume est bientôt suivi de la séance royale annoncée. Le but de cette séance étoit d'interposer l'autorité du roi dans les contestations élevées entre les trois ordres. Le bon prince fit entendre les accents d'un père tendre, uniquement occupé du bonheur de ses enfants. Il engagea les députés à la concorde; leur marqua les objets dont ils devoient spécialement s'occuper. La déclaration du roi étoit contenue dans trente-cinq articles qui tous consacroient les principes d'une sage liberté. « Nul impôt, nul emprunt sans le con- « sentement des états; publicité du compte annuel « des revenus et des dépenses; garantie de la dette « publique; égalité de contribution entre les trois « ordres; abolition de la taille, des droits de franc- « fief, et de mainmorte; mesures de précaution « pour les lettres de cachet; nouvelle formation des « états provinciaux, etc. » Le roi terminoit en ordonnant aux députés de se séparer et de se rendre dans leurs chambres respectives pour y reprendre leurs séances.

Les députés du clergé et de la noblesse obtempérèrent à cet ordre; mais ceux du tiers demeurèrent dans la salle, s'emportant en déclamations contre l'autorité royale, qu'ils traitoient de despotisme. Ils commencèrent par se déclarer *inviolables*, et renouvelèrent l'engagement de ne point se séparer qu'ils n'eussent achevé la *Constitution*. C'est ainsi qu'ils appeloient le bouleversement de toutes les institutions monarchiques, médité depuis long-temps par les novateurs. Le lendemain et les jours suivants, ils continuèrent leurs assemblées sur le même plan. Déja une partie du bas clergé s'étoit jointe à eux; quelques nobles corrompus en avoient fait autant. La majorité qu'avoit alors le tiers, appuyée des factieux de la capitale, présentoit un aspect effrayant. Il fallut céder. Le haut clergé et la noblesse, après une protestation solennelle, se rendirent, non pas aux clameurs populaires, mais à l'invitation du roi qui les obligea de se réunir aux autres, et cette réunion eut lieu le 27 juin.

Cependant les troubles, les désordres, et les menaces de mort ne faisoient que s'accroître dans la capitale, à mesure que le roi montroit plus de déférence. Des clubs ou assemblées tumultueuses, très illégales, se formoient de toutes parts, et l'état de crise où se trouvoit la monarchie avoit forcé le roi de prendre quelques mesures de sûreté. Un camp de douze mille hommes, protégés par un bataillon d'artillerie, se forme sous les murs de Paris : il n'en fallut pas davantage pour jeter l'alarme dans l'ame des conspirateurs. La tribune retentit de clameurs. L'assemblée ne cessoit de demander le départ des troupes et ne l'obtenoit pas. Encore quelques moments, l'assemblée étoit dissoute et la France sauvée.

Alors les conjurés, unis aux membres influents de l'assemblée, ne s'endormoient pas. Furieux du renvoi de M. Necker leur idole, il résolurent de mettre Paris en insurrection, d'armer ses habitants et ceux de toute la France. Pour réussir dans ce projet, il s'agissoit de corrompre l'armée. Les gardes françoises au centre de la rébellion, entourées de séductions, se mêlèrent aux factieux; nombre de soldats des autres corps les joignirent; de ces premiers actes on passa aux derniers excès : une cocarde, verte d'abord, puis à trois couleurs (blanc, bleu, et rouge), est attachée aux chapeaux. Le tocsin sonne par-tout; les électeurs assemblés à l'hôtel de ville s'emparent du pouvoir; les habitants crient aux armes, et dès la journée du 12 juillet, après une tentative infructueuse du régiment Royal-Allemand, commandé par M. de Broglie pour remettre l'ordre, Paris se déclare *en insurrection*. En deux jours l'Arsenal, les magasins à poudre, les caisses publiques sont pillés, les courriers arrêtés, les fusils et les canons enlevés de l'hôtel des Invalides, et, comme par enchantement, plus de cent mille hommes se trouvent armés. Enfin, le 14 juillet, la Bastille, défendue seulement par un bataillon d'invalides, tombe sous les coups redoublés de cent bouches à feu.

Dans ces moments de crise, l'assemblée affectoit de multiplier les députations, demandoit le renvoi des troupes, le rappel de M. Necker, et la formation d'une milice nationale. Toute résistance étant devenue impossible, le roi, livré, pour ainsi dire, pieds et poings liés à ses ennemis, consent à tout. « Plaignez-moi, disoit ce malheureux prince à M. de « Broglie, qui cherchoit à lui inspirer une résolu- « tion vigoureuse, plaignez-moi; sans finances, sans « soldats, ne pouvant compter que sur une foible « partie de mes sujets, est-il une position plus mal- « heureuse? »

Victime de son amour pour le peuple, Louis s'étoit mis dans l'impossibilité de pouvoir rien refuser; il lui fallut se rendre, le 15, à l'assemblée pour promettre ce qu'on exigeoit de lui; et puis, le 17, subir l'humiliation de venir en posture de suppliant dans sa capitale, pour recevoir des mains d'un des chefs des révoltés le signe de la rébellion.

Ce n'est pas tout; cette révolution ne s'étoit pas opérée sans effusion de sang. Déja les Delaunai, les

Fleschelles, les Foulon, les Berthier de Sauvigni, avoient payé de leur sang répandu sur les places publiques leur noble dévouement à la cause royale. Déja les têtes les plus élevées en dignité étoient dévouées à la mort; et dans les antres du Palais-royal, on n'épargnoit ni les princes du sang, ni la reine elle-même. Heureusement que, pour mettre à couvert des têtes si chères, le roi donna l'ordre aux victimes désignées de partir sur-le-champ; ce qui s'exécuta même avant le départ du roi pour Paris; et ce fut le principe de l'émigration.

Cependant les meneurs de l'assemblée avoient semé la terreur d'un bout du royaume à l'autre; des brigands soudoyés portoient par-tout le fer et la flamme, désoloient les campagnes; par-tout on prit les armes, et dans l'espace de quelques jours la France compta une milice de plusieurs millions d'hommes. Depuis l'insurrection parisienne, la majorité factieuse de l'assemblée, passant de la crainte à l'exaltation du triomphe, poursuivoit le cours de ses projets désorganisateurs, et entamoit le travail d'une nouvelle constitution.

Le premier fruit de cette entreprise fut la *Déclaration des droits de l'homme* qui consacroit en principe l'*insurrection*, ou plutôt le soulévement des masses et la résistance armée à toute autorité quelconque. Aussi le 4 août de la même année, après une orgie prolongée pendant une partie de la nuit, des hommes de la première distinction, honorés de la faveur et des bienfaits du roi, des hommes qui devoient compte à l'état et à leurs descendants du nom et des vertus que leur avoient transmis leurs ancêtres, ne rougirent pas de demander l'ABOLITION DE LA NOBLESSE! ce qui fut exécuté aussitôt, aux acclamations d'une multitude fanatique. De l'abolition de la noblesse, on passa de suite à la suppression des droits publics et privés; de là aux franchises et aux priviléges des communes, des corporations, et des individus; enfin, comme l'a dit très bien un vertueux historien, M. Hue, la monarchie françoise fut mise au pillage dans cette nuit désastreuse.

Au milieu du trouble épouvantable excité dans l'état par des factieux obscurs, mais puissants de la foiblesse des nobles et du gouvernement, le roi montroit un calme vraiment stoïque. Il sembloit voir un chêne majestueux, présentant sa tête altière et non encore courbée à la fureur des vents déchaînés contre lui. Ce prince, qui avoit déja fait tant de sacrifices, refusa pourtant son adhésion aux décrets du 4 août, notamment à l'abolition de la noblesse et à la déclaration des droits de l'homme. Oh! combien il devoit frémir ce noble rejeton de l'auguste maison dont nous écrivons l'histoire, en se voyant arracher par violence le dépôt si précieux, l'inestimable prix de la valeur de nos ancêtres; cette brillante noblesse, l'appui et l'ornement du trône; en voyant ces pieux et respectables lévites menacés dans leur existence; notre divine religion flétrie et foulée aux pieds par des êtres abjects qui avoient perdu jusqu'au sentiment de l'humanité; à la vue de ces corps respectables de magistrats, défenseurs des libertés publiques, et de ces illustres plébéiens, chefs du tiers-état, entourés jadis de la confiance des peuples, tombant à-la-fois, comme par enchantement, sous les coups précipités du sophisme aidé de l'audace et du crime!

Ce noble refus devint le signal de la captivité de Louis et de sa famille. Dès les premiers jours de septembre des attroupements nombreux se forment au Palais-Royal; on ne parloit pas moins que d'enlever le roi et le dauphin, de les confiner dans la prison du Louvre, après avoir massacré la reine à leurs yeux. Cet affreux projet que la postérité aura peine à croire un jour fut en partie exécuté pendant les journées des 5 et 6 octobre de cette année.

Sur le bruit d'une invasion qui menaçoit Versailles, le roi avoit fait venir le régiment de Flandre, les chasseurs des Trois-Évêchés, et les hussards de Berchini. L'arrivée de ces troupes fut représentée par les factieux comme l'annonce d'une contre-révolution; et l'incident d'un repas fort innocent, offert par les gardes du corps aux officiers du régiment de Flandre, repas dans lequel les militaires avoient donné à la famille royale des témoignages marqués de leur amour et de leur fidélité, augmente encore la rage des conspirateurs. Une disette de grains, provoquée d'avance, servit de prétexte à l'attentat que l'on méditoit.

Dans la matinée du 5 les chefs donnent le signal. Soudain une troupe de femmes parcourt la capitale en criant : *Du pain ! du pain !* Les faubourgs sont en mouvement, le tocsin sonne pour la seconde fois, les tambours battent le rappel, et la multitude se porte à l'hotel de ville, exigeant avec fureur le signal du départ pour Versailles. La municipalité sans force, le général interdit avoient eu à peine le temps de se reconnoître, que déja l'armée parisienne, rassemblant ses canons, ses drapeaux, se met en marche; il pouvoit être cinq heures du soir. Elle avoit été précédée depuis deux heures d'une horde de femmes et de brigands armés de piques, de sabres, de pistolets, et de poignards, conduite par un jeune homme nommé Maillard, bien différent de ce brave Parisien du même nom, qui, plusieurs siècles avant cette époque, avoit, d'un coup de hache, délivré la ville de Paris d'un maire séditieux et vendu à l'ennemi.

Les députés factieux de l'assemblée partageoient l'effervescence qui se manifestoit, et attendoient avec impatience leurs amis de Paris. Ils arrivent, et bientôt ils se précipitent les uns aux grilles du château, les autres, en plus grand nombre, au milieu de la salle, demandant toujours *du pain!* Leur orateur ajoute : « Et la punition des gardes du corps « qui ont insulté la cocarde patriotique. »

Cependant on n'avoit pris aucune mesure contre une irruption si subite. Le roi étoit à la chasse à Meudon. Averti du danger que couroit sa famille, il se met sur-le-champ en route. Déja sur la nouvelle de l'arrivée des Parisiens, on avoit battu la générale, et fermé les grilles du château. Les gardes du corps eurent ordre d'en défendre l'entrée; et les régiments de Flandre, des chasseurs et des hussards, ainsi que la garde nationale de Versailles, furent rangés en bataille sur la place d'armes, ce qui contint le peuple pour le moment.

La députation de femmes qui s'étoit présentée à la grille fut introduite; et le roi qui ne faisoit que d'arriver la reçut avec bonté et lui promit de donner des ordres précis. Une députation de l'assemblée nationale arrive également, et demande, non du pain, ces messieurs n'en manquoient pas, mais bien l'acceptation pure et simple des *droits de l'homme*, et des décrets du 4 août. Ce qui fut accordé.

Au moyen de cette concession, il y eut un moment de calme dont on profita pour tenir conseil et pour renvoyer dans leurs casernes respectives les troupes exténuées de fatigue, et qui, à l'exception des gardes du corps, n'étoient pas bien disposées. Dans le conseil on n'étoit pas d'accord; les uns proposoient le départ du roi et de sa famille pour Compiégne; les autres opposoient des difficultés et prétendoient qu'il falloit faire face à l'orage. Ce dernier avis l'emporta.

Pendant que l'on délibéroit, les colonnes de la garde nationale, composées de dix mille hommes armés, débouchoient dans l'avenue du château. Le général fit faire halte à son armée, poussa son avant-garde jusqu'à la grille, et monta aux appartements, accompagné de son état-major. Il fut accueilli favorablement; promit de maintenir la tranquillité, répondit de la sûreté du roi, de celle de sa famille, et l'on eut la complaisance de le croire.

En conséquence de cette promesse, comme il étoit fort tard, chacun se retira pour prendre du repos. Mais pendant que la cour et son prétendu défenseur dormoient, le crime veilloit. Rassemblés dans l'église de Saint-Louis, les conjurés, du haut de la chaire évangélique, vociféroient les motions les plus effrayantes, s'encourageoient mutuellement au crime; et, ce qu'on a peine à croire, ils forçoient, à cinq heures du matin, le curé de leur dire une messe pour le succès de leur entreprise, qui n'alloit à rien moins qu'à égorger la famille royale, en commençant par la reine, et à placer sur le trône un prince du sang, le duc D... sinon leur complice, au moins le spectateur fort tranquille du combat.

A peine les premiers rayons du jour éclairoient la demeure de nos rois, qu'une légion d'assassins, hommes et femmes, guidés par des députés, force le château, poussant des cris épouvantables. *La tête de la reine!* crioient-ils. *A bas la reine*(¹)! Un député leur montre du doigt la porte de la chambre de cette princesse. Aussitôt ils se précipitent vers cet endroit; deux gardes du corps, MM. Durepaire et Miomandre de Sainte-Marie, tombent percés de coups en défendant l'entrée de l'appartement, et la reine, éveillée en sursaut, n'a que le temps de se sauver dans la chambre du roi. Deux autres gardes du corps, s'opposant à l'invasion de ces scélérats, sont également mis en pièces. Les autres, au nombre de dix-huit, durent leur salut à la garde nationale et à leur commandant.

Cependant la foule devenoit de plus en plus difficile à contenir. Le roi, après bien des peines, étoit parvenu à réunir sa famille. A la nouvelle du massacre de quelques uns de ses gardes du corps, il se

---

(¹) Dans les commencements de la révolution, toute la fureur du peuple égaré sembloit se porter sur cette reine infortunée, le modèle des vertus royales et privées; mais c'étoit un prétexte. On peut voir les détails consignés dans le récit que nous avons fait l'année dernière des malheurs de cette princesse. L'ouvrage est intitulé *Histoire de Marie-Antoinette*, archiduchesse d'Autriche, reine de France et de Navarre. Paris, 1824, un vol. in-12, chez M. Picard, rue de l'Estrapade, n° 9.

montre au balcon, et parle au peuple en leur faveur; les gardes qui se trouvoient dans l'appartement se rendent auprès de sa majesté; par son ordre, ils jettent leurs bandoulières, et prennent la cocarde tricolore. Ce peuple qui tout-à-l'heure ne respiroit que le carnage, crie à l'instant : *Vive le roi! vivent les gardes du corps!* La reine, appelée à grands cris, se montre également, et elle est saluée par des acclamations.

Le commandant de la garde nationale, poussé sans doute par les instigateurs, ou peut-être pour un bon motif, mais par une imprudence impardonnable, monte chez le roi, et lui demande au nom du peuple de venir fixer sa résidence à Paris. Aussitôt les cris : *A Paris! à Paris!* se font entendre du dehors, et le tumulte alloit recommencer, lorsque le roi, forcé de consentir à tout, paroît de nouveau au balcon, et annonce lui-même son départ pour la capitale. Insensiblement l'agitation se calma, et la tranquillité commença à renaître. A la vérité, les conjurés avoient manqué leur but, mais ils alloient tenir la famille royale dans leurs chaînes, et c'étoit beaucoup pour le résultat de leurs projets ultérieurs.

A une heure, le roi, la reine, le dauphin, Monsieur avec son épouse, madame Élisabeth avec la marquise de Tourzel montent en voiture. Dans celle qui suivoit, se trouvoient les personnes de service à la cour. Ce cortége royal, unique dans les fastes de la monarchie, et digne en tout de la révolution, étoit composé de la manière qui suit, si l'on en croit un témoin oculaire :

« En avant marchoient des trains d'artillerie, des munitions de guerre et de bouche, des brigands armés de piques, des femmes ivres, couvertes de boue et de sang, à cheval sur des canons, et faisant retentir l'air de cris effrayants et de chansons obscènes. La voiture de leurs majestés étoit précédée des têtes livides de deux gardes du corps fixées sur des piques. Entre les scélérats porteurs de ces infames trophées, on voyoit le fameux *Coupe-tête*, la hache sur l'épaule, ayant le visage et la barbe teints de sang. Un escadron de cavalerie, des groupes de députés et de femmes, environnoient les voitures; suivoient à pied les malheureux gardes du corps désarmés, sans chapeaux, sans bandoulières, conduits un à un entre deux grenadiers; venoient ensuite quelques cent-suisses, des soldats du régiment de Flandre, et des dragons; enfin la garde nationale fermoit la marche. »

C'est dans cette pompe triomphale, qu'après une marche douloureuse de six heures, l'infortunée famille arriva aux Tuileries, exténuée de fatigue et de besoin, non sans avoir essuyé les ennuyeuses harangues de M. le maire de Paris (membre de l'académie royale des sciences), qui félicitoit niaisement le monarque de ce qu'il avoit *bien voulu* venir fixer son séjour à Paris. Forcé d'habiter la capitale, le roi écrivit à l'assemblée nationale pour l'inviter à s'y rendre aussi, et l'on peut croire que cette assemblée, ou du moins les moteurs, ne se firent pas prier.

Cependant le cri des gens de bien, celui de l'Europe entière se firent bientôt entendre. Le commandant de la milice parisienne lui-même, coupable sans doute d'avoir contribué à la première insurrection du 14 juillet, mais qui n'avoit été que dupe dans cette dernière affaire, ainsi que la commune de Paris, demandèrent vengeance pour les crimes des 5 et 6 octobre; et l'assemblée, voulant montrer une apparence d'équité, ordonna au Châtelet, seul tribunal alors existant, de faire des poursuites; on parut mettre beaucoup de zèle à cette enquête mais la volumineuse procédure instruite alors eut le sort de tant d'autres, et resta ensevelie dans le greffe. Un rapport complaisant du comité dit *des recherches* blanchit les accusés, et il n'en fut bientôt plus question.

Lorsque la cour fut fixée définitivement aux Tuileries, on reprit le cours des exercices habituels, et l'on chercha quelques consolations dans les douceurs de la vie privée. Le roi et son intéressante compagne employoient une partie de leur matinée à l'éducation de leurs enfants, et le reste du temps à des actes de bienfaisance, comme aux jours de la prospérité; à la cour les présentations avoient lieu, non pas avec la même magnificence qu'auparavant, mais avec cet ordre majestueux qu'il convient à un grand roi d'observer, même dans son intérieur. Enfin, sauf quelques restes de troubles qui signalèrent la fin de l'année 1789, on espéroit que les François, qui n'avoient pas encore perdu de vue l'antique fidélité de leurs pères, reviendroient à des idées plus modérées et plus monarchiques. Mais la constituante poursuivoit le cours de ses opérations dévastatrices; à l'abolition de la noblesse succédèrent la suppression des parlements, la désorganisation des provinces qui perdirent jusqu'à leurs noms et leurs démarcations. Quatre-vingt-trois divisions, sous le titre de départements, subdivisées elles-mêmes en quatre, six ou neuf districts, remplacèrent les trente-deux provinces anciennes qui chacune, en vertu de ses glorieux souvenirs, portoit sous la protection du monarque, son étendard, et se régissoit particulièrement à l'abri des lois protectrices de sa liberté et de son industrie. Quarante-quatre mille municipalités dirigées presque toutes par des paysans grossiers, dépourvus d'instruction, souvent même de probité, furent substituées aux anciennes justices seigneuriales, aux sénéchaussées, aux baillages, et aux élections.

Des tribunaux d'une nouvelle espèce prirent la

place de l'antique et vertueuse magistrature, et ces tribunaux ne savoient comment, d'après quoi, ni sur quoi ils devoient juger, car les anciennes lois ne pouvoient plus s'appliquer à bien des cas, et il n'y avoit point encore de code civil. Les troupes désorganisées furent soumises aux réquisitions des corps administratifs, hésitant entre le pouvoir royal et le pouvoir municipal. Une liste civile fixa les dépenses du roi et celles de sa famille; c'est-à-dire que le roi devint un magistrat salarié et qu'il perdit, avec l'administration du trésor public, ses propres domaines. Pour combler le gouffre creusé par le pouvoir usurpateur, on créa un papier-monnoie, connu sous le nom d'*assignats*, qui, par le moyen des émissions réitérées, envahit en moins de trois ans les fortunes publiques et particulières. La religion de l'état ne fut pas plus respectée. Une prétendue constitution civile du clergé succéda à cette Église gallicane, si célèbre dans les fastes de la religion. Le pouvoir spirituel du chef de l'Église fut méconnu; un schisme se manifesta; une partie du clergé prêta le serment à cette œuvre impie; l'autre, beaucoup plus nombreuse, placée entre sa conscience et l'intérêt temporel, refusa de transiger avec le devoir, et resta en butte aux persécutions les plus violentes.

Telles furent, pendant le cours de l'année 1790, les opérations de cette assemblée constituante, qui prétendoit agir au nom du roi; et qui joignoit à ses décrets une sanction extorquée par la crainte de nouveaux soulévements, et par l'horreur que ce bon prince avoit pour le désordre et la violence; mais, ce qu'il y a de pire, elle obtenoit cette sanction à force de massacres et d'insurrections.

Ce n'est pas tout; les mouvements séditieux ne se bornoient pas à désoler et à détruire la France. L'esprit de révolte avoit traversé les mers : nos colonies étoient ravagées par les gens de couleur qui, en vertu des *droits de l'homme*, massacroient les blancs, s'emparoient de Saint-Domingue, et desséchoient dans sa source l'une de nos plus fécondes richesses; il fallut que le roi vînt, le 4 février 1790, donner son adhésion à toutes ces opérations. Il le fit après avoir adressé à l'assemblée un discours touchant, à la fin duquel il la prioit de joindre ses efforts aux siens pour éclairer sur ses intérêts véritables ce *bon peuple* qui lui étoit si cher, et dont on l'assuroit qu'il étoit aimé, quand on vouloit le consoler de ses peines.

Cette assemblée ne se borna pas à la sanction royale. Après avoir opéré un bouleversement universel, elle voulut encore que la France entière vînt rendre hommage à sa prétendue sagesse, et qu'un serment solennel, prêté à la face du ciel, sanctionnât sa constitution faite ou à faire; à cet effet, on convoqua à grands frais, de toutes les parties du royaume, des hommes choisis parmi les corps de l'armée de ligne et de la garde nationale pour la grande cérémonie, dite la *fédération*, qui fut fixée au 14 juillet 1790, jour anniversaire de la prise de la Bastille. Cette immense réunion avoit un autre motif secret, et qui ne fut jamais avoué; c'étoit d'attirer dans la capitale une foule d'étrangers, dont on se serviroit pour accabler la famille royale; mais, pour cette fois, l'espérance des méchants fut déçue; la majeure partie des fédérés se trouva bien composée. Admis à l'honneur de présenter leurs hommages au roi, ils ne purent voir ce prince et son auguste famille sans être pénétrés d'un saint respect. On entendit par-tout les cris de *Vive le roi, vive la reine, et M. le dauphin!* la plupart d'entre eux portèrent dans leurs départements respectifs ces sentiments véritablement françois.

Lorsque les fédérés furent partis, les vexations recommencèrent contre l'auguste famille, contre les royalistes, et contre les prêtres. Le reste de l'année est employé par l'assemblée à organiser la révolution. Les historiens signalent le renvoi de M. Necker (4 septembre), la suppression des parlements (7 du même mois), la nouvelle organisation judiciaire, la constitution civile du clergé, et le décret relatif au serment des prêtres. Cet acte qui déchiroit l'Église, acheva de rompre le dernier lien qui auroit pu retenir les François, celui de la religion.

Cependant le parti anarchique prenoit chaque jour de la consistance. La société dite des *amis de la constitution*, plus connus sous le nom de *Jacobins*, étoit le foyer où s'alimentoit l'incendie qui devoit embraser un jour toute la France. Elle avoit pour pendant le club des *cordeliers*, formé plus récemment, mais encore plus furieux. Ces deux sociétés correspondoient avec d'autres semblables instituées dans toutes les provinces et villes manufacturières. Elles étoient le résultat d'un club dit *breton* qui, dès l'origine de l'assemblée, avoit formé le noyau de la révolution. C'étoit dans ces clubs que l'on voyoit se distinguer tous les mauvais prêtres, les nobles abâtardis, et les magistrats sans mœurs, déhontés, les banqueroutiers frauduleux, etc.; leur résidence habituelle étoit le Palais-Royal; et ce sont ces assemblées qui ont peu à peu formé ce qu'on appelle *le régime de la terreur*.

Dans ces antres du crime, on prêchoit ouvertement la loi agraire, le massacre des nobles et des prêtres, l'abolition de la royauté, et la souveraineté du peuple. Pour se faire une idée de l'esprit qui régnoit parmi ces démagogues, il suffira de savoir que, quand il s'agissoit d'admettre un nouveau membre dans cette société, on lui faisoit cette question :

« As-tu mérité d'être pendu, si l'ancien régime re-
« venoit en France? » et on ne lui donnoit l'accolade
fraternelle que sur le vu des pièces qui prouvoient
ses crimes.

L'année 1791 s'ouvrit par l'exécution du décret
relatif au serment des ecclésiastiques. Les premiers mois sont connus par les émigrations multipliées; les routes étoient couvertes de personnes de
toutes conditions qui abandonnoient le sol natal
pour se réunir à l'armée que les princes déjà émigrés
avoient formée aux environs de Coblentz, à l'effet
de profiter d'une circonstance favorable pour délivrer la famille royale.

Le 21 février, mesdames tantes du roi, voyant le
mal s'aggraver de jour en jour, se décident à sortir
du royaume, ce qu'elles exécutent, non sans éprouver beaucoup de difficulté, le 19 février 1791.

Leur départ jeta l'alarme dans le cœur des jacobins. Dès le lundi 28 février, il se forme au faubourg Saint-Antoine un attroupement considérable
d'hommes et de femmes qui se portent au château
de Vincennes pour le démolir : ils en sont empêchés
par la garde nationale. Ce même jour, quatre cents
personnes du club monarchique, qui s'étoit précédemment formé en opposition de celui des jacobins,
se rendent au château des Tuileries, avec des armes cachées pour défendre le roi. Leur zèle étoit
louable, mais irréfléchi; aussi le roi, s'apercevant

du danger où ils s'exposoient, les désarme lui-même. Cet acte de prudence fit un bon effet pour le moment.

Enfin le 18 avril, le roi se disposoit à profiter des beaux jours du printemps pour passer à Saint-Cloud une partie de l'été; l'année précédente on lui avoit permis de jouir de cet avantage. Comme ce voyage tomboit dans la semaine sainte, les agitateurs profitèrent de l'attachement connu du prince à la religion de ses pères pour animer les esprits. Les jacobins lâchèrent contre lui les brigands à leurs ordres; et au moment où sa majesté alloit partir, la voiture est arrêtée, et l'on s'oppose à son passage; une partie de la garde soldée se joint aux séditieux; et, malgré les remontrances du général commandant, elle persiste dans la résolution de faire feu sur la voiture, si l'on va plus avant. Cependant les cris les plus incendiaires retentissoient aux oreilles du prince; quelques personnes dévouées qui se trouvoient là, s'empressèrent de lui faire un rempart de leurs corps; mais elles ne purent vaincre l'obstination des séditieux : il fallut que le roi bût le calice jusqu'à la lie, et qu'il se décidât à rentrer dans sa prison; « car après cela, « est-il dit dans la déclaration officielle, on ne sau- « roit appeler autrement son palais. »

Le premier soin du roi fut d'envoyer chercher le directoire du département et de l'instruire de ce qui venoit d'arriver. Le lendemain ce prince se rendit à l'assemblée, pour lui faire sentir combien la violence qu'il venoit d'éprouver étoit contraire à la constitution. De nouvelles insultes furent tout le fruit qu'il retira de cette démarche. Il fut obligé de renvoyer sa chapelle et d'assister le jour de Pâques à la messe du curé assermenté de Saint-Germain-l'Auxerrois.

Quelle que fût la patience de Louis, et quelques sacrifices qu'il ait fait de son autorité en faveur de la liberté, elle ne rétablissoit point dans le cœur de ses sujets ingrats l'amour dont le sien étoit rempli pour eux. Après avoir perdu tout espoir de ramener à lui les esprits égarés, il se décida pourtant à quitter sa capitale. En conséquence, dans la nuit du 20 juin, il sort secrètement de Paris avec sa famille, laissant sur son bureau une déclaration dans laquelle il faisoit connoître les motifs de son départ. Ces motifs n'ont pas besoin de commentaires. C'étoit la destruction de la royauté, les pouvoirs méconnus, outragés, les propriétés violées, la sûreté des personnes mise par-tout en danger, les crimes, notamment ceux des 5 et 6 octobre restés impunis, l'anarchie complète établie, l'insuffisance de la nouvelle constitution, pour réparer un seul des maux qui affligeoient le royaume; enfin le roi protestoit contre les actes émanés de lui pendant sa captivité. Louis prit la route de

Montmédi. Monsieur et Madame, partis une heure après le roi, avoient suivi celle de Mons, et parvinrent sans obstacles à leur destination.

Il n'en fut pas de même du roi; il fut reconnu à Sainte-Ménéhould par le fils du maître de poste, nommé Drouet. Ce jeune homme, bien monté et prenant des chemins de traverses, gagne Varennes avant les voitures, fait sa déclaration à la municipalité, rassemble au son du tocsin la garde nationale de la ville et des environs, barricade le pont par où les voyageurs devoient passer. A l'arrivée du roi, Drouet se présente pour l'arrêter. Un détachement de hussards qui avoit joint les voitures, veut envain sauver le prince en faisant feu sur les opposants; Louis XVI, qui voit que le sang va couler pour sa cause, s'élance à la portière de son carrosse, et défend aux soldats de faire aucune résistance. Il descend de voiture et adresse la parole au maire ainsi qu'au peuple assemblé, leur fait part de ses motifs, et les engage à lui laisser le passage libre pour Montmédy. Il parloit encore, lorsqu'un aide de camp, envoyé de Paris par le commandant de la garde nationale, se présente avec l'ordre de ramener le roi; et il fallut subir cette humiliation, rendue plus douloureuse encore par les traitements que l'on fit subir aux trois gardes du corps et aux personnes qui avoient accompagné la famille royale. On se mit en marche sur-le-champ, et le roi arriva le 25 à Paris, avec une escorte de quarante mille hommes des départements. Trois députés de l'assemblée venoient de joindre le roi à Épernai, et s'étoient attachés principalement à empêcher le désordre et à protéger le passage.

Cependant la nouvelle de l'évasion du monarque avoit causé dans la capitale une alarme universelle. L'assemblée seule, ou plutôt les moteurs affectèrent un air de sécurité. Quoique composée d'éléments divers, cette assemblée fut unanime dans ses résolutions. En effet, les royalistes tiroient un bon augure de l'évasion du roi; les factieux trouvoient qu'elle favorisoit leurs vues. Deux partis étoient bien prononcés parmi eux : les uns vouloient *la déchéance* du roi pour mettre à sa place le premier prince du sang; les autres, en moindre nombre, mais plus énergiques, par l'exaltation qu'ils avoient l'art d'inspirer au peuple simple et crédule, parloient déja de substituer *une république* au gouvernement royal, et ils l'emportèrent à la fin, comme nous le verrons bientôt.

La nouvelle de l'arrestation de la famille royale fixa toutes les incertitudes. Il fut convenu que le roi demeureroit suspendu de ses fonctions jusqu'à l'achèvement de la constitution, qui seroit présentée à son acception pure et simple; qu'en attendant, on le retiendroit dans son palais. Les mesures prises pour garder la famille royale furent sévères et à-la-fois insultantes. On envoya les gardes qui l'avoient accompagné dans différentes prisons, ainsi que les dames de la suite. Le commandant avoit choisi dans la milice parisienne trente-six hommes dévoués qui se relevoient par tiers-de vingt-quatre en vingt-quatre heures. Les chefs des bataillons étoient placés dans un cabinet attenant à la chambre de la reine, avec ordre d'en tenir la porte ouverte jour et nuit, et de ne pas perdre de vue leurs prisonniers. Tout ce qui entroit et sortoit étoit observé rigoureusement, etc.

Tant que dura cette première captivité, le bon roi supporta son malheur avec une résignation admirable. La vie de Charles I, roi d'Angleterre, étoit sa lecture favorite. Il vouloit par-là s'accoutumer à envisager le genre de mort qui l'attendoit. Après une détention de quelques semaines, il fut enfin permis à la famille royale de se promener dans le jardin des Tuileries sous la surveillance de ses gardiens.

Pendant cet intervalle, un mouvement insurrectionnel eut lieu le 17 juillet. Les jacobins, qui vouloient renverser le trône, profitèrent de la circonstance pour demander l'abolition de la royauté, disant que la liberté ne pouvoit compatir avec la monarchie. On rédigea, sous le nom de pétition, une diatribe dans laquelle on demandoit, en termes formels, *la république*. Cette pétition devoit être signée dans le Champ-de-Mars, sur *l'autel de la patrie.* Forts de l'appui de l'assemblée, et en vertu de la loi martiale, qui requéroit l'autorité de dissiper, par tous les moyens possibles, les attroupements, le commandant de la garde nationale et le maire de Paris firent marcher les troupes vers le lieu du rassemblement, et repoussèrent les mutins dont il y eut quelques uns de tués; les autres se répandirent par torrents dans les rues de la ville, en criant à l'oppression, ce qui ne fit qu'aigrir les esprits.

A cette époque, la majorité de l'assemblée commença à s'effrayer de tout le mal qu'elle avoit fait et de celui qu'elle n'avoit pas empêché. Après avoir déchaîné contre la famille royale tous les bandits du royaume, elle n'avoit payé la sotte confiance du peuple en ses prétendues lumières que par des illusions; il lui fallut donc user de subterfuge pour se tirer de ce mauvais pas, sinon avec honneur, du moins avec adresse. Une faction alors puissante demandoit, comme nous venons de le dire, la déchéance du roi et la nomination d'un régent; une autre se prononçoit pour l'abolition de la royauté. L'assemblée nomma des commissaires pour instruire l'affaire de Varennes; le résultat de cette enquête fut des décrets contre les absents; et, après un rapport assez astucieux, l'acquittement de toutes les personnes inculpées, au moyen d'une promesse secréte qu'on arracha du roi de signer tout ce que l'on voudroit appeler l'acte constitutionnel.

Enfin cette fameuse assemblée, qui trouve encore aujourd'hui quelques partisans, connut à son tour la terreur, instrument qu'elle avoit seule manié jusqu'alors. Ne voyant dans l'avenir que la guerre au-dedans et au-dehors, le désordre des finances et la famine, s'apercevant aussi que son joug pesoit sur la France, et que sa popularité diminuoit de jour en jour, elle se hâta de mettre fin à sa session. Après avoir recueilli, avec assez de précipitation, dans ce nombre incalculable de projets de lois émanés de son sein, quelques décrets fondamentaux, elle donna à cette compilation indigeste le nom de constitution, la fit signer au roi, la recommanda aux *épouses* et aux *mères,* dit ironiquement un historien, et laissa à l'assemblée législative le soin d'achever ou de détruire son ouvrage.

On a beaucoup vanté, et des hommes sans pudeur vantent encore aujourd'hui les talents oratoires de plusieurs des membres de cette assemblée constituante. J'ignore s'ils sont de bonne foi ; mais je suis persuadé qu'ils sont dans l'erreur. Un gouvernement ne peut pas se soutenir avec des phrases, encore moins avec des sophismes ; du moment que l'on met en question la religion, la monarchie, et les propriétés, on ouvre la porte à tous les crimes.

Dans ces assemblées tumultueuses, l'audace unie à la médiocrité l'emporte presque toujours; et rarement on voit une décision raisonnable sortir d'un conseil composé de tant d'individus, sur-tout lorsque le mépris des lois et l'oubli des devoirs a fait des progrès aussi effrayants que ceux qui avoient lieu alors ; certes, les bonnes intentions et l'éloquence de quelques membres de la constituante ne pourront jamais disculper cette assemblée du crime de rebellion à l'autorité légitime ; car il ne s'agissoit pour les députés que de s'en tenir à leurs mandats, qui, à l'exception d'un très petit nombre, ne vouloient que la réforme des abus et non le changement de constitution. Ils pouvoient aussi partir de la déclaration du monarque, qui consistoit en 35 articles, et que nous avons rapportée plus haut.

La manière dont l'assemblée constituante étoit composée fera voir qu'il ne pouvoit sortir de son sein que des semences de troubles, et même un bouleversement général, sur-tout lorsqu'on eut admis le vote par tête et non par ordre.

Clergé : . . .	Archevêques et évêques, . .	48
	Abbés et chanoines, ...	35
	Curés, ...	208
Noblesse :	Prince du sang, ...	1
	Magistrats de cours souveraines, ...	28
	Gentilshommes, ...	241
		561

De *l'autre part*, . . 561

TIERS-ÉTAT : Ecclésiastiques, ... 2
Gentilshommes, ... 12
Maires ou consuls, ... 18
Magistrats inférieurs, . . . 62
Avocats, ... 272
Médecins, ... 16
Propriétaires, cultivateurs, et négociants, ... 176

1119 députés.

En effet, de onze cent dix-neuf députés, sept cent cinquante au moins appartenoient aux classes moyennes de la société, lesquels, en raison des principes de tolérance et d'égalité, proclamés avec tant de faste depuis cinquante ans environ, ne pouvoient arriver là qu'avec des principes démocratiques; si l'on y joint une partie de la noblesse, et sur-tout les cadets, qui ne voyoient qu'avec chagrin leurs aînés en possession du titre et des principaux fiefs de la famille, s'unissant avec les avocats, gens fort habiles dans l'art de la chicane, avec une partie des curés, jaloux du haut clergé, on aura peut-être la clé de la révolution de 1789. Je livre cette réflexion aux publicistes de tous les âges et de tous les pays.

Les successeurs de cette assemblée, choisis par les sections entre tout ce que les villes et les campagnes renfermoient d'hommes sans religion, sans mœurs, mais attachés au système désorganisateur à l'ordre du jour, se déclarèrent aussitôt en guerre ouverte avec les ministres, la cour, et la famille royale.

Le même changement s'étoit opéré dans la commune de Paris. Au commandant de la garde nationale et au maire, obligés d'abdiquer en vertu de la loi, avoient succédé des hommes que l'on n'oseroit nommer sans rougir; des hommes qui furent les bourreaux de Louis XVI et de sa famille. Ainsi l'assemblée dite législative, pour la distinguer de la constituante, cette assemblée dans laquelle on comptoit à peine vingt royalistes, marchant de front avec la commune, ou avec les *communes*, car on ne parloit plus de *villes*, attendu que ce mot sentoit l'aristocratie, s'ouvrit le 1er octobre 1791. Nous n'entrerons point dans les détails de ses opérations, qui furent très importantes pour le mal et nulles pour le bien. Nous nous bornerons à les indiquer, pour arriver au dénouement.

(1792.) La constituante avoit accordé au roi une garde particulière; cette garde lui fut bientôt ôtée. On avoit aussi armé le roi d'un *veto*, c'est-à-dire du droit de refuser sa sanction à tout acte législatif qui ne lui paroîtroit pas conforme aux principes de l'équité; et, chaque fois que le roi croyoit devoir user de cette faculté, les journaux, les tribunes, les assemblées populaires retentissoient de cris féroces; on mettoit tout en mouvement; on venoit assiéger le château pour faire lever le *veto*. C'est ainsi que ce prince fut forcé de déclarer la guerre à l'Autriche le 28 avril, et de licencier sa garde le 30 mai, ce qui le livroit sans défense à la fureur des partis.

L'assemblée législative fit plus : elle voulut contraindre le roi à sanctionner deux décrets; l'un ordonnant la formation d'un camp de vingt mille hommes sous Paris, parceque, disoit-on, la guerre étant déclarée, et les premières opérations ayant été désavantageuses pour l'armée françoise, la capitale se trouvoit exposée; le danger de cette mesure révolutionnaire étoit évident; l'autre condamnant à la déportation les prêtres qui n'avoient point prêté le serment à la constitution civile du clergé. Ce décret, outre qu'il étoit contraire à l'humanité, consacroit une violation manifeste de la liberté, puisqu'on avoit laissé à chaque individu la faculté de prêter le serment ou de ne pas le prêter, en abdiquant ses fonctions. Le roi refusa de sanctionner ces deux décrets; et son refus, dans lequel il persista, fut la cause des événements du 20 juin et du 10 août.

La journée du 20 juin, digne pendant des 5 et 6 octobre, bientôt suivie d'une autre plus terrible encore, est connue; aussi l'abrégerons-nous pour ne pas rebuter nos lecteurs par le retour fréquent de scènes aussi dégoûtantes. Il suffira de dire que le roi ainsi que son auguste famille, assaillis dans leur palais par vingt mille individus, se disant habitants des faubourgs Saint-Antoine et Saint-Marceau, armés de piques, de hallebardes, et d'instruments meurtriers de toute espèce, coiffés chacun d'un bonnet rouge, et porteurs d'une prétendue pétition contre le *veto*, opposèrent le plus grand courage et la plus noble résolution à ce nouveau torrent révolutionnaire.

Cette troupe d'hommes couverts de haillons, portant sur leurs figures les traits du crime, enfonce les portes du palais, et se précipite avec la rapidité de l'éclair dans les appartements. Le roi étoit sans gardes alors. Quelques serviteurs fidèles et six grenadiers de la section des Filles-Saint-Thomas eurent à peine le temps de se mettre en avant et de parer les premiers coups; des banquettes placées à la hâte servirent de retranchement. Les courageux défenseurs du monarque lui dirent : « *Sire,* « *ne craignez rien.* — Mettez la main sur mon cœur, « répond ce prince magnanime à un de ces braves « grenadiers, et vous verrez si j'ai peur; » puis se montrant aux forcenés : « Que me voulez-vous, leur « dit-il? » La sérénité de son visage, le ton d'autorité qu'il prend alors déconcerte les assassins; les armes restent immobiles entre leurs mains. Le roi avoit à ses côtés madame Élisabeth, sa sœur. C'est cette princesse qu'ils prirent pour la reine, en butte elle-même à la rage des révolutionnaires. Ils demandoient à grands cris la tête de Marie-Antoinette, qu'ils appeloient l'*Autrichienne.* « Ah! laissez-leur « croire, dit madame Élisabeth, que je suis la reine, « afin que ma sœur ait le temps de se sauver! »

Cependant les scélérats pour être interdits n'avoient point abandonné leur proie; des hurlemens effroyables, des menaces sanguinaires, retentissoient aux oreilles du roi. Il lui fallut entendre les propos les plus grossiers, et repaître ses yeux du spectacle des épouvantables bannières dont ces hommes étoient précédés. Sur l'une on lisoit : *Sanction ou la mort!* sur l'autre : *Tremble, tyran, ton heure est venue!* Un d'eux portoit un instrument de bois fait en forme de potence, à laquelle étoit suspendue l'effigie d'une femme, avec ces mots : *Gare à la lanterne!* Un autre tenoit au bout d'une pique cette inscription : *Cœur des aristocrates et des tyrans;* enfin, on voyoit une guillotine au bas de laquelle étoit écrit : *Justice nationale pour les tyrans. A bas Veto et sa femme!* Pendant cette lutte affreuse, quelqu'un présenta au roi un bonnet rouge dont il se couvrit la tête; un de ces séditieux lui offre un verre de vin, et il a le courage d'en boire. Ces deux actions suspendirent pour un moment la fureur des assaillants, et donnèrent le temps au maire et à un détachement de la garde nationale de monter. En ce moment une députation de l'assemblée se présenta, et les assassins, voyant leur coup manqué, se hâtèrent de se retirer en poussant des cris de fureur, et se promettant bien de revenir une autre fois mieux accompagnés.

La reine, qui étoit restée dans la salle du conseil, eut à essuyer de la part des séditieux les mêmes insultes que le roi. La garde nationale veilla sur ses jours. Lorsque la princesse put se réunir à son époux, elle se jeta dans ses bras, tandis que ses enfants l'arrosoient de leurs larmes. Le roi alors, sensible aux bons services que lui avoient rendus les fidèles François qui l'entouroient, leur dit : « Embrassez-moi; je vous dois la vie, celle de mes « enfants, et de ma famille. »

Le lendemain sa majesté écrivit à l'assemblée une lettre pleine de dignité; et, dans une proclamation aussi franche qu'énergique adressée aux François, elle retraça les crimes de la journée du 20, protestant de son attachement à la constitution, et les invitant à s'unir avec lui pour repousser les piéges dont on les entouroit.

Les nouveaux outrages faits au roi excitèrent l'indignation publique. Plusieurs départements et un grand nombre de villes envoyèrent à sa majesté des adresses pour lui témoigner la douleur dont ils étoient pénétrés. Vingt mille habitants de Paris signèrent une pétition tendante à la punition des coupables. Le département ordonna d'informer contre les auteurs et les instigateurs des derniers attentats. L'assemblée seule resta muette. Cependant le 7 juillet suivant, sur la proposition faite par deux membres d'oublier toute haine d'opinion, et de se réunir de cœur et d'esprit avec le chef du pouvoir exécutif, tous les députés, électrisés par l'éloquence des orateurs, se levèrent et prononcèrent le serment de haine *à la république*. Mais tous leurs efforts pour empêcher *la république* se bornèrent à cette vaine protestation.

Ce cri des gens de bien, les réclamations de l'armée, l'accord apparent des deux pouvoirs constitutionnels ne produisirent d'autre effet que d'aigrir les factieux. Une grande époque, l'anniversaire de la fédération approchoit. On vit arriver de tous les départements des députations de gens tous dévoués à la faction des jacobins. Dans ce nombre se distinguoient par leur costume et leur férocité les fédérés marseillais et du Finistère (la plupart étoient des forçats qu'on avoit lâchés exprès); et les bandits de la capitale se joignirent à cette infame cohorte. Accueillis par le maire Pétion, et logés dans les faubourgs, ils eurent bientôt rempli la ville de trouble et de terreur. Cependant, contre l'attente générale, la journée du 14 se passa assez tranquillement, et le serment de fidélité à la constitution fut renouvelé.

Quelques jours après, les attroupements, les rixes, les cris furieux se multiplièrent; des pétitions arrivèrent de tous côtés, demandant formellement *la déchéance*, et, le 3 août, le maire Pétion parut à la barre de l'assemblée, requérant, au nom de quarante-six sections de Paris, non seulement la déchéance, mais encore un gouvernement républicain établi sur les bases que fixeroit une *convention nationale*, composée des élus du *peuple souverain*. La discussion sur cette demande fut fixée au lundi suivant.

Ce fut dans ces circonstances que le duc de Brunswick, général en chef des armées combinées, publia son manifeste. Cette publication, loin d'intimider les jacobins, ne fit que les irriter davantage : leurs têtes s'exaltèrent ; ils s'assemblèrent alors publiquement, les uns au cadran-bleu, à Charenton, les autres dans une tabagie, au faubourg Saint-Antoine. Là on convint que la municipalité seroit changée ; qu'un mouvement simultané des faubourgs, guidés par les fédérés et les compagnies du centre de la garde nationale, seroit organisé pour investir et attaquer le palais des Tuileries. L'exécution fut fixée d'abord au 29 juillet, puis reculée au 10 août, pour donner le temps à l'assemblée de prononcer la déchéance.

Le plan des conjurés étant connu, il devenoit urgent de prendre un parti. Dans un conseil particulier, tenu au château, on proposa plusieurs moyens; mais le roi s'en tint à celui de la défensive. D'après tous les rapports le mal étoit extrême, et les moyens d'y remédier à-peu-près nuls.

Cependant la nuit fatale arrive. A minuit le tocsin sonne; on bat la générale, et la multitude se porte au château des Tuileries, traînant après elle une nombreuse artillerie et des munitions. A la vue du danger, Louis XVI assemble ses ministres; il appelle auprès de lui le maire de Paris, les officiers de la garde nationale; les postes sont doublés; les Suisses et un grand nombre de serviteurs fidèles remplissent les appartements et les cours du château.

Vers les six heures du matin, le roi fait la revue des troupes; il leur répète plusieurs fois qu'il attendoit uniquement d'eux qu'ils se bornassent à défendre l'asile de la famille royale, et leur défendoit d'attaquer. Cette revue put lui prouver combien peu il devoit compter sur une résistance efficace. Les Suisses étoient bien disposés, ainsi que quelques bataillons de la garde nationale, et beaucoup de fidèles François qui garnissoient les appartements; mais le reste étoit perverti. Cependant le rassemblement des insurgés augmente : des cris de rage se font entendre; on demande *la mort du roi et de sa famille!* Le procureur-syndic du département, M. Rœderer, avec d'autres magistrats, montent au château, préviennent le roi de la présence du danger, lui exposent la foiblesse de ses moyens de défense, et le supplient de se rendre au sein de l'assemblée. Louis réfléchit un instant; puis, considérant à quel péril il expose sa famille, il se rend à cet avis, espérant par là éviter l'effusion du sang. Aussitôt on forme un carré de quelques gardes nationaux, au centre duquel se placent le roi, la reine, le dauphin, madame Première, madame Élisabeth, accompagnés des autorités constituées; ainsi rangés, ils prennent, par le jardin, le chemin du Manége, le roi conservant toujours le calme d'une ame pure et irréprochable. Ce ne fut pas sans danger qu'ils parvinrent à cet endroit. Arrivé à la salle des séances de l'assemblée, le roi, assis à la droite du président, prononce ces mots touchants : *Je suis venu ici pour éviter un grand crime. Je me croirai en sûreté, ma famille et moi, lorsque je serai au milieu des représentants de la nation.* Le prince est accueilli d'abord avec quelques égards, et le président proteste de l'attachement de tous les membres à la constitution: on va voir l'effet de cette protestation.

Néanmoins, comme, d'après la constitution, l'assemblée ne pouvoit point délibérer en présence du monarque, on profita de cet article pour l'écarter ainsi que sa famille, et pour le reléguer dans une loge étroite où se tenoient ordinairement les rédacteurs d'un journal appelé le *Logographe*. De cet endroit, Louis pouvoit voir et entendre tout ce que l'on diroit ou feroit à son égard.

Les assaillants ignoroient que le roi et sa famille se fussent rendus à l'assemblée ; ceux qui défendoient le château l'ignoroient aussi. Les Marseillais débutent par chasser de leurs postes plusieurs Suisses, et se mettent à les fusiller. Aussitôt les officiers ordonnent au bataillon de faire feu. En un instant, la place du Carrousel est nettoyée ; mais bientôt les agresseurs reviennent en plus grand nombre, animés par la fureur et par la vengeance. Les Suisses se replient vers le château. Aussitôt part de la place du Carrousel une décharge de canon ; au bruit de cette décharge, le roi se léve, dit à haute voix qu'il vient d'interdire toute défense ; et il expédie un second ordre aux Suisses et aux personnes de sa maison. Il n'étoit plus temps. Les portes du palais sont enfoncées ; le peuple se précipite en foule dans l'intérieur ; les Suisses sont massacrés, non sans avoir vendu leur vie chèrement ; nombre de serviteurs du roi sont égorgés ou jetés par les fenêtres. Toutes les maisons qui environnoient le château deviennent la proie des flammes, et ce n'est qu'avec peine que l'on put arracher quelques dames de la cour à la fureur barbare des assiégeants.

L'assemblée, jusqu'alors spectatrice du combat, sort de son apathie à la nouvelle de la victoire des républicains ; et c'est pour mettre le sceau à l'insurrection. Sur la proposition d'un membre, on décrète qu'une *convention nationale* sera convoquée ; qu'en attendant que le peuple ait manifesté sa volonté, le pouvoir exécutif sera suspendu, un nouveau ministère organisé, le paiement de la liste civile interrompu, sauf à fixer un traitement provisoire pour le roi ; qu'enfin la famille royale restera dans l'enceinte du corps législatif jusqu'à ce que le calme soit rétabli.

Louis XVI et sa famille furent retenus pendant trois jours dans la loge du logographe. La nuit ils se retiroient dans une salle voisine, où l'on avoit dressé des lits à la hâte. Le roi n'avoit plus de liberté à espérer : tout entier au pouvoir de ses persécuteurs, une prison étoit son dernier refuge. Le Temple parut à la féroce commune de Paris le lieu le plus convenable pour y enfermer ses augustes captifs ; elle le demanda et elle l'obtint. C'est ici que commencent le supplice de Louis et son agonie.

Le 13 août, après un long et pénible trajet, pendant lequel la famille infortunée eut à essuyer mille outrages de la part d'une vile populace, elle arriva au Temple dans un dénuement absolu. Et l'on vit pour la première fois un roi de France obligé d'emprunter une somme de deux mille francs à son plus ardent persécuteur, à Pétion, maire de Paris.

Le soir même de son arrivée au Temple (¹), la famille royale, après un modeste souper, pris dans un des appartements du palais, fut conduite dans la tour par des municipaux, accompagnés d'une escorte nombreuse. Le lendemain et les jours suivants furent employés par le conseil de la commune à fortifier la prison par de nouveaux ouvrages, et à organiser la surveillance la plus rigoureuse. Pour arriver à la chambre du roi, il falloit traverser sept guichets garnis de fer et roulant sur leurs gonds avec un fracas épouvantable. Des commissaires de la commune étoient préposés à la garde des augustes prisonniers, et la plupart, foulant aux pieds les lois de l'humanité, tenoient la conduite la plus indécente. Les sarcasmes, les injures des sentinelles, la barbarie des geôliers, les vexations de toute es-

(¹) Ce palais, ancienne résidence des Templiers, avoit passé depuis à l'ordre de Malte, et formoit l'apanage des grands-prieurs de France. Monseigneur le duc d'Angoulême étoit alors honoré de cette dignité, et monseigneur le comte d'Artois faisoit sa résidence dans ce lieu quand il venoit à Paris. Le château étoit composé des édifices à la moderne encore subsistants, mais différemment distribués, et disposés pour l'usage d'une congrégation religieuse de filles, qui y est établie depuis la restauration. Il y avoit en outre un édifice gothique de forme carrée, ancien palais des Templiers, à laquelle attenoit un donjon, flanqué de tourelles couronnées par des créneaux, et surmontées de flèches. (C'est dans cet affreux séjour que l'on confina la famille royale.)

péce assailloient chaque jour la famille royale, lorsqu'on la conduisoit au jardin; et ce triste réduit n'étoit pas même un asile où elle pût pleurer en silence sur ses malheurs.

Dès le 24 août, on désarma le roi; et le 29 on lui enleva la princesse Lamballe, madame de Tourzel, et trois ou quatre autres personnes qui s'étoient dévouées à son service. On ne laissa auprès de sa majesté que M. Hue et M. Cléry, son valet-de-chambre; encore le premier lui fut-il ôté bientôt après, pour passer à la prison de la Force, où il manqua de périr pendant les massacres de septembre. A ces deux fidèles serviteurs, l'on donna pour aides, ou plutôt pour surveillants, un nommé Tison et sa femme. Pendant les journées des 2 et 3 septembre, la famille royale courut les plus grands dangers; et ce ne fut qu'à la présence d'esprit d'un municipal, à son autorité, et à sa voix de Stentor, qu'elle dut son salut pour cette fois seulement.

L'assemblée législative avoit décrété qu'une convention nationale seroit convoquée : le 21 septembre cette nouvelle assemblée fit l'ouverture de ses séances. Pour première mesure, elle *abolit la royauté* et décréta la *république;* et pour seconde, la mise en accusation de Louis XVI, qu'on n'appela plus que *Louis Capet.* Ce dernier mot étoit le surnom personnel de Hugues, chef de la race régnante, et ne devoit pas être transmis à ses descendants.

Le 26, en annonçant à Louis XVI l'abolition de la royauté, on lui ôta les ordres dont il étoit resté décoré, et on lui signifia que la république étant décrétée, il n'y avoit plus en France que des *citoyens*. « Je l'ai entendu dire, répond Louis avec
« émotion, et je fais des vœux pour que les François
« trouvent dans ce nouvel état le bonheur que j'ai
« voulu leur procurer. »

Le 26, les municipaux déclarèrent au roi qu'il alloit être transféré dans la grande tour. En effet, le 29, on l'installa dans la demeure qu'on lui avoit destinée. Le deuxième étage du donjon lui fut alloué, et le troisième à sa famille. C'est dans cette nouvelle situation que les augustes prisonniers passèrent les mois d'octobre et de novembre, sans aucune persécution nouvelle, sinon que, vers la fin du dernier mois, on vint leur enlever leurs couteaux, ciseaux, rasoirs, et canifs. On leur prit jusqu'à ces compas qui servent à rouler les cheveux, et à Louis XVI un petit nécessaire de poche. Ce prince, sortant alors de sa modération, prit des pincettes, et, les montrant aux municipaux, il leur dit d'un ton de colère : « Ces pincettes sont-elles aussi un
« instrument tranchant ? — Si elles en étoient, ré-
« pond un d'entre eux, je vous les enléverois de
« gré ou de force. » Que d'outrages et que d'humiliations pour le descendant de tant de héros dont nous venons de tracer l'histoire !

On ne verra peut-être pas sans intérêt quelles étoient les occupations de la royale famille dans sa prison. Tout ce qui peint la vertu aux prises avec l'adversité ne peut que plaire aux ames sensibles. Notre récit sera emprunté des mémoires du bon M. Cléry, parcequ'ils portent tous les caractères de la plus exacte vérité.

« Le roi se levoit ordinairement à six heures du matin. Il s'habilloit et se rasoit lui-même, ensuite on le coiffoit, puis il passoit dans son cabinet de lecture, où, après avoir fait sa prière à genoux pendant cinq à six minutes, il se livroit à l'étude jusqu'à neuf heures. La reine se levoit à sept heures ainsi que monsieur le dauphin. A huit heures, les municipaux entroient pour le reste de la journée qu'ils passoient dans la chambre même de la reine. Ils se plaçoient la nuit dans la pièce qui séparoit cette chambre de l'appartement de madame Élisabeth. A neuf heures, la reine, ses enfants, et madame Élisabeth montoient dans la chambre du roi pour déjeuner; et à dix heures le roi à son tour descendoit chez son épouse, où toute la famille se trouvoit réunie.

« Là, ce grand prince se livroit tout entier à l'éducation de son fils : il lui faisoit réciter quelques passages de Corneille et de Racine, lui donnoit des leçons de géographie, et l'exerçoit à laver des cartes. De son côté, la reine s'occupoit de l'instruction de Madame royale, l'instruisoit dans les principes de la religion, et faisoit succéder à ces graves exercices des leçons de musique et de dessin, jusqu'à onze heures. Le reste de la matinée étoit employé à coudre, à tricoter ou à faire de la tapisserie. Souvent même, le croiroit-on, la nécessité forçoit les princesses de raccommoder leurs vêtements, ceux du roi, et du dauphin; car il n'étoit point de privations qu'on ne fît éprouver à cette malheureuse famille. Linge de corps, de lit, et de table, vaisselle plate, couverts, tout le service se trouvoit en si petite quantité qu'il ne pouvoit suffire au besoin journalier. Les draps de lit du dauphin étoient troués en plusieurs endroits. Le roi n'avoit qu'un habit, qu'on portoit le soir à madame Élisabeth pour qu'elle le raccommodât pendant la nuit. A une heure, lorsque le temps étoit beau, on faisoit descendre la famille royale dans le jardin. Quatre officiers municipaux et un chef de légion de la garde nationale l'accompagnoient. Les augustes prisonniers n'avoient pour toute promenade qu'une allée de maronniers fort étroite. Là, on formoit le jeune prince à jouer au ballon, au palet, à la course, et à d'autres exercices. Mais ce triste plaisir étoit payé bien cher par les avanies et les insultes dont on abreuvoit journellement les illustres prisonniers à leur passage dans les corridors et les escaliers. La reine auroit volontiers renoncé à la promenade, mais le roi et monsieur le dauphin avoient besoin d'exercice, et c'étoit pour leur en procurer, que l'auguste princesse se soumettoit à tout sans se plaindre.

« A deux heures on remontoit dans la tour, où le dîner étoit servi; et tous les jours, à la même heure, Santerre venoit au Temple, accompagné de deux aides-de-camp, et visitoit exactement les différentes pièces. Après le repas la famille royale se rendoit chez la reine; leurs majestés faisoient ordinairement une partie de piquet ou de trictrac. A quatre heures le roi prenoit quelques instants de repos; et, comme dit Cléry : *Il dormoit paisiblement du sommeil du juste,* pendant que son épouse, ses enfants, et sa sœur contemploient avec respect ces traits augustes, dont le malheur sembloit augmenter la sérénité, et sur lesquels on pouvoit lire d'avance le bonheur dont il jouit aujourd'hui.

« Au réveil du roi, on reprenoit la conversation, pendant que Cléry donnoit une leçon d'écriture au dauphin; et, à la fin du jour, la reine faisoit à haute voix une lecture d'histoire, ou d'autres ouvrages propres à instruire et à amuser ses enfants.

«Après le souper de monsieur le dauphin, la reine lui faisoit réciter ses prières; ce jeune prince en ajoutoit une particulière pour madame la princesse de Lamballe et madame de Tourzel, sa gouvernante. A neuf heures le roi soupoit, pendant que la reine et madame Élisabeth restoient auprès du dauphin. Les princesses soupoient ensuite et recevoient en signe d'adieu la main du roi, qui venoit les embrasser ainsi que ses enfants; puis sa majesté se retiroit dans son cabinet, où elle lisoit jusqu'à minuit, heure à laquelle elle se couchoit. La reine et madame Élisabeth se renfermoient dans leurs chambres. Ce genre de vie dura tout le temps que le roi resta dans la petite tour. »

Enfin, le 3 décembre 1792, la convention décrète que Louis XVI sera jugé par elle; et, le 11, l'infortuné monarque paroît devant ses prétendus juges, ou plutôt devant ses assassins. Réduit à la dure nécessité de répondre à une foule de questions absurdes et indignes d'un pareil procès, il le fit avec une sagesse que ses ennemis, même les plus acharnés, ne purent s'empêcher d'admirer. *Louis,* dit Prudhomme dans son journal, *a parlé avec une brièveté royale* (brevitate imperatoris), *et la convention n'a eu par-tout qu'un style lâche et sans dignité.* Après l'interrogatoire, on lui présenta les pièces du procès, qu'il vérifia successivement, et il n'en reconnut que trois. Ensuite il fut ramené à la salle des conférences, puis reconduit au Temple.

Pendant que Louis étoit dans la salle des conférences, n'ayant rien mangé depuis la veille, il vit un grenadier qui apportoit un pain à Chaumette, et, s'approchant de ce dernier, il lui en demanda à

voix basse un morceau. « Demandez tout haut, lui
« dit le procureur de la commune, ce que vous
« voulez. — Je vous demande un morceau de votre
« pain. — Volontiers, » lui dit Chaumette; et il en
rompit un morceau qu'il donna au roi. Le successeur de tant de monarques puissants et respectés réduit à cette humiliation !

De retour à sa prison, le roi voulut voir sa famille; on lui déclara que, dès ce moment, il ne pouvoit plus communiquer avec elle. « Quoi! pas
« même avec mon fils? — Pas même avec lui, » répondirent ses gardiens.

Après son départ, on délibéra sur la demande qu'il avoit faite d'un conseil pour sa défense; et, après des débats fort tumultueux, on lui accorda ce qu'il desiroit. De neuf personnes qui s'étoient proposées pour remplir un devoir si périlleux dans la circonstance, deux seulement eurent l'honneur d'être agréées, MM. Tronchet et Malesherbes; et bientôt, vu leur âge avancé, ces généreux défenseurs, du consentement du roi, s'adjoignirent un troisième (M. Desèze) pour porter la parole. Lorsque les pièces du procès et l'acte d'accusation leur eurent été remises, ils travaillèrent sans relâche à remplir leur devoir. Ils communiquoient tous les jours avec Louis; mais ce n'étoit pas sans avoir été soumis à une visite très rigoureuse, et souvent même insultante.

Le 26 décembre, tout étant disposé pour le dénouement, Louis fut amené de nouveau à la barre avec ses défenseurs. Après un discours fort étendu, dans lequel l'orateur, sans décliner tout-à-fait l'incompétence(¹) de cet extraordinaire tribunal, s'attacha à faire disparoître jusqu'aux moindres imputations adressées à son auguste client, et termina par une belle péroraison, que l'éclat dont avoit joui celui qui en faisoit le sujet devoit rendre plus touchante, le roi se leva et s'exprima en ces termes :

« On vient de vous exposer mes moyens de défense; je ne les renouvellerai point. En vous parlant peut-être pour la dernière fois, je vous déclare que ma conscience ne me reproche rien, et que mes défenseurs ne vous ont dit que la vérité.

« Je n'ai jamais craint que ma conduite fût examinée publiquement; mais mon cœur est déchiré de trouver dans l'acte d'accusation l'imputation d'avoir voulu faire répandre le sang du peuple, et

---

(¹) Cette incompétence, que l'on se feroit aujourd'hui un crime de ne pas reconnoître, a été avouée dans le temps par une partie des membres de la convention, lors des débats qui s'élevèrent au sujet de la mise en jugement. Quelques uns persistèrent dans leur refus de juger; mais les autres cédèrent à la crainte que leur inspiroient leurs farouches collègues. Un journal des plus révolutionnaires s'exprime à cet égard avec beaucoup de franchise et de liberté. (Voy. *les Révolutions de Paris*, tom. XIV, n° 179, pag. 546.)

sur-tout que les massacres du 10 août me soient attribués.

« J'avoue que les preuves multipliées que j'avois données dans tous les temps, de mon amour pour le peuple, et la manière dont je m'étois toujours conduit, me paroissoient devoir prouver que je craignois peu de m'exposer pour épargner son sang, et éloigner à jamais une pareille imputation. »

Après ce discours, Louis fut remené au Temple, jouissant du calme heureux de l'innocence, et conservant encore toute sa présence d'esprit, tandis que ses persécuteurs demandoient son sang avec une telle avidité, que la salle des séances se changea en une arâne de gladiateurs, *où les gourmades et les horions furent tout le mérite et le profit des acteurs.* (Voyez le journal déja cité.)

Le 7 janvier 1793 suivant, la discussion sur le jugement de Louis est fermée. Le 14, les questions sont posées de la manière qui suit:

1° Louis est-il, ou non, convaincu du crime de conspiration?

2° Le jugement, quel qu'il soit, sera-t-il soumis à la sanction du peuple?

3° Quelle peine infligera-t-on à Louis?

Sur la première question, il y eut, le lendemain, 15 janvier, 693 voix pour l'affirmative; 26 seulement refusèrent de voter, pour cause d'incompétence, 5 étoient absents.

Sur la seconde, y aura-t-il appel au peuple? 283 votèrent pour, 424 contre, et 10 refusèrent de voter.

Sur la troisième, le 16 janvier, de 745 membres, moins 24 absents ou refusants, 366 se prononcèrent pour la mort, et 355 pour la déportation ou la détention jusqu'à la paix.

En conséquence, le 17 janvier, LOUIS est condamné à mort à la majorité de onze voix seulement.

Dans la même séance, les défenseurs interjettent appel au peuple, lequel appel est déclaré nul. Il en est de même du sursis de trois jours demandé.

Le 20 janvier, on notifie au roi l'arrêt de mort. Il y étoit préparé dès long-temps. Il demande d'entretenir sa famille sans témoins, et de se choisir un confesseur : ces deux articles sont accordés.

Sitôt qu'il eut acquis la certitude de son sort, son premier soin fut de remercier ses défenseurs, et même de les consoler, car ils fondoient en larmes. « Puisse, mon sang dont on est altéré, disoit-il, « sauver mon peuple des malheurs que je redoute « pour lui. Ne pleurez-pas, ajoutoit-il, sur moi; je « vais partir; nous nous reverrons dans un monde « meilleur. » Sur l'espoir qu'on lui donnoit d'un soulévement concerté pour l'arracher à la mort. « En êtes-vous sûrs, dit-il en pâlissant? Courez vite ; « et déclarez à ceux qui ont médité cette action,

« que je ne veux pas qu'il y ait une seule goutte de
« sang répandue pour moi. Peut-être que le sacri-
« fice de ma vie opèrera le bonheur des François. »
Et après le départ de ses défenseurs, il se mit à ré-
diger ce testament d'immortelle mémoire, que l'on
lit tous les ans au jour anniversaire de son décès.
Ensuite l'abbé Edgeworth de Firmont, prêtre ir-
landois, qu'il avoit choisi fut introduit : le roi le fit
asseoir, lui donna lecture de son testament ; et,
après cette lecture, il se disposa à recevoir le sacrement de l'Eucharistie, suivant les régles prescrites par l'Église, et l'on remit la cérémonie de la
communion au lendemain, six heures du matin.
L'abbé Edgeworth s'étant retiré, le roi se fit amener
sa famille pour lui adresser ses dernières volontés.
Quant à cet article, nous suivrons le récit de M. Cléry, et nous nous occuperons ensuite des derniers
moments de l'auguste victime.

Le jour fatal arrivé, la convention nationale envoya à Louis XVI le décret de mort qui alloit mettre fin à ses longues souffrances, décret qu'il desiroit plus qu'il ne le craignoit. C'étoit, comme l'observe M. Montjoie, le seul bienfait qu'il pouvoit
attendre d'une telle assemblée. Avant de mourir,
le roi desira de voir sa famille. Cette grace ne lui
fut point refusée, non plus que celle d'avoir un
confesseur de son choix, pour recevoir de sa main
les derniers secours de la religion. Le 20 jan-

vier 1793, veille du jour destiné à la consommation de son sacrifice, le roi, après s'être entretenu dans son cabinet, avec l'abbé Edgeworth de Firmont, dit aux commissaires de faire venir sa famille : à ce moment la porte s'ouvrit, et la reine parut la première, tenant son fils par la main; ensuite Madame royale et madame Élisabeth. Un morne silence régna pendant quelques minutes et ne fut interrompu que par des sanglots. Leurs majestés passèrent ensuite dans la salle à manger, où le roi s'étant assis, la reine se plaça à sa gauche, madame Élisabeth à sa droite, Madame royale presqu'en face, et le dauphin debout entre les jambes du roi : tous étoient penchés vers lui et le serroient souvent dans leurs bras. Cette scène de douleur dura sept quarts d'heure pendant lesquels il fut impossible de rien entendre; on voyoit seulement qu'à chaque phrase les sanglots des princesses redoubloient, et qu'enfin le roi, après avoir béni solennellement ses enfants, leur recommandoit pour leur mère et pour madame Élisabeth la même obéissance et le même attachement qu'ils avoient eu pour lui. A dix heures un quart le roi se leva et tous le suivirent en poussant les cris les plus douloureux. « Je vous assure, leur disoit le roi, que
« je vous reverrai demain à huit heures. — Vous
« nous le promettez, répétèrent-ils tous ensemble.
« — Oui, je vous le promets. — Pourquoi pas à
« sept heures, dit la reine? — Eh bien oui, à sept

« heures...... *adieu!* » Et il prononça cet adieu d'un ton si expressif que Madame royale tomba évanouie aux pieds du roi qu'elle tenoit embrassés; de son côté, la reine poussa un cri de douleur qui fut entendu au loin. Le roi, voulant mettre fin à cette scène déchirante, leur donna un dernier baiser, en leur disant : « *Adieu!.... adieu!....* » A ces mots, il rentra dans sa chambre, bien résolu d'épargner à son épouse, à sa sœur et à ses enfants une seconde épreuve, qu'il jugea trop forte pour leur cœur.

Après cette scène déchirante, le roi se retira dans sa chambre sans proférer une seule parole. En entrant, il se jeta à genoux, et passa le reste de la soirée en prière, puis se déshabilla, se mit au lit, et dormit paisiblement jusqu'à cinq heures du matin. Le bon Cléry pleuroit en habillant son maître, et Louis le consoloit sans laisser échapper aucune marque de foiblesse. A six heures, l'abbé Edgeworth vint, comme on étoit convenu, célébra la messe, et administra au roi le saint sacrement de nos autels, que le prince reçut avec cette sérénité angélique qu'il n'appartient qu'à la religion de procurer à ses élus. Le saint prêtre fut si frappé en jetant ses regards sur Louis, du changement qui s'étoit opéré dans sa personne, que, pénétré d'une vénération religieuse, il fit un mouvement pour se jeter à ses genoux, et fut tenté d'invoquer celui qu'un instant auparavant il venoit d'absoudre comme juge au tribunal de la pénitence. Louis, de son côté, sentit dans tout son être une sensation délicieuse, dont il ne pouvoit se rendre compte, mais qu'il n'avoit jamais éprouvée. Ceux-là seuls qui connoissent la religion et qui la pratiquent sincèrement, peuvent expliquer cette transformation de la nature humaine en une disposition sur-humaine, dans le moment délicieux de l'union intime de l'ame avec son Créateur.

En ce moment, on vint chercher le roi pour le conduire à la mort. Santerre, accompagné de deux municipaux, prêtres apostats, dignes ministres de la barbare convention, lui notifièrent l'ordre dont ils étoient porteurs. Louis remit à l'un d'eux son testament, donna à Cléry son cachet, son anneau de mariage, et un paquet de ses cheveux, pour les remettre à son auguste épouse, embrassa ce seul serviteur qui lui restoit, le chargeant de faire ses derniers adieux à sa famille chérie; puis il s'adressa aux municipaux, et leur recommanda son cher Cléry; enfin, regardant fixement Santerre, il lui dit d'une voix noble et ferme : *Marchons!*

Louis traversa d'un pas assuré la cour du palais, jetant un dernier regard vers l'endroit où étoit renfermée sa famille. Arrivé à la voiture, qui étoit celle du maire, il y monta et fit placer son confesseur à côté de lui. Un lieutenant et un brigadier de gendarmerie étoient placés en face, le sabre nu, avec ordre de le tuer, si l'on faisoit un seul mouvement en sa faveur. Pendant le trajet qui dura deux heures, le prêtre lui lut les prières des agonisants, qu'il suivit avec la plus grande attention, et il ne lui échappa aucune parole qui montrât de la foiblesse ou le regret de quitter la vie.

Toute la route, depuis le Temple jusqu'à la place de Louis XV étoit bordée de deux rangs de soldats. Cent mille hommes sous les armes, et défendus par des batteries de canons placées en différents endroits, garnissoient la place du Carrousel, le long des boulevards, et le lieu de l'exécution. Pendant six heures toutes les maisons de Paris demeurèrent fermées avec défense, sous les peines les plus graves, aux femmes, aux enfants, et même aux hommes qui ne faisoient point partie de la force armée, d'en sortir; de sorte que Paris ressembloit à un désert affreux, où régnoit le silence de la mort. Le long de la route, l'épouvante régnoit sur tous les visages; quelques larmes échappées aux malheureux qui accompagnoient l'auguste victime, furent les seules marques d'intérêt que le monarque reçut sur son passage.

Arrivé à la place Louis XV, appelée alors de la *Révolution,* Louis descendit de voiture au milieu d'un cercle immense, formé par plus de cent bataillons, et au centre duquel se trouvoit la fatale machine; il reçut une dernière bénédiction, et recommanda son confesseur aux gendarmes qui l'avoient accompagné; puis, ôtant lui-même son habit et son col, il resta vêtu de blanc. Au moment où il se préparoit à monter lui-même, les trois bourreaux chargés de l'exécution se mirent en devoir de lui lier les mains, et de lui couper les cheveux. « Lier mes mains! dit-il avec vivacité, et en se portant « en arrière, oh! je suis sûr de moi! » Par un reste de fierté royale, il alloit repousser de toute la force de son bras ce dernier outrage, lorsque son confesseur, qu'il regarda comme pour le consulter, lui adressa ces paroles : « Sire, c'est le dernier sacrifice « qu'il vous reste à faire, le dernier trait de confor- « mité que vous aurez avec les souffrances de notre « divin Sauveur! » Alors le roi, se remettant de son émotion, dit : *Faites ce qu'il vous plaira.*

Pendant qu'appuyé sur ses bourreaux, il montoit l'échelle, le saint prêtre, levant les yeux et les mains vers le ciel, lui prononce avec une sorte d'inspiration, ces mots sublimes : *Fils de saint Louis, montez au ciel!* Bientôt après le roi s'avance sur le bord de l'échafaud, et d'une voix forte, adresse ce discours à la multitude :

Je meurs innocent de tous les crimes que l'on m'impute; je pardonne à mes ennemis; je prie Dieu de leur pardonner comme moi, et de ne pas venger sur la nation françoise le sang que l'on va répandre. Et vous, peuple infortuné.....

Il alloit continuer, lorsque Santerre crie au bourreau : *Fais ton devoir !* puis, au signal qu'il donne, le roulement de tous les tambours empêche Louis de parler davantage. Les trois exécuteurs s'emparent de leur victime, et l'inclinent sous la hache régicide. Au même instant le fer tombe, la tête est séparée du corps, et montrée au peuple.

Les restes de Louis furent enfermés dans une manne d'osier, conduits au cimetière de la Madeleine, et placés dans une fosse entre deux lits de chaux vive. Quelques fragments, échappés à la double destruction de la chaux et du temps, retrouvés et recueillis par la piété de Louis XVIII, son successeur, ont été conduits en pompe solennelle à Saint-Denis, en France, sépulture des ancêtres de sa majesté.

Ainsi périt, le 21 janvier 1793, à l'âge de trente-huit ans, quatre mois, et vingt-neuf jours, après avoir régné dix-huit ans et quelques mois, Louis-Auguste, seizième du nom, soixante-neuvième roi de France, doublement martyr de son attachement à la religion de ses ancêtres et de son amour pour le peuple.

« Louis XVI, dit un de ses historiens, étoit d'un tempérament robuste. Sa taille s'élevoit à cinq pieds cinq pouces ; sa tête, suffisamment ornée de cheveux étoit belle, et il la portoit avec dignité ; il avoit le front large, tous les traits fortement dessinés ; ses yeux, de couleur bleue, étoient grands, bien fendus, et inspiroient, quand on les fixoit, je ne sais quoi de tendre et de mélancolique. Il avoit les joues pleines, la bouche d'une juste grandeur, les dents belles, bien rangées, le nez aquilin, les lèvres un peu épaisses, comme presque tous les Bourbons, enfin la peau fine et extrêmement blanche. »

Quant à son caractère, c'étoit la bonté même. L'histoire est remplie de traits qui manifestent sa bienfaisance, la pureté de ses mœurs, ses lumières, et sur-tout le sentiment de l'humanité, qu'il poussa jusqu'au plus haut degré auquel ce sentiment puisse arriver dans l'homme. Une franchise, une candeur qui alloient quelquefois jusqu'à la rudesse; mais qui ne provenoient que de l'ardent amour qu'on lui avoit inspiré pour tout ce qu'on appelle la droiture et la justice : en un mot, Louis avoit toutes les vertus d'un roi chrétien et philosophe. Dans la société, il eût été le plus sage comme le plus heureux des hommes; mais il lui manqua ce qui, dans un prince, est le complément et comme la clef de voûte de toutes les autres vertus, *la fermeté*, cette force d'ame qui dominoit dans le bon Henri, et à qui Louis-le-Grand sut prêter les charmes de la plus exquise politesse unie à une magnificence vraiment royale. Le dauphin, père de Louis, avoit voulu faire de ses enfants des hommes accomplis; mais il avoit oublié de leur donner une qualité que son auguste maison a toujours possédée, et qui est indispensable à un roi de France : *la valeur guerrière.*

De soixante-huit princes qui ont régné sur la France avant Louis XVI, à peine en compte-t-on quatre qui aient gouverné l'état du fond de leur cabinet. Nous les voyons à la tête de leurs armées, conduisant à la victoire les enfants de ces fiers Gaulois, qui firent trembler Rome tant de fois, ou bien, lorsque le sort des combats ne leur est pas favorable, partageant avec leurs sujets les peines et les revers; modérés dans la victoire, sublimes dans l'adversité, préférant la mort à l'ignominie et à la perte de leur dignité.

A cette éducation trop casanière pour un prince appelé à gouverner un jour une nation belliqueuse, on peut joindre l'espèce d'indifférence que son aïeul lui témoigna. Non seulement Louis XV négligea d'instruire lui-même son petit-fils des devoirs de la royauté; mais encore il l'écarta des conseils jusqu'à sa mort; de sorte que Louis, quoique âgé de près de vingt ans lorsqu'il parvint au trône, n'étoit pas plus avancé dans l'art du gouvernement que s'il eût été en minorité. De là cette méfiance extrême en ses propres lumières, qui lui faisoit toujours préférer les avis de ses ministres, quoique ces avis, trop souvent, ne valussent pas les siens. A cette timidité, il joignit une simplicité antique, qui contrastoit avec la majesté imposante dont un roi doit toujours s'environner à l'extérieur. La réforme de sa maison, la suppression de l'étiquette, enfin un goût particulier qu'il eut pour un art mécanique des plus grossiers (la serrurerie), toutes ces choses, quoique fort innocentes d'ailleurs, ne contribuèrent pas peu à diminuer la vénération due au roi, dans l'esprit d'un peuple déja trop disposé à secouer le frein salutaire de l'autorité.

Ce que je viens de dire me paroît expliquer assez la conduite politique de Louis, ses malheurs et sa fin tragique. Je ne pousserai pas plus loin ces affligeantes réflexions : personne n'est plus que moi admirateur des vertus de Louis, et il y auroit témérité de ma part à blâmer un prince qui s'est trouvé dans une position dont les fastes de l'histoire offrent très peu d'exemples.

Louis XVI eut de son épouse MARIE-ANTOINETTE-JOSÈPHE-JEANNE, archiduchesse d'Autriche, reine de France et de Navarre :

1° LOUIS-JOSEPH-FRANÇOIS-XAVIER, dauphin de France, né à Versailles le 22 octobre 1781, et baptisé le même jour par le grand aumônier. Ce jeune prince donnoit les plus grandes espérances, lorsque, atteint d'un rachitisme qui le conduisit à la mort, après quelques mois de souffrances très aiguës, il décéda le 2 juin 1789, au château de Meudon, et fut transporté sans pompe à Saint-Denys, sépulture de ses pères ;

2° LOUIS-CHARLES de France, d'abord duc de Normandie, ensuite dauphin après la mort de son frère aîné, enfin roi de France sous le titre de Louis XVII. On verra sa notice.

3° Marie-Thérèse-Charlotte de France, appelée d'abord Madame première, parcequ'elle étoit l'aînée des enfants de Louis XVI, ensuite Madame royale, née à Versailles le 19 décembre 1778, baptisée par le grand aumônier de France, le 20, dans la chapelle du château, en présence de son père. Elle fut tenue sur les fonds sacrés par Monsieur, frère du roi, son oncle, et elle eut pour marraine l'impératrice Marie-Thérèse, son aïeule. On lui donna pour gouvernantes mesdames de Soucy, de Mackau, de Marsan, et de Tourzel; mais sa première et principale institutrice fut son auguste mère, qui s'attacha principalement à former son cœur à la vertu et à la reconnoissance, comme si elle eût prévu dès-lors qu'un jour cette princesse, à qui la fortune permettroit d'être la dispensatrice de beaucoup de bienfaits, pourroit aussi être réduite à éprouver la bienfaisance de personnes nées dans un rang bien inférieur au sien.

Marie-Thérèse, quoique enfant, étoit belle au sein des grandeurs; le malheur l'embellit encore, en la douant du plus heureux caractère, et des qualités qui décorent son sexe, dans quelque état que ce soit. Elle fut appelée par la Providence à partager le poids de l'adversité avec ses augustes parents. Avec eux, elle parcourut le cercle immense de l'infortune: privation des choses les plus nécessaires à la vie, captivité de plusieurs années dans une tour affreuse, perte irréparable des auteurs de ses jours, spectacles horribles présentés à ses regards dans les journées des 5 et 6 octobre, du 20 juin, des 2 et 3 septembre, lorsqu'elle étoit à l'aurore de ses jours: ensuite exil dans des terres étrangères; rien ne lui fut épargné des souffrances que Dieu accorde à ses élus quand il veut les épurer au creuset de l'adversité. Sortie de la tour du Temple, dans le mois de décembre 1795, elle rejoignit à Vienne la famille de sa mère, qui la reçut avec cette joie que la nature peut seule inspirer à la vue d'un objet chéri que l'on croyoit perdu, et que l'on recouvre au moment où on ne s'y attendoit pas. L'empereur d'Allemagne s'empressa de la réunir à ses parents, alors relégués au fond de la Pologne. Le 10 juin 1799, Marie-Thérèse unit sa destinée avec son cousin le duc d'Angoulême, et le mariage fut célébré dans une salle du vieux château de la ville de Mittau, en Courlande, où l'on avoit dressé un autel simple, et orné de fleurs. Ce fut en ces lieux sauvages, et en présence des vieux serviteurs de son auguste et malheureux père, échappés comme elle au fer des assassins, que l'héritière des Bourbons s'engagea de faire le bonheur d'un époux, et de soulager dans ses peines un grand roi devenu son père et son appui. De ce moment, la princesse s'attacha à son vénérable oncle, qu'elle suivit dans toutes les phases de sa longue infortune, jusqu'en 1814, époque où elle fut rendue à sa patrie pour ne la plus quitter. Le courage qu'elle a déployé dans plusieurs circonstances, et la ressemblance frappante qu'on lui a trouvée avec l'héroïne grecque, lui ont valu le surnom d'Antigone française. Cette princesse, aujourd'hui madame la Dauphine, continue de faire le bonheur des François, dont elle mérite d'être nommée la mère.

4° Sophie-Hélène-Béatrix, née le 9 juillet 1786, morte le 9 juin 1787.

X.

LOUIS XVII,

ROI DE FRANCE ET DE NAVARRE.

ARMOIRIES.

Comme son prédécesseur.

Ce prince, second fils de Louis XVI et de Marie-Antoinette d'Autriche, naquit à Versailles le 27 mars 1785. Il fut baptisé le même jour et tenu sur les fonds sacrés par Monsieur, au nom du roi d'Espagne, et par madame Élisabeth, pour la reine de Naples; il reçut à sa naissance les noms et titres de Louis-Charles, duc de Normandie. Plusieurs réparties ingénieuses, son application à l'étude et la belle mémoire dont la nature l'avoit orné prouvent assez qu'il étoit né avec toutes les qualités du cœur et de l'esprit. Nous nous bornerons aux faits suivants racontés par l'auteur d'une vie de Louis XVI.

Le roi son père se plaisoit à l'instruire lui-même sur l'histoire, et sur-tout sur la géographie, sciences qu'il possédoit en perfection. Afin de juger des progrès de son élève, il le mena un jour en pleine campagne, assez loin de Rambouillet, où la cour résidoit alors, et lui dit : « Mon ami, je pense bien
« que tu auras toujours assez de monde pour t'ac-
« compagner : mais enfin il peut t'arriver de t'éga-
« rer, soit à la chasse, soit dans d'autres occasions :
« tu connois les quatre points cardinaux, ainsi que
« la position de Rambouillet; voilà ma boussole,
« prends la route que tu jugeras convenable, moi
« je vais aller par une autre; et je te donne rendez-
« vous au vieux Rambouillet. » Le petit géographe, seul dans la campagne (du moins il le croyoit, car on avoit fait cacher des personnes chargées de le surveiller), prend son parti, et se met en route : vingt fois il s'écarte de son chemin, et autant de fois il s'y remet; enfin il arrive à travers les vignes et les haies, tout couvert de sueur, à l'endroit convenu, sans avoir demandé son chemin à personne. Le roi accourt au-devant de lui, l'embrasse et lui dit en riant : « Ma foi, mon ami, je te croyois perdu ! —
« Papa, répond l'enfant royal, est-ce que mon cœur
« ne marche pas vers toi plus sûrement encore que
« ta boussole vers le nord? »

Aux Tuileries, on lui avoit donné un petit jardin autant pour s'amuser que pour s'exercer; un seigneur de la cour, le voyant travailler avec beaucoup d'ardeur, lui dit : « Parbleu, monseigneur, vous êtes « bien bon de vous fatiguer ainsi : un jardinier fera « cette besogne en un tour de main. — Cela se peut, « réplique le dauphin, mais ces fleurs que je fais « croître seroient moins agréables à maman, si elles « étoient cultivées par un autre. »

On sait combien il eut à souffrir au 6 octobre, où il resta une partie de la journée sans manger, et à celle du 20 juin, où on le vit sous le fer des assassins, dans les bras de sa mère, qui n'attendoit plus que la mort. Le lendemain, sur le bruit qui couroit d'une nouvelle insurrection, la reine vola auprès de son fils; le dauphin, encore effrayé des scènes affreuses de la veille, lui dit avec ingénuité : « Eh « quoi! maman, est-ce qu'hier n'est pas encore « fini? »

Le jeune Charles avoit sept ans, lorsqu'il fut enfermé au Temple avec ses augustes parents. Beau comme un ange, plein de douceur, ses graces touchantes, sa naïveté, son enjouement, faisoient souvent oublier au roi et à la reine qu'ils étoient dans les fers. Louis donnoit tous ses soins à former son cœur à la vertu, et à cultiver une intelligence qui étoit au-dessus de son âge.

Lorsque l'infortuné Louis XVI s'arracha des bras de sa famille, pour marcher à la mort, le dauphin s'échappa de la tour sans qu'on le vît, et se trouva dans la cour au milieu des gardes. Il se jette à genoux devant eux, et les supplie les mains jointes de le laisser passer. « Où voulez-vous aller? — Je veux « aller parler au peuple. — Et pourquoi? — Pour le « supplier de ne pas faire mourir papa roi. Au nom « de Dieu, ne m'en empêchez pas! » Vœux inutiles! le prince est enlevé sur-le-champ, et reporté à bras dans son affreux séjour.

Le 21 janvier 1793, suivant l'ordre solennel observé dans tous les temps de la monarchie, LOUIS-CHARLES devient *roi de France et de Navarre*. Peu de temps après, il est reconnu en cette qualité par les princes françois, par les puissances étrangères, ainsi que dans la Vendée, et par les armées françoises hors du royaume. Mais ce roi n'eut pour palais qu'une prison; pour trône qu'un grabat, et de la puissance souveraine, il ne connut que les larmes, les souffrances, et la mort.

L'histoire racontera jusqu'à quel point les scélérats qui s'étoient emparé de la France poussèrent la férocité à l'égard de ce malheureux enfant. Après la mort de ses parents, un cordonnier, nommé Simon, fut placé près de lui pour diriger son éducation *républicaine*; et la femme de ce Simon fut sa gouvernante. Ils eurent ordre de corrompre son cœur et de l'élever dans la crapule la plus dégoûtante. Des chansons obscènes, et sur-tout la *Carmagnole*, et des juremens affreux, furent la seule instruction qu'ils lui donnèrent. Ils firent plus : à force de mauvais traitements, dont ils suspendoient la rigueur en lui faisant boire force eau-de-vie, ils le contraignirent de porter, contre sa propre mère, un témoignage qui révolte la nature. Accablé du fardeau de la vie, cet enfant perdit successivement toutes ses facultés morales et physiques.

« Après la retraite de l'infame Simon, dit un historien du temps, deux hommes de la commune veilloient jour et nuit autour de la chambre du malheureux roi. On le faisoit coucher, dès que le jour cessoit : lorsqu'il étoit plongé dans le sommeil, une voix sépulcrale lui crioit : *Capet, où es-tu? dors-tu?* — *Me voilà*, disoit le malheureux à moitié endormi et tremblant. — *Viens ici que je te voie*, ajoutoit la voix; il accouroit tout nu et en sueur, disant encore : *Me voilà; que me voulez-vous?* — *C'est bien : va te coucher.* Et ce manége se renouveloit deux ou trois fois dans la nuit.

Enfin, après la mort de madame Élisabeth, les deux enfants de Louis XVI furent totalement abandonnés dans la tour, sans linge, sans vêtements, sans autres mets que le pain grossier, la viande, et les légumes qu'on leur faisoit passer par une espèce de tour pratiquée à leur chambre. Le manque de soins, la malpropreté qui en est la suite, la vermine même, compagne inséparable d'un pareil traitement et le défaut d'exercice, altérèrent tellement les sources de la vie dans le jeune monarque, qu'après la chute de Robespierre, lorsqu'on voulut revenir à des sentiments plus humains, il ne fut plus temps de remédier au mal. Le prince infortuné n'avoit plus qu'un souffle de vie; et il expira dans son obscur réduit, le 9 janvier 1795, à l'âge de dix ans, deux mois, et douze jours (1), fut mis dans un cercueil de bois, et transporté de suite au cimetière de Sainte-Marguerite, où il est inhumé.

On peut, au moyen d'un léger changement, lui appliquer ces vers que Gilbert, moissonné à la fleur de son âge, fit pour son propre compte.

> Au banquet de la vie, infortuné convive,
> J'apparus un jour, et je meurs!
> Je meurs, et sur la tombe où lentement j'arrive,
> *Qui donc* viendra verser des pleurs?

Prince infortuné! tous les amis de la fidélité pleureront sur ton malheureux sort. O dix-huitième siècle si vanté, voilà de tes œuvres!

---

(1) Cette mort funeste a donné lieu à beaucoup de bruits. On prétend qu'il a été empoisonné. La mort subite du médecin donna lieu à cette conjecture; mais il n'est pas nécessaire de recourir à des causes occultes, quand les faits parlent et sont avérés.

XI.

LOUIS XVIII,

ROI DE FRANCE ET DE NAVARRE.

Comme ses prédécesseurs, sinon que sur les pièces d'or et d'argent les armes de Navarre ont été supprimées.

Louis-Stanislas-Xavier naquit à Versailles le 17 novembre (d'autres disent le 16) 1755, et reçut aussitôt le nom de *comte de Provence*. Il étoit fils de Louis, dauphin de France et de Marie-Joséphe de Saxe, petit-fils de Louis XV, et frère de Louis XVI.

Il eut les mêmes instituteurs que les princes ses frères, et sut profiter de leurs doctes leçons. Son père avoit pour lui une sorte de prédilection, et s'attacha particulièrement à former son cœur à la vertu et son esprit aux bonnes études, qui furent pour lui une source de consolation dans l'adversité; car ce prince ne fut guère plus ménagé par la fortune que le reste de la famille. Dès son jeune âge sa douceur, sa bonté, et sa sagesse, unies aux graces les plus touchantes, lui concilièrent tous les cœurs.

Le 14 mai 1771, il épousa Marie-Joséphine-Louise de Savoie, avec qui il vécut toujours en bonne union, jusqu'à ce qu'il eut la douleur de la perdre, le 25 novembre 1810.

A la mort de Louis XV, il prit le titre de MONSIEUR, titre affecté aux frères aînés des rois de France; on remarqua dès-lors cette réserve dans ses paroles et dans ses actions, qu'il a conservée toute sa vie.

En 1777, il parcourut diverses provinces, et partout il donna la haute idée qu'on a toujours conservée de ses talents, comme savant et comme administrateur. Les observations qu'il se permit de faire à son frère contre le rappel des anciens parlements, la manière dont il dirigea le premier bureau de l'assemblée des notables, firent voir qu'il professoit une politique dégagée de préjugés; il ne redoutoit pas les réformes utiles, mais les innovations imprudentes. Cependant, on ne sait pas trop pourquoi, à la seconde assemblée de notables, son bureau fut le seul des six qui se prononça pour l'impolitique mesure de la double représentation du tiers. Lui-même, plus tard, se déclara personnellement pour l'avis adopté à ce sujet par Louis XVI. Il étoit éloigné alors de prévoir les résultats d'une pareille mesure.

(1789.) La révolution ayant éclaté le 14 juillet, le roi, forcé de venir à Paris le 17, remit, la veille, à Monsieur un écrit par lequel il protestoit contre tout acte qui pourroit lui être arraché par la violence, et l'instituoit lieutenant-général du royaume en cas de perte de sa liberté.

Aux journées des 5 et 6 octobre, il partagea les dangers du roi, et vint fixer sa résidence à Paris au Luxembourg. Ce prince étoit fort agréable au peuple, non qu'il affectât les manières populaires; mais l'idée qu'on avoit de sa modération écartèrent de lui tout danger, tant qu'il resta à Paris. Inculpé dans l'affaire de Favras, par la cabale jacobine, il fit taire la malveillance par une démarche éclatante et pleine de loyauté. Enfin Monsieur déploya beaucoup de fermeté au mois de mai 1791, lors des attroupements qu'on avoit formés autour du Luxembourg. On prétendoit qu'à l'exemple du comte d'Artois et des autres princes, il cherchoit à émigrer, et l'on se proposoit d'arrêter sa voiture. Sans s'émouvoir, le prince fait ouvrir ses appartements, parle au peuple avec bonté; mais il persiste dans sa résolution d'aller, dans le moment même, aux Tuileries, et il l'effectue, sans que personne ose s'y opposer. Au bruit de cet événement, la cour étoit fort agitée. Quelqu'un ayant dit devant la reine : « Monsieur ne viendra pas aux Tuileries, ou s'il y « vient, il ne retournera pas à son palais. » La princesse répond aussitôt : « Vous ne connoissez pas « Monsieur; non seulement il viendra; mais encore « il s'en retournera. »

Le 21 juin 1791 change sa position. Parti dans la nuit, Monsieur arrive sans obstacle à Mons, se rend de là à Bruxelles. Les détails de son voyage sont consignés dans un petit écrit, ayant pour titre : *Relation d'un voyage à Bruxelles et à Coblentz*, composé par lui, publié d'abord en pays étranger, puis en France en 1824. Muni des pleins pouvoirs de son frère, il travaille à l'effet d'obtenir l'intervention des puissances étrangères, pour opérer la délivrance du roi et le rétablissement de la monarchie déjà détruite par le fait. Les derniers mois de 1791 se passent en négociations. Dès le commencement de 1792, il organise l'armée de Condé, et voit avec peine que l'Autriche ne met ni zèle ni franchise dans ses rapports avec les émigrés. Cependant, à force de soins, il parvient, à l'aide du roi de Prusse, à se mettre en campagne. Bientôt il franchit la frontière, et marche vers Thionville; puis il établit son quartier-général à Verdun, ville prise par les alliés le 13 septembre 1792. Au moment où il croit que la victoire va se décider pour sa cause, il est obligé de rétrograder et de licencier son armée, dont une partie va grossir celle du prince de Condé.

Les républicains avoient fait des progrès étonnants; il fallut céder à l'empire de la nécessité, et se retirer dans la petite ville de Hamm en Vestphalie. C'est là que, le 25 janvier, il apprend la mort de l'infortuné Louis XVI. Après avoir rendu au feu roi les derniers et tristes devoirs d'un bon frère, le prince prend le titre de régent, et constitue le comte d'Artois, lieutenant-général du royaume.

Le premier soin du régent fut de se ménager dans l'intérieur de la France des intelligences sûres à l'aide desquelles on pût ramener les esprits vers la monarchie. Ces intelligences interrompues tant de fois, et renouées aussitôt, ont fini, mais bien long-temps après, par triompher des efforts du républicanisme et de la tyrannie. La première a lieu en juillet 1795, avec M. Froment de Nîmes, pour réunir les nombreux partisans de la royauté dans le midi de la France.

En novembre, le régent quitte Hamm, et se rend à Turin en 1794, dans l'espoir de pénétrer par

Toulon, alors en insurrection. Frustré de cet espoir, il va s'établir à Vérone, d'où il continue ses correspondances avec Paris et la Vendée.

Le 18 juin 1795, il apprend la mort de son infortuné neveu, Louis XVII; alors il prend le titre de roi de France. Le premier acte de sa royauté est une promesse d'amnistie générale pour tous les François qui se soumettroient à son autorité; et il entame une négociation avec un des généraux républicains, nommé Pichegru. Cette négociation n'eut pas alors plus de succès que les autres.

Cependant, à l'infâme Convention avoit succédé un pouvoir non moins oppressif, mais plus lâche, et moins hardi dans le crime. Ce triste résidu de la la fange révolutionnaire ne fit que passer, et ne marqua son passage sur la terre que par l'entière destruction des principes religieux et monarchiques.

> Un chétif centenier des troupes de Mésie,
> Qu'un gros de mutinés élut par fantaisie, etc.

ou, pour parler sans figure, Bonaparte vint, armé d'audace et de jactance, qui, s'élevant sur les débris du trône et de la république, finit par remplir l'univers de son nom. A l'aide de quelques victoires remportées sur des troupes désunies et découragées, sur des peuples peu d'accord entre eux, il fit illusion : son esprit gigantesque ne pouvoit pas manquer de plaire à une grande nation, accoutumée au bruit des armes et au son de la trompette. Quelques actes administratifs assez utiles, le rétablissement fictif de la religion, un simulacre de royauté que lui et ses affidés imaginèrent pour plaire aux François, attachés de temps immémorial à cette forme de gouvernement, sur-tout la promesse, suivie d'un commencement d'exécution, de rétablir l'empire de Charlemagne, cet empire si brillant dans les fastes du monde, portèrent l'enthousiasme à son comble : tout fléchit sous le poids du colosse que l'on a justement comparé à la statue de Nabuchodonosor. L'Europe, bon gré ou mal gré, excepté l'Angleterre, reconnut ce nouveau monarque. Alors on vit renouveler le siècle des Attila et des Gengis, où des masses énormes de soldats se choquent et s'entre-choquent, sans mesure, et sans règle; de là cette multitude immense de grands hommes dont notre histoire se trouve maintenant surchargée, et dont sans doute la postérité fera justice un jour : mais n'anticipons pas sur les événements.

Au milieu de ce chaos, la maison de Bourbon fut comme un point inaperçu dans l'espace. C'est avant et depuis cette époque que Louis déploya une véritable grandeur. Comme les héros qu'ont célébrés Homère et Virgile, *multum ille et terris jactatus et alto*, etc., il erra de contrée en contrée, et sur terre et sur mer, jusqu'à ce qu'il pût trouver un lieu où reposer sa tête. Louis séjournoit à Vérone lorsqu'à l'approche des armées républicaines, le sénat de Venise, craignant pour ses foyers, lui fit signifier l'ordre de sortir sur-le-champ des terres de la république. Il partit, mais après avoir exigé la radiation des noms de tous les membres de sa famille inscrits comme sénateurs sur le *livre d'or*. C'est par suite de cette fierté, vraiment royale, que, plus tard, ayant eu connoissance de la lâcheté du roi d'Espagne, qui avoit décoré Bonaparte de l'ordre de la Toison d'or, Louis renvoya à ce roi les insignes de l'ordre, avec une lettre où il témoignoit au prince sa juste indignation, et lui mandoit qu'il ne lui convenoit plus de porter un signe devenu vil à ses yeux, depuis que l'usurpateur de son trône en étoit décoré. Il se rendit ensuite au quartier-général des émigrés, alors à Rigel dans le Brisgaw, non loin du Rhin. Là il fut reçu avec enthousiasme par les nobles chevaliers françois combattant pour sa cause; et même avec un tendre intérêt par les troupes républicaines, placées à l'autre rive du Rhin; car il passa une revue de ses troupes sur les bords de ce fleuve, et à la vue de deux armées.

Obligé par le mouvement des troupes de s'éloigner, il se rend à Dillingen où il échappe au plus grand danger qu'il ait jamais couru de sa vie; le 19 juillet, fatigué par le travail et par la chaleur, il prenoit le frais à sa fenêtre, lorsqu'une balle de carabine vint l'atteindre au sommet de la tête. Au mouvement qu'il fait, trois de ses officiers éperdus accourent à lui; et, voyant son sang couler, ils le croient blessé à mort : le roi les rassure. Pendant qu'on le pansoit, le comte d'Avarai s'écrie : « Ah! « mon maître, si le misérable eût frappé une demi- « ligne plus bas! — Eh bien! mon ami, répond froi- « dement Louis XVIII, le roi de France se nom- « meroit Charles X. » Ensuite le roi se retire à Blackembourg en Prusse; et bientôt après, repoussé de toute l'Allemagne, il ne trouve de refuge qu'en Russie, pour lui et pour ses compagnons d'infortune. C'est à Mittau en Courlande, qui lui avoit été cédé par le Czar Paul avec 600,000 livres de pension, qu'il goûte quelques consolations, sur-tout celle d'unir au duc d'Angoulême sa nièce chérie, devenue sa fille par le malheur.

Dès le commencement de 1801, le czar de Russie qui l'avoit si bien accueilli, par suite de son caractère bizarre, et par les intrigues de l'usurpateur, rompt sans aucun égard les liens de bienveillance dont il avoit donné des preuves si touchantes. Tout-à-coup, il renvoie de Mittau cet infortuné et respectable monarque, qui se voit obligé d'errer à travers les plaines couvertes de neige de la Lithuanie, dans une méchante voiture, accompagné seulement de sa chère Antigone et de quelques serviteurs fidèles, mourants presque de faim et de froid. En cet état, il arrive à Varsovie, sous le nom de comte de Lille. Tout trembloit alors sous le sceptre de fer du tyran de la France. Dans cette ville, où il eut encore à craindre plusieurs fois pour sa vie, Louis reçoit un message de Bonaparte qui lui offre une brillante indemnité, à condition qu'il lui cédera ses droits à la couronne. La réponse à ce message fut digne d'un Bourbon et d'un roi de France, qui ne doit jamais transiger de ses droits, et qui, sûr d'être appuyé par tous les cœurs françois, comme ce roi de glorieuse mémoire, peut dire avec vérité : *Tout est perdu hors l'honneur.*

Peu de temps après, Bonaparte prit la couronne impériale. Dans cette occasion, le roi proteste contre cette violation des souverains et contre les actes qui pourroient suivre de cet acte illégal. Peu après, le duc d'Enghien, le noble rejeton de la race des Condé, succombe sous le plomb meurtrier des ministres impériaux ; alors le continent devient odieux à la famille des Bourbons. L'Angleterre seule offroit un asile ; aussi, après avoir levé les difficultés qui s'opposoient à cette mesure devenue nécessaire, Louis quitte l'empire russe, se rend en Suède, où il a une entrevue avec son frère, Monsieur, comte d'Artois ; puis, après avoir échappé à la triple tentative d'assassinat, d'empoisonnement, et d'incendie, il arrive en Angleterre, disant avec le héros de l'antiquité : *Je porte avec moi toute ma fortune!* il pouvoit ajouter : *Et celle des Bourbons!*

A cette époque, le gouvernement anglois ne perdoit pas l'espoir de négocier avec la France, tout en offrant à Louis un asile ; on lui proposoit la résidence d'Édimbourg. Ce prince, comme par un noble pressentiment de ce qui devoit arriver, refuse le séjour magnifique d'Holyroold, résidence souveraine, qui l'éloignoit trop de ses sujets, accepte les offres généreuses de lord Buckingham, et fixe sa résidence au château de Gosfield-Hoold, propriété de son noble ami. Ainsi, au printemps de 1808, il eut le bonheur de réunir toute sa famille, et commença enfin à jouir de quelque tranquillité. Il resta dans cet endroit jusqu'à la mort de son épouse, qui eut lieu en 1810. Bientôt après, il quitta cette demeure pour le château de Hartwel, situé à seize lieues de Londres, dont il fit l'acquisition. Là, partagé entre l'étude et la bienfaisance, Louis coula des jours qui eussent été heureux, s'il n'eût été privé du trône paternel.

Son genre de vie en Angleterre depuis 1808 jusqu'en 1814 fut assez uniforme. Sur 600,000 francs qui lui restoient de toute sa fortune, les deux tiers étoient employés à soulager ses malheureux amis, et même les soldats françois que le sort des armes avoit fait tomber au pouvoir des Anglois ; avec l'autre tiers, il vivoit et répandoit encore des bienfaits sur les habitants des communes dépendantes de la terre de Hartwel. Les campagnes voisines du château qu'il habita conservent encore la mémoire de ses vertus.

(1814.) Enfin le jour marqué par la Providence pour mettre un terme aux longues souffrances de la royale maison de Bourbon étoit arrivé. Le crime et ses partisans avoient comblé la mesure ; l'Europe, fatiguée du poids d'un pouvoir oppresseur, étoit en armes. Bonaparte venoit de perdre sa grandeur factice ; ses prétendus sujets eux-mêmes le rejetoient avec indignation. On commença à se ressouvenir qu'il avoit existé *jadis* une illustre famille absolument consacrée au bonheur de la France : dès ce moment une foule de citoyens vertueux, qui n'avoient jamais oublié les Bourbons, s'enhardirent, parlèrent de nos bons princes. Peu à peu ce nom chéri l'emporta sur le Corse et sur ses adhérents. De son côté, l'Europe entière conjurée mit fin, en la personne de Napoléon Bonaparte, à l'affreuse révolution commencée en 1789. Cet événement eut lieu le 31 mars 1814.

D'autres expliqueront avec plus d'éloquence que moi les grands mouvements qui s'opérèrent pendant les années 1813 et 1814 ; ils diront comment cet homme, puissant par le prestige, se vit, en moins de deux ans, déchu d'une gloire usurpée : il me suffira de montrer d'avance Louis XVIII rendu aux vœux de la France, le 25 avril 1814, jour de son débarquement à Calais. Le 3 mai suivant, il fit son entrée solennelle dans la capitale de son royaume.

Son premier soin fut de rassurer les François sur ses intentions ; c'est ce qu'il fit par la déclaration de Saint-Ouen, en date du 2 mai ; déclaration qui renfermoit les mêmes promesses que son auguste frère avoit faites à l'ouverture des états-généraux, en 1789, et que lui-même avoit renouvelées en différents temps depuis son avénement au trône. Puis, le 30 du même mois, il conclut avec les alliés une paix honorable, par laquelle la France conservoit ses anciennes limites, restoit en possession des comtats d'Avignon et Venaissin, et obtenoit même une légère augmentation de territoire.

Enfin, le 4 juin, parut, sous le titre d'ordonnance royale, un acte de la plus haute importance, qui fixoit les droits de la couronne et respectivement les libertés publiques et privées des François. Cet acte, connu depuis sous le nom de *Charte constitutionnelle*, est trop élevé, trop étendu de sa nature et dans ses conséquences, pour que nous nous permettions aucune réflexion à son sujet. Quand notre respect envers le prince législateur qui l'a dicté ne nous imposeroit point le silence, nous nous garderions bien de le rompre, parceque, n'ayant point encore la sanction de l'expérience et des siècles, qui seuls peuvent apposer le sceau de la durée à toute conception humaine, l'ordonnance royale du 4 juin ne peut être bien appréciée et bien jugée que par ceux qui viendront après nous. Notre devoir est d'obéir aux ordres d'un prince sage qui, à l'exemple de ses augustes prédécesseurs, n'a jamais eu pour objet que le bonheur des peuples qu'il fut appelé à gouverner.

Quoi qu'il en soit, à peine Louis étoit-il assis sur son trône, que, le 1er mars 1815, Bonaparte, qui, par suite de la restauration et de la paix conclue entre les puissances étrangères, s'étoit retiré à l'île d'Elbe avec la principauté de cette île, et 6 millions de revenu, rappelé par les mécontents, principalement par l'armée, revint de nouveau en France, et se rendit à Paris, entouré de ses partisans, sans que rien eût pu arrêter sa marche. Louis et les princes furent forcés une seconde fois de se retirer à Gand, en Flandre; mais ce ne fut pas pour longtemps. Comme l'Europe n'avoit pas encore déposé les armes, trois mois suffirent aux alliés pour faire justice de ce nouvel attentat, et le roi rentra de nouveau dans la capitale de ses états le 8 juillet 1815, pour recueillir en paix le fruit de ses travaux.

Ici, par les raisons que nous venons de donner plus haut, nous croyons devoir quitter le terrain de l'histoire, tant à l'égard de Louis XVIII qu'à celui de son successeur, de l'héritier présomptif de la couronne, et des princes de la maison royale de France qui vivent encore, et nous borner au simple exposé des faits qui les concernent.

Louis XVIII, après un règne de vingt-huit ans, dont il en avoit passé dix-sept dans les pays étrangers; accablé de travaux, et attaqué, depuis plusieurs années, d'un mal très grave dont le siége étoit dans la poitrine et aux jambes, mal contracté à la suite des fatigues et du froid qu'il avoit soufferts dans les contrées glaciales de la Russie, succomba le 16 septembre à ses douleurs. Sa dernière maladie fut de courte durée. Il mourut en sage, et, ce qui est plus consolant encore, en roi très chrétien.

Muni des sacrements de l'Église dès le 13, il consacra la journée du lendemain à sa famille, à qui il donna sa bénédiction. Informé qu'un concours prodigieux de peuple avoit lieu sous ses fenêtres, il dit avec une sorte de satifaction : *J'ai donc fait quelque bien !* Les prières des agonisants furent récitées au pied de son lit, par M. le curé de Saint-Germain-l'Auxerrois. Quand cet ecclésiastique se fut retiré, le roi dit à un de ses médecins : « M. le « curé a prié à voix basse, de peur de m'effrayer : « je n'ai pas peur de la mort : il n'y a qu'un mauvais « roi qui ne sache pas mourir. »

Dans la journée du 15 il y eut un intervalle de mieux, dont il profita pour voir sa famille, et faire recommencer les prières, qu'il suivit le plus exactement qu'il put. Quand elles furent achevées, il demanda le crucifix, le prit dans ses mains, l'approcha de ses lèvres, le baisa à plusieurs reprises en disant : *Mon Dieu! mon Dieu! mon Sauveur! ayez pitié de moi!* Comme le mal alloit toujours croissant, et que tout espoir de le sauver étoit perdu, la famille royale fut prévenue qu'il n'avoit plus que quelques heures à vivre. On accourt, on l'entoure, il jette les yeux autour de lui; mais sa bouche ne peut articuler sa pensée. Enfin, à trois heures du matin, le roi perdit connoissance, et à quatre heures il avoit cessé de vivre.

Son corps fut aussitôt placé sur le lit de douleur, la tête environnée d'un bandeau de toile fine, la figure découverte, les mains jointes, et tenant en main le crucifix qu'il avoit tant embrassé. En cet état, tous ceux de ses sujets qui purent pénétrer dans son appartement eurent, depuis dix heures du matin jusqu'à quatre heures, l'insigne honneur de lui rendre les derniers devoirs.

Le soir même son corps fut embaumé, déposé dans un double cercueil de bois précieux et de plomb, placé dans la salle du trône, toute tendue en drap d'or, éclairée de mille bougies, environné des grands officiers de la couronne et du clergé qui répétoit sans cesse les prières d'usage. Les obsèques furent célébrées à Saint-Denis, avec une pompe telle qu'on n'en avoit pas vu de semblable depuis longtemps; près de 2 millions furent employés à cet objet, et l'on peut dire qu'ils furent bien employés. On devoit bien cet honneur à l'un des plus grands rois que la France ait eus. A une figure tout à-la-fois gracieuse et imposante, il joignoit les qualités de l'esprit et du cœur, sur-tout un caractère ferme et décidé pour le bien. Jamais personne ne se retira de sa présence sans être satisfait, tant il mettoit de grace et de délicatesse dans ses communications. Protecteur éclairé des lettres, littérateur lui-même, il répandit ses bienfaits sur ceux qui les cultivoient. Aucun genre d'industrie ne peut se plaindre de sa munificence; et s'il n'eut pas, comme Louis XIV, le bonheur de faire naître des poëtes, des orateurs, et des artistes sublimes, ce n'est pas sa faute; mais bien celle de son siècle, qui, tout porté vers l'argent, ne connoît dans les jouissances de l'esprit qu'un moyen d'acquérir des honneurs pour avoir de *l'argent*, et réciproquement de *l'argent* pour avoir des honneurs.

Louis XVIII n'a laissé aucun enfant de son épouse, qui, comme nous l'avons dit plus haut, mourut le 10 novembre 1810, et fut enterrée avec les honneurs dus à une grande reine, à Westminster, sépulture des rois d'Angleterre, après avoir suivi et consolé son royal époux dans toutes ses infortunes.

XII.

CHARLES X,

ROI DE FRANCE ET DE NAVARRE.

Comme son prédécesseur.

CHARLES-PHILIPPE de France, quatrième fils de Louis, dauphin de France, petit-fils de Louis XV, frère des rois Louis XVI et Louis XVIII, né le 9 octobre 1757, nommé d'abord comte d'Artois, fut élevé avec ses deux frères, et comme eux il reçut les bonnes instructions du sage dauphin dont nous avons signalé la mémoire. Il fut marié le 16 novembre 1773 à Marie-Thérèse de Savoie, sœur de l'épouse du comte de Provence, son frère.

Élevé au sein d'une cour brillante, sa jeunesse commençoit quand Louis XVI monta sur le trône, et il se livra aux plaisirs avec toute la vivacité de son âge. On peut dire que son caractère aimable, les graces de la jeunesse, et cette courtoisie qui rappeloit si bien les vertus des anciens chevaliers françois, firent pendant plusieurs années les délices de cette cour où régnoit en souveraine Marie-Antoinette; de cette cour charmante qui eût comblé le bonheur de la France, sans la triste et lugubre révolution, dont on mettoit alors en œuvre tous les éléments.

Ce prince ne resta pourtant pas oisif. On le vit, en 1777, parcourir nos ports de mer, et seconder de tout son pouvoir les vues de son auguste frère pour le rétablissement de notre marine: en 1782, il servit comme volontaire au camp de Saint-Roch, près Gibraltar. Son assiduité au service lui valut la croix de Saint-Louis, qui ne se donnoit alors qu'au mérite; car les princes du sang eux-mêmes ne pouvoient obtenir cette décoration respectable sans avoir fait leurs preuves.

En 1787, M. le comte d'Artois, à l'assemblée des notables, fut président du second bureau, qui se signala par son opposition constante aux idées révolutionnaires. Cette opposition, bien loin de lui gagner la faveur du peuple, l'exposa au danger de perdre la vie, lorsqu'il alla, de la part de son frère, à la cour des aides, pour y faire enregistrer l'impôt du timbre.

Immédiatement après la prise de la Bastille, Louis XVI, voyant son frère en butte aux menaces des moteurs de l'insurrection, lui ordonna de se soustraire à ce nouveau péril; c'est ce que fit M. le comte d'Artois, qui partit le 16 juillet 1789 avec sa famille, et prit la route de Turin, où il séjourna quelque temps à la cour de son beau-père; de là il se rendit à Mantoue, où il eut une conférence avec l'empereur Léopold; ensuite en Flandre et en Allemagne, à Pilnitz, où il prit part au traité conclu entre les puissances étrangères, pour essayer de mettre un terme à la révolution françoise. Cette intervention des puissances étrangères n'eut pas, du moins en apparence, l'assentiment de Louis XVI, qui fit signifier à M. le comte d'Artois ainsi qu'aux autres princes, alors à Coblentz avec une grande quantité d'émigrés françois, l'ordre de rentrer en France avant le 1ᵉʳ janvier.

Le prince ainsi que ses illustres parents protestèrent, attendu que le roi, étant privé de sa liberté, les fonctions de la royauté devenoient nulles entre ses mains, du moins pour le fait dont il étoit question. Il fallut se résoudre à la guerre : elle fut longue et cruelle, comme l'on sait, et M. le comte d'Artois y prit une part aussi active qu'aucun des autres princes; et il ne se laissa pas intimider par les décrets d'un conciliabule, dit assemblée législative, dont il ne reconnoissoit pas les pouvoirs.

Après la retraite des alliés, les princes se rendirent à Hamm en Westphalie. Là on apprit la mort funeste de Louis XVI. Monsieur ayant pris le titre de régent, le comte d'Artois fut institué lieutenant-général du royaume. Peu de temps après, il passa en Russie auprès de l'impératrice Catherine, qui le reçut avec tous les honneurs dus à son rang, lui fit présent d'une riche épée, et lui promit un secours de vingt mille hommes pour opérer un débarquement sur les côtes de France. Ce secours n'eut pas lieu, parceque le cabinet de Saint-James, qui devoit solder cette armée, se rétracta. En conséquence, le prince retourna à Hamm, d'où il passa bientôt en Angleterre, où il étoit attendu, pour commander une expédition destinée à seconder les efforts des Vendéens. Son altesse royale, embarquée sur la flotte du commodore Waren, étoit déja descendue à l'Ile-Dieu, lorsqu'elle reçut contre-ordre. Son départ forcé porta un coup mortel à la cause royale dans la Vendée.

De retour en Angleterre, le prince, qui, à la mort du jeune roi Louis XVII, avoit pris le titre de Monsieur, alla habiter Édimbourg; et, en 1799, il quitta cette ville pour rejoindre en Suisse l'armée du prince de Condé réunie au général Korsakow. Son voyage étant devenu sans objet, par la défaite de ce général, Monsieur retourna à Édimbourg dans le palais qui lui avoit été assigné pour sa résidence. A l'époque de la rupture du traité d'Amiens, le prince vint à Londres où il eut le bonheur d'embrasser son auguste frère et sa famille, réunie au château d'Hartwel, et il y resta jusqu'en 1813.

Monsieur, à la nouvelle de l'invasion des alliés en France, se rendit sur le continent, muni des pleins-pouvoirs du roi; et, après plusieurs conférences qu'il eut avec les empereurs de Russie et d'Allemagne, il entra en France par la Franche-Comté. Les villes de Vesoul et de Lons-le-Saulnier reconnurent sans hésiter Louis XVIII pour roi de France, et son auguste frère pour lieutenant-général du royaume; il en fut de même à Lyon et autres villes, jusqu'à Paris, où S. A. R. fit son entrée. Le prince reçut, au nom de Louis XVIII, le serment de fidélité des habitants de la capitale, représentés par le sénat et par le corps de ville, et prit les rênes du gouvernement jusqu'à l'arrivée du roi, qui eut lieu le 3 mai 1814.

Ce jour même, sa majesté nomma Monsieur colonel-général des Suisses, et l'envoya dans les provinces méridionales, notamment à Lyon, à Marseille, et à Avignon, pour affermir ces villes dans leurs bons sentiments.

La nouvelle du débarquement de Bonaparte au golfe Juan, le 1ᵉʳ mars 1815, parvint à Paris le 5 ; et, dès la nuit suivante, son Altesse royale partit pour Lyon, accompagné du duc d'Orléans et du maréchal Macdonald. Les dispositions de la troupe n'ayant point répondu aux efforts que firent les princes pour la retenir dans le devoir, Monsieur revint à Paris, où, de concert avec le duc de Berry, il essaya de défendre la capitale; mais, contraint de s'éloigner au moment même, il prit la route de Gand, où il rejoignit sa majesté.

Le 22 juin 1815 son Altesse royale revint en France, et le 8 juillet suivant, lors de la rentrée solennelle du roi à Paris, le prince étoit à cheval au côté droit de la voiture, le duc de Berry son fils occupoit la gauche.

Le 22 août Monsieur présida le collége électoral du département de la Seine; et le 22 le roi lui donna pour garde d'honneur deux compagnies de gardes-du-corps.

Le 25 octobre à la chambre des Pairs, un membre ayant proposé de voter des remerciements à S. A. R. monseigneur le duc d'Angoulême, pour la conduite qu'il avoit tenue lors de sa campagne dans le midi, Monsieur s'opposa fortement à la proposition au nom de son fils absent; attendu que ce prince ne recevroit point avec satisfaction des éloges pour quelques avantages remportés sur des François, qui, bien qu'égarés, n'en étoient pas moins ses compatriotes.

Le cœur paternel de son Altesse royale fut mis à une rude épreuve dans la nuit du 13 au 14 février 1820, lorsqu'il vit son malheureux fils victime d'un horrible assassinat. La naissance du duc de Bordeaux, son petit-fils, put seule mettre un terme à sa juste douleur, en lui offrant la douce consolation de voir l'empire des lis affermi dans sa famille.

Pendant la dernière maladie du roi, Monsieur chercha tous les moyens d'adoucir les souffrances de son auguste frère; et lorsqu'on eut perdu tout espoir, il se disposa à travailler, avec l'aide du ciel, au bonheur d'un peuple dont il alloit devenir le père.

Monsieur, comte d'Artois, a été proclamé roi de France le 16 septembre 1824, sous le nom de Charles X, puis sacré et couronné en cette auguste qualité, dans l'église métropolitaine de Reims par l'archevêque de cette ville, en présence des pairs du royaume et de tous les ordres de l'état, suivant les formalités en usage de temps immémorial.

C'est ce prince qui est actuellement en possession du trône de Clovis et de saint Louis.

Il eut de Marie-Thérèse de Savoie, son épouse, décédée le 2 juin 1805, deux enfants, savoir :

1° Louis-Antoine d'Artois, duc d'Angoulême, maintenant dauphin de France, dont nous donnerons la notice;
2° Charles-Ferdinand d'Artois, duc de Berry, petit-fils de France. Ce prince naquit à Versailles le 24 janvier 1778. Il étoit né avec les plus belles dispositions; mais son éducation, quoique dirigée, comme celle de son frère, par M. le duc de Sérent, fut fort négligée; ce qu'il faut attribuer aux longs malheurs qu'éprouvèrent alors ses parents, et dont il eut aussi sa grande part. Il n'avoit pas encore onze ans, lorsque son auguste père, obligé de sortir de France, l'emmena avec lui dans les pays étrangers. Le prince resta à Turin jusqu'au moment où la guerre éclata, en 1792; puis il alla rejoindre l'armée de Condé, qui le mit à la tête d'un corps de gentils-hommes appelés *les chasseurs nobles*, où il fit son apprentissage dans le métier des armes. La campagne de 1792 ayant été désastreuse pour l'armée royale, le duc passa au service de la Russie. Dans un service aussi pénible, il contracta les habitudes des camps, avec ce caractère un peu brusque et fougueux qui en est quelquefois la suite. Cependant il étoit doué d'un cœur excellent, et si ses brusqueries occasionoient quelques mécontentements, il savoit les réparer avec une noblesse et une générosité dignes du nom auguste qu'il portoit. Lors de la paix de 1801, le duc de Berry, croyant avoir perdu tout espoir de voir rétablir sa famille, se retira en Angleterre auprès de ses parents: mais en 1805, il se rendit dans l'électorat d'Hanovre, avec son oncle, pour y prendre le commandement d'une division sué-

doise destinée à agir. L'ouverture de cette campagne en fut le terme, et le malheur qui s'appesantissoit de plus en plus sur les Bourbons, l'obligea de retourner en Angleterre. Il y resta jusqu'en 1814, époque de la rentrée des princes. Charles ne fut pas un des derniers à mettre le pied sur le sol natal. Le 12 avril, il s'embarqua sur le vaisseau *l'Eurotas*, et le 13 il entra à Cherbourg, d'où il se rendit à Rouen ; dès le 21, il étoit à Paris, auprès de son auguste père. Ce prince, encore dans la vigueur de l'âge, naturellement guerrier et plein d'ardeur, s'attachoit principalement à gagner l'esprit des militaires. Il méritoit leur amour, mais il eut de la peine à l'obtenir, tant l'idée de Bonaparte offusquoit leur esprit. A la seconde rentrée, il voulut défendre, ce qu'on appelle le terrain, et disputer Paris à l'usurpateur. Son zèle, si louable, fut sans succès, et ne servit qu'à prouver son courage. Obligé de sortir dans la nuit du 19 au 20 mars 1815, il se fit accompagner de tout ce qu'il put trouver de fidèles serviteurs du roi, connus sous le nom de *volontaires royaux*; ainsi que des personnes de la maison du roi, et prit le chemin de la Flandre, cherchant des défenseurs pour le trône, et ne trouvant presque par-tout que des lâches ou des perfides. Arrivé à Bapaume en Artois, il rencontre trois cents hommes, dont les dispositions n'étoient point équivoques, et qui, au lieu des cris de *Vive le Roi!* vociféroient *Vive l'Empereur!* méditant même de le prendre pour s'en faire un trophée aux yeux de leur maître. Berry, plein de la noble audace de ses ancêtres, se retourne, et leur dit: *Oserez-vous bien toucher à un fils d'Henry IV*. Les furieux, interdits, crient aussitôt *Vive le duc de Berry !* et cinquante d'entre eux se détachent pour lui servir d'escorte jusqu'a la frontière. Le 28 mars, le prince rejoignit le roi à Gand, où il eut l'avantage de commander la maison militaire cantonnée dans Alost et aux environs. La célèbre battaille de Waterloo lui rouvrit le chemin de sa patrie, et il accompagna sa majesté lors de son entrée à Paris.

Le duc de Berry, depuis son retour, ne s'occupa plus que de détails militaires, et coopéra, par ses soins, à la réorganisation d'une armée vraiment françoise. Le roi son oncle, qui l'aimoit beaucoup, l'unit à la princesse *Marie-Caroline-Thérèse*, fille aînée du prince royal des deux Siciles, maintenant roi de ce pays, et le mariage fut célébré le 17 juin 1816, avec cette solennité et cette grandeur vraiment royales que Louis XVIII savoit mettre dans tous ses actes publics. Quatre ans n'étoient point encore écoulés ; déja une princesse étoit le fruit d'un hymen contracté sous d'aussi heureux auspices, lorsqu'un nouveau Ravaillac vint trancher le cours de l'heureuse destinée promise à ce bon prince. L'infame Louvel voulut, du moins à ce qu'il dit dans ses interrogatoires, tarir dans sa source le sang des Bourbons ; Louvel, instruit dans les principes du jacobinisme le plus atroce, à l'école de ces hommes qui reprochent faussement à une société célèbre le régicide, tandis qu'eux-mêmes, depuis 1793, ont enfanté, nourri, et préconisé plus de régicides que la terre n'en a produit depuis le commencement du monde ; Louvel, en lâche assassin, porta un coup de poignard à ce prince, le 13 février 1820, au sortir de l'Opéra. Le duc de Berry mourut de sa blessure dans les bras de ses parents, après s'être recommandé à Dieu, le lendemain, sur les six heures du matin. Il étoit âgé de quarante-deux ans, et, par sa constitution robuste, il promettoit une longue existence. Sa mort seule a pu faire connoître toute la bonté de son cœur, et une générosité rare, cachée sous un extérieur peu favorable. On trouva dans ses papiers des listes immenses de malheureux qu'il avoit soulagés, et assistés de ses bienfaits, avec beaucoup de secret, ce qui rend sa charité envers les pauvres plus précieuse devant Dieu, et même devant les hommes. Attiré par hasard, le jour de sa mort, près de son hôtel, j'ai été témoin de l'affliction de tout le quartier qu'il habitoit. C'étoit une désolation, et en même temps le plus bel éloge funèbre qu'on puisse faire d'un prince, qui, il faut l'espérer, sera la dernière victime des révolutionnaires.

S. A. R. monseigneur le duc de Berry eut de son épouse, MADAME, (duchesse de Berry), quatre enfants, savoir :

1° HENRI-CHARLES-FERDINAND-MARIE-DIEUDONNÉ D'ARTOIS, duc de Bordeaux, né postume le 29 septembre 1820, ondoyé le lendemain 30, par monseigneur l'évêque d'Amiens, premier aumônier de S. A. R. MADAME, duchesse de Berry; baptisé le 1ᵉʳ mai 1821, dans l'église cathédrale de Notre-Dame de Paris, en présence du roi, de la cour, des pairs de France, et des députés des départements, par S. E. monseigneur le cardinal de Tayllerand-Périgord, archevêque de Paris, tenu sur les fonds sacrés par sa majesté le roi des deux Siciles, représenté par S. A. R. MONSIEUR, frère du Roi, et par S. A R. madame la duchesse de Calabre, princesse héréditaire des Deux-Siciles, représentée par

S. A. R. Madame, duchesse d'Angouléme. Ce prince, dernier rejeton de la branche royale de Bourbon régnante en France, âgé de cinq ans, a pour gouvernante madame la vicomtesse de Gontaut, et pour sous-gouvernante madame la comtesse de Gain-Montagnac.

2° Louise-Marie-Thérèse d'Artois (Mademoiselle), née le 21 septembre 1819, tenue sur les fonds sacrés le 16 décembre même année, par S. M. Louis XVIII, et par madame la princesse héréditaire de Naples, représentée par S. A. R. madame la duchesse d'Angoulême; a pour gouvernante et sous-gouvernante les mêmes personnes que son frère.

3° Louise-Isabelle d'Artois (Mademoiselle), née le 13 juillet 1817, décédée le lendemain matin 14, a été seulement ondoyée.

4° Louis d'Artois, mort en naissant, le 13 septembre 1818.

Nota. Nous allons faire précéder la notice de S. A. R. monseigneur le dauphin, actuellement en titre, de la série des dauphins de Viennois qui l'ont précédé.

NOTICE HISTORIQUE

SUR

LES DAUPHINS DE VIENNOIS,

PRÉDÉCESSEURS DE S. A. R. MONSEIGNEUR LE DAUPHIN.

Le dauphiné, ancienne et illustre province de la monarchie, comprenoit, avant sa réunion à la France, les comtés de Vienne, d'Albon, de Graisivaudan, de Valence, de Die, de Gap, d'Embrun, etc.; la principauté de Briançon, les baronnies de la Tour-du-Pin et de Montauban; elle forme aujourd'hui les départements de l'Isère, de la Drôme, et des Hautes-Alpes. Elle avoit pour bornes, au nord, la Bresse, le Bugey, et la Savoie; à l'est, le Piémont, le marquisat de Saluces; au midi, les comtés de Provence et de Forcalquier; à l'ouest, le Rhône, qui la séparoit du Vivarais, du Forez, et du Lyonnois.

L'origine des premiers seigneurs qui ont gouverné ce pays est obscure, comme le sont toutes les origines semblables. Les Maures, venus d'Espagne du temps de Charles Martel et de ses successeurs, ayant poussé momentanément leurs courses jusqu'en ces lieux, occupèrent pendant quelques années cette partie de la France. Ce fut un évêque de Grenoble, nommé Isarne, dans le neuvième siècle, qui les chassa du pays, et partagea sa nouvelle conquête entre ses compagnons d'armes. Les plus puissants d'entre eux furent les comtes d'Albon et de Viennois, dont les deux principautés réunies formèrent le noyau du Dauphiné. Il est à remarquer que, pendant plus de deux siècles, les comtes d'Albon et de Vienne se trouvoient vassaux de l'évêque de Grenoble ; obligés de lui prêter foi et hommage, parcequ'ils n'étoient seigneurs du pays qu'en vertu de la cession faite par l'évêque conquérant Isarne.

La série des dauphins de Viennois n'est certaine qu'à l'époque d'un prince, nommé Guignes-le-Vieux, qui vivoit vers l'an 1050, et c'est par lui que nous commencerons la chronologie des dauphins, qui seront partagés en deux séries. La première se composera des dauphins qui ont gouverné le pays avant sa réunion à la France; et la seconde, des dauphins, fils aînés des rois de France.

DAUPHINS DE VIENNOIS.

PREMIÈRE SÉRIE,

Se composant de trois races déduites par ordre généalogique.

PREMIÈRE RACE.

I. GUIGUES I (en latin *Guigo*), dit *le Vieux*, florissoit vers l'an 1050; de sa femme, que l'on nomme Pétronille, il eut :

II. GUIGUES II, dit *le Gras*, qui mourut vers l'an 1090, laissant pour successeur;

III. GUIGUES III, comte d'Albon, de Vienne, et de Graisivaudan. Ce prince, en 1140, eut guerre avec Amé III, comte de Savoie, et fut tué dans le combat. On lui donne pour épouse une princesse, nommée Matilde, qualifiée *Regina* dans plusieurs titres, dont il eut :

IV. GUIGUES IV, ainsi nommé par les anciens historiens. Suivant quelques chroniques, il reçut à son baptême le nom de DAUPHIN (*Delphinus*); ce nom, consigné dans un acte, passé entre lui et Hugues II, évêque de Grenoble en 1140, plut tant à ses successeurs, qu'il commença dès-lors à être affecté aux comtes d'Albon et de Viennois. On l'étendit par la suite à toute la province, qui prit le nom de Dauphiné. Ce prince, comme son prédécesseur, succomba en 1142, dans une guerre entreprise contre les comtes de Savoie. Il avoit épousé Marguerite (autrement appelée *Étiennette*), fille d'Étienne, comte palatin de Bourgogne, et nièce du pape Calixte II, dont il eut :

1° Guigues V, qui suit ; 2° Béatrix, épouse de N..., comte de Valence; 3° Marchise, épouse de Robert, comte d'Auvergne.

V. Guigues V, encore en bas âge, resta sous la tutèle de sa mère, et fut envoyé bientôt après à la cour de l'empereur Frédéric I. Ce prince, charmé des graces naissantes du jeune seigneur, lui donna une de ses parentes en mariage, et pour présent de noces, une mine d'or située dans le Briançonnois, avec le droit de battre monnoie. Guigues ne jouit pas long-temps de ces avantages, étant mort jeune, en 1162, au château de Vizilles, sans laisser d'autres enfants qu'une fille, nommée Béatrix, qui lui succéda.

DEUXIÈME RACE.

Béatrix fut mariée par son aïeule Marguerite, qui vivoit encore, d'abord à Guillaume, surnommé Taillefer, comte de Saint-Gilles, mort vers 1180, sans laisser d'enfants; puis en secondes noces à Hugues de Bourgogne, qui, par cette alliance, devint le souverain du pays. Du mariage d'Hugues de Bourgogne avec Béatrix naquirent :

1° Guigues-André qui suit; 2° Mahault, mariée à Jean, comte de Bourgogne; 3° Marguerite, mariée à Amé, comte de Savoie.

VII. Guigues-André VI. Ce prince, après la mort de son père Hugues, mort jeune, dans un voyage d'outre-mer, resta sous la tutèle de sa mère Béatrix, qui lui fit épouser Marie de Claustral, petite-fille du comte de Forcalquier, laquelle apporta en dot le Gapençois et l'Ambrunois. Nonobstant cet avantage, Marie fut répudiée, et Guigues-André prit pour seconde femme Béatrix, fille du marquis de Montferrat.

Guigues-André, dont il est ici question, se nommoit seulement André; mais, en mémoire des princes auxquels il succédoit, il prit le nom de Guigues, et le titre de dauphin. Il mourut en 1237, et fut enterré en l'église de Saint-André de Grenoble.

Il eut de sa seconde épouse Guigues qui suit.

VIII. Guigues VI, dauphin de Viennois, comte d'Albon, marquis de Faucigny, épousa Béatrix de Savoie, dame de Faucigny. Mort en 1270 sans avoir rien fait de mémorable, il laissa de sa femme :

1° Jean I, qui suit, 2° André, mort jeune; 3° Anne dauphine qui succéda à son frère; 4° Catherine, morte jeune et sans avoir été mariée.

IX. Jean I, dauphin de Viennois, comte d'Albon, baron de Faucigny, etc., épousa, par dispense, Bonne de Savoie, sa parente, et mourut sans postérité en 1282. Ainsi la succession tomba à Anne sa sœur, parceque ce pays n'étoit pas régi d'après la loi salique.

TROISIÈME RACE.

X. Anne avec Humbert I, dauphine de Viennois, comtesse d'Albon, baronne de Faucigny, etc., mariée en 1273 à Humbert de la Tour, baron de la Tour-du-Pin et de Coligni, qui gouverna le Dauphiné, y soutint plusieurs guerres contre les comtes de Savoie, ennemis constants des dauphins leurs voisins, et décéda en 1307 (Anne étoit morte en 1296), dans la Chartreuse du Val-Sainte-Marie, où il s'étoit retiré. Ce prince laissa pour héritiers :

1° Jean II qui suit; 2° Henri, élu évêque de Metz;

3° Guy, dauphin, baron de Montauban, de l'ordre des templiers ; 4° Hugues, baron de Faucigny, qui ne laissa qu'une fille naturelle; 5° Alix, dauphine, mariée à Jean, comte de Forez; 6° Marie, autrement nommée Alexie, épouse de Aymaret de Poitiers, comte de Valentinois, petit-fils d'Aymar III; 7° Béatrix, mariée à Hugues de Châlons, sire d'Arlay; 8° Marguerite, mariée à Frédéric de Saluces; 9° Catherine, mariée à Philippe de Savoie, prince d'Achaïe.

XI. JEAN II, dauphin de Viennois, comte d'Albon, baron de la Tour et de Faucigny, etc., marié à Béatrix de Hongrie, dont il eut :

1° Hugues, dauphin, mort jeune avant son père; 2° Guigues VIII, qui suit; 3° Humbert II, qui succéda à son frère.

XII. GUIGUES VIII de la Tour-du-Pin, dauphin de Viennois, etc. Ce prince fut un des plus célèbres de cette série. Il avoit à peine seize ans, lorsqu'il gagna la bataille de Varey, et fit prisonnier Robert, frère d'Eudes, duc de Bourgogne, Jean de Châlons, comte d'Auxerre, et Guiscard, sire de Beaujeu. Il se trouva à la bataille de Cassel, où Philippe de Valois remporta une victoire célèbre sur les Flamands. A son retour il eut à combattre contre les comtes de Savoie, et les vainquit en plusieurs rencontres; mais ayant été poussé jusque près de Grenoble, il fut tué devant le château de la Perrière, le 26 août 1333; il n'y avoit que douze ans qu'il gouvernoit le Dauphiné, d'abord sous la tutéle de son oncle Henri, élu évêque de Metz, ensuite seul et de son chef.

Il étoit âgé de dix-huit ans, lorsque Philippe-le-Long, roi de France, charmé de sa bravoure et du zéle qu'il montroit pour la défense de la monarchie, lui donna en mariage sa fille puînée madame Isabelle de France. Il n'eut point d'enfants légitimes de cette princesse; mais il laissa un fils naturel nommé Jean, chevalier, seigneur de Château-Villain, doté par son père et son oncle; puis, dix ans après, par Charles, dauphin, fils du roi de France. Après la mort de Guigues VIII, la souveraineté du Dauphiné passa à Humbert II, son frère.

XIII. Humbert II de la Tour-du-Pin, dauphin de Viennois, etc. Ce prince, jeune encore, se trouvoit à Naples, et il avoit épousé Marie Desbaux, fille de Bertrand Desbaux, comte de Mont-Cayeux, lorsqu'il apprit la mort de son frère, Guigues VIII, mort sans enfants, il prit possession de l'héritage paternel. Nous n'entrerons pas dans les détails de sa vie publique et privée, qui fut assez agitée. Humbert, déja père, étoit un prince bon, vaillant, rempli de sagesse, et de piété; il eut à combattre contre les comtes de Savoie, éternels ennemis de sa maison, comme Philippe de Valois, avec lequel il étoit uni d'ailleurs par les liens de la reconnoissance et de la parenté, avoit à disputer de ses droits avec l'Anglois.

Après divers voyages en Hongrie, à Naples, et une expédition assez infructueuse dans les mers du Levant, lorsqu'il fut de retour dans ses états, il commença à se dégoûter d'un gouvernement qu'il lui falloit disputer pièce à pièce, et parcequ'il avoit toujours eu de la vocation pour l'état ecclésiastique, devenu veuf, sans enfants, ayant perdu son fils unique par accident, il se disposa à céder sa principauté à quelque monarque puissant, qui pût la conserver intacte contre les comtes de Savoie. Il balançoit entre l'empereur, le roi de France, et le roi de Naples, qui y avoit quelques droits, lorsque Amblard de Beaumont, son principal ministre, le décida en faveur de la France. C'est de ce seigneur que descendoit en ligne directe l'illustre archevêque de Paris, Christophe de Beaumont, qui, à la fin du siècle dernier, fut le plus ardent défenseur de la religion contre les attaques de ses ennemis.

A la suite d'un premier traité, passé antérieurement avec Philippe de Valois, en vertu duquel traité le roi de France lui avoit fait des avances considérables sur le prix qu'il mettoit à sa cession ; après bien des délais, pendant lesquels le dauphin se montroit irrésolu, et, malgré ses engagements envers la France, méditoit un second mariage, il se détermina pourtant à la cession déja convenue. Par un traité solennel, négocié d'abord à Tournon, puis à Romans, enfin arrêté définitivement à Lyon, le 16 juillet 1249, en présence du duc de Normandie (depuis Jean I, roi de France), des personnes de sa suite, et des principaux seigneurs du Dauphiné, Humbert II abdiqua en faveur de CHARLES de France, fils aîné du duc de Normandie, et petit-fils de Philippe VI de Valois, roi de France, aux clauses et conditions portées audit traité, dont la teneur entière se trouve rapportée au tome II, pages 594 et suivantes, de l'*Histoire du Dauphiné* (édition de Genève, 1722).

Le lendemain de son abdication, Humbert entra dans la maison des frères prêcheurs, où il prit l'ordre de Saint-Dominique, et passa le reste de sa vie, qui fut encore d'assez longue durée, dans l'exercice des vertus convenables à son nouvel état, sans avoir jamais eu le dessein de le quitter, comme on en fit quelquefois courir le bruit avant et depuis son décès.

Par le traité, le dauphin Humbert, plein de bons sentiments pour le peuple qu'il avoit gouverné et qu'il quittoit ainsi, pourvut à son bonheur par des établissements utiles, et par des franchises accordées aux différentes classes de la société. Ces libertés ont été toujours religieusement maintenues par nos rois, et l'on peut dire que le Dauphiné étoit, avant la révolution, une des plus libres et des plus heureuses provinces de la monarchie. A cette époque, elle n'a pas été très reconnoissante de ce bienfait, car, en différentes circonstances, elle s'est signalée par des excès qui ne lui font pas honneur.

DAUPHINS DE VIENNOIS.

DEUXIÈME SÉRIE,

Se composant des dauphins de Viennois fils aînés de France.

I. CHARLES I, fils de Jean, duc de Normandie, et petit-fils de Philippe de Valois, roi de France; parvenu depuis à la couronne sous le titre de Charles V.

II. CHARLES II, fils de France, aîné de Charles V, depuis roi de France, sous le titre de Charles VI.

III. LOUIS I, fils de France, aîné de Charles VI, aussi duc de Guienne, mort, sans postérité, avant son père.

IV. JEAN, fils de France, puîné de Charles VI, mort aussi avant son père.

V. CHARLES III, cinquième fils de Charles VI, puis roi de France sous le titre de Charles VII.

VI. LOUIS II, fils de France, aîné de Charles VII, depuis roi de France sous le titre de Louis XI.

VII. CHARLES IV, fils de France, aîné de Louis XI, depuis roi de France sous le titre de Charles VIII.

VIII. François I, fils de France, aîné de François I, roi de France, et de Madame Claude de France, fille du roi Louis XI, mort avant son père.

IX. Henri I, fils puîné de François I, roi de France, depuis roi de France sous le titre de Henri II.

X. François I, fils de France, aîné de Henri II, et depuis roi de France sous le titre de François II.

XI. Louis III, fils de France, aîné de Henri IV, et depuis roi de France sous le titre de Louis XIII. (Voir sa notice, t. II, p. 75.)

XII. Louis IV, fils de France, aîné de Louis XIII, et depuis roi de France, sous le titre de Louis XIV.

XIII. Louis V, dit le Grand-Dauphin, fils de France, aîné de Louis XIV; mort avant son père.

XIV. Louis VI, second dauphin sous Louis XIV, fils de France, petit-fils de Louis XIV, d'abord duc de Bourgogne; mort avant son aïeul.

XV. Louis VII, d'abord duc de Bretagne, puis dauphin après la mort de son frère; mort avant son aïeul.

XVI. Louis VIII, arrière-petit fils de Louis XIV, d'abord duc d'Anjou, puis dauphin, ensuite roi de France sous le titre de Louis XV.

XVII. Louis IX, fils de France, aîné de Louis XV, dauphin de France; mort avant son père.

XVIII. Louis X (Auguste), petit-fils de France, d'abord duc de Berry, ensuite dauphin, puis roi de France sous le titre de Louis XVI.

XIX. Louis XI, fils de France, aîné de Louis XVI; mort avant son père.

XX. Louis XII (Charles), fils de France, puîné de Louis XVI, d'abord duc de Normandie, ensuite dauphin, puis reconnu roi de France, sous le titre de Louis XVII.

XXI. Louis XIII (Antoine), fils de France, arrière-petit-fils de Louis XV, maintenant Dauphin.

Il est le vingt-unième fils de France qui porte ce titre, et le trente-quatrième dauphin de Viennois, à compter de Guigues I, dit *le Vieux*.

LOUIS ANTOINE DE BOURBON,

TRENTE-QUATRIÈME DAUPHIN DE VIENNOIS,
PETIT-FILS DE FRANCE, ETC.

Comme ci-devant.

Ce prince est né à Versailles le 6 août 1775, de Charles-Philippe, comte d'Artois, et de Marie-Thérèse de Savoie, son épouse. En 1776, il fut nommé grand-prieur de France, et chevalier de l'ordre du Saint-Esprit en 1787. Il eut pour gouverneur le duc de Sérent, qui, comme nous l'avons dit, n'eut pas le temps de perfectionner son éducation, à cause du départ subit des princes pour l'étranger; mais le bon naturel et l'exemple du malheur suppléèrent à ce défaut. La vie de ce prince comme celle de son frère, le duc de Berry, fut toute militaire.

En 1789, M. le duc d'Angoulême âgé de quatorze ans, accompagna son père à Turin; c'est là qu'il suivit un cours d'artillerie avec assez de succès pour devenir par la suite un des plus habiles tacticiens dans cette partie essentielle du service. Au mois d'août le prince fut mis, en Allemagne, à la tête d'un corps d'émigrés; mais il n'eut pas alors occasion de faire preuve de ses talents. De là il se rendit avec son père à Édimbourg, puis à Blankembourg, enfin à Mittau, où le roi son oncle unit sa destinée à Marie-Thérèse-Charlotte de France, sa cousine, fille-unique de Louis XVI.

En 1800, son altesse royale suivit le roi à Varsovie, avec la princesse son épouse, ensuite en Russie, où il partagea avec sa famille les honneurs que l'empereur Alexandre rendit à leur rang. Enfin, comme ses augustes parents, qu'il ne quitta point, ce prince subit les longs malheurs de l'exil.

Il se trouvoit à Hartwell en Angleterre, lorsque les évènements l'appelèrent à contribuer, pour sa part, à la restauration. Dès le mois de janvier 1814, il s'éloigna de sa famille afin de se porter sur la côte occidentale de l'Espagne, où, au moyen des intelligences pratiquées avec les principales villes du midi de la France, pour faire reconnoître l'autorité des Bourbons, il arriva à Saint-Jean-de-Luz le 2 février, d'où il dirigea sa marche vers Bordeaux, déja disposée en faveur de la cause royale. Il fit son entrée dans cette ville le 12 mars, et, après une proclamation énergique, il prit possession de la ville au nom de S. M. Louis XVIII, dont il avoit reçu les pouvoirs.

Le 3 mai, et pendant le courant de ce mois, il parcourut toutes les provinces du midi, s'attachant à faire aimer et respecter l'autorité du roi, puis il dirigea sa marche vers Paris, où il entra le 27 du même mois, et rejoignit sa famille. Le roi, pour récompenser ses services, le nomma colonel-général des cuirassiers et des dragons, puis amiral de France.

Vers le 5 février 1815, il fut envoyé dans les provinces méridionales avec son épouse, pour entretenir les habitants dans les bonnes dispositions qu'ils avoient manifestées jusqu'alors. Il étoit à Bordeaux lorsqu'il apprit le débarquement de Bonaparte à Cannes. Le prince rassembla alors tout ce qu'il put de généreux défenseurs du trône pour aller à la rencontre de l'usurpateur, ou du moins pour lui disputer l'avantage : ses efforts ne furent pas couronnés du succès. L'armée rebelle, dévouée au tyran, l'abandonna ; surpris, et arrêté pendant quelques heures, vers Montelimart, il alloit tomber entre les mains de ses ennemis, lorsqu'un des hommes qui paroissoit le plus acharné contre lui, le dégagea, lui fournit les moyens de s'embarquer et de regagner l'Espagne, où il reçut du roi Ferdinand l'accueil le plus flatteur et les secours les plus efficaces. Toujours en observation sur la frontière, il forma un corps de royalistes déterminés, encouragea la ville de Marseille à se défendre contre l'usurpateur; et aussitôt que la nouvelle de la défaite de Waterloo lui fut parvenue, il rentra en France à la tête de sa petite armée, faisant par-tout reconnoître l'autorité royale. Du reste, il n'eut qu'à se féliciter des dispositions qu'il trouva dans les habitants du midi; et rentrant à Paris, le 7 août, il ne put donner à son auguste souverain que des paroles satisfaisantes sur tout ce qu'il avoit vu et observé.

A dater de cette époque, le duc d'Angoulême prit peu de part au gouvernement de l'état. Il se renferma dans les devoirs d'un fidèle serviteur du roi dont il étoit un des premiers sujets, ne s'occupant que de la partie militaire dont il se trouvoit chargé. C'est ainsi qu'il passa les années 1815—1820. Alors un événement imprévu l'appela à de nouveaux combats. La révolution d'Espagne, qui prenoit les mêmes caractères que celle de France en 1789, et qui, probablement avoit de semblables moteurs et les mêmes ramifications, sollicita l'intervention des puissances de l'Europe alliées entre elles et, en quelque sorte, solidaires l'une pour l'autre. La

France, comme voisine et plus exposée, fut chargée de venger la majesté du trône outragée dans la personne du souverain de l'Espagne, prisonnier comme l'avoit été Louis XVI de ses indignes sujets.

Une armée puissante, aguerrie, et fournie de tout ce qui est nécessaire à une expédition aussi importante fut mise sur pied; le duc d'Angoulême en fut nommé généralissime. Il put bien dire comme César: *Je suis venu, j'ai vu, j'ai vaincu;* car de Bayonne à Cadix la résistance ne fut pas de longue durée; et comment auroit-elle pu l'être de la part de rebelles qui avoient contre eux, outre l'armée françoise, toute la population espagnole irritée de l'outrage fait à son roi.

La Catalogne seule et Cadix offrirent quelques obstacles. Le général Moncey eut occasion de signaler ses talents sur le premier point, tandis que le prince généralissime déployant toute la valeur des Bourbons à l'attaque et à la prise du Trocadero qui couvre Cadix, eut l'honneur de délivrer un roi son parent et de le replacer sur son trône. Pendant son expédition, le prince, dépositaire des hautes pensées du roi son oncle, se fit remarquer par sa bonté, sa bravoure, et par la prudence avec laquelle il sut maintenir dans son armée une exacte discipline, en même temps qu'il employoit tous les moyens que lui donnoit son titre de libérateur pour apaiser les esprits irrités, et sauver les malheureux de la fureur des partis. S'il n'a pas toujours réussi dans cette noble entreprise si digne d'un Bourbon, il faut s'en prendre plutôt à l'opiniâtreté des factieux et au caractère violent des Espagnols, qu'à toute autre cause. Le prince étoit venu en Espagne au secours du roi et de la nation opprimée par les révolutionnaires ; il n'étoit nullement chargé de gouverner le pays, encore moins d'imposer des lois au monarque infortuné à qui il venoit de rendre la liberté.

Depuis ce temps, son altesse royale qui, à la mort de S. M. Louis XVIII, a pris le titre et les armes de dauphin, siége au conseil privé, et soulage son auguste père, Charles X, dans les plus pénibles fonctions de la royauté.

Ce prince n'a aucun enfant de son épouse.

BRANCHES ROYALES

D'ESPAGNE, NAPLES-SICILE, PARME, ET TOSCANE.

BRANCHE ROYALE D'ESPAGNE

DE LA MAISON DE BOURBON.

I.

PHILIPPE V,

PETIT-FILS DE FRANCE, DUC D'ANJOU, ENSUITE, PAR LA GRACE DE DIEU, ROI DE CASTILLE, DE LÉON, D'ARAGON, DES DEUX SICILES, DE JÉRUSALEM, DE NAVARRE, DE GRENADE, DE TOLÈDE, DE VALENCE, DE GALICE, DE MAJORQUE, DE MINORQUE, DE SÉVILLE, DE CORDOUE, DE CORSE, DE MURCIE, DE JAEN, D'ALGÉSIRAS, DE GIBRALTAR, DES ILES CANARIES, DES INDES ORIENTALES ET OCCIDENTALES, DE LA TERRE-FERME; ARCHIDUC D'AUTRICHE; DUC DE BOURGOGNE, DE BRABANT, DE MILAN; COMTE DE HAPSBOURG, DE FLANDRES, DE TYROL, DE BOURGOGNE, ET DE BARCELONE; SEIGNEUR DE BISCAYE ET DE MALINES, ETC.

Tels étoient les titres du roi d'Espagne à l'époque de Philippe V.

ARMOIRIES ANCIENNES.

Le roi d'Espagne portoit, avant et depuis Philippe V: AU PREMIER GRAND QUARTIER, contre-écartelé au 1 et 4 de gueules, au château d'or, sommé de trois tours de même, maçonné, ajouré d'azur, qui est *Castille*; au 2 et 3, d'argent au lion de gueules, qui est *Léon*: AU SECOND GRAND QUARTIER, d'or à quatre pals de gueules, qui est *Aragon*, parti d'un écartelé en sautoir, dont les quartiers du chef et de la pointe sont aussi d'or, à quatre pals de gueules, et ceux des flancs d'argent, à l'aigle de sable; couronné d'or, langué, membré de gueules, qui est *Sicile*, enté de *Grenade*, qui est d'argent à une grenade de gueules, tigée, feuillée de sinople : AU TROISIÈME GRAND QUARTIER, de gueules à la fasce d'argent, qui est *Autriche*, soutenu de *Bourgogne-ancien*, qui est bandé d'or et d'azur de six pièces, à la bordure de gueules; AU QUATRIÈME, semé de France, à la bordure componée d'argent et de gueules, qui est *Bourgogne-moderne*, soutenu de *Brabant*, qui est de sable au lion d'or, armé et lampassé de gueules : LE GRAND ÉCUSSON, enté en pointe, d'or au lion de sable, armé et lampassé de gueules, qui est *Flandre*, parti d'argent à l'aigle de gueules, qui est *Anvers*; sur le tout de *France*, à la bordure de gueules, qui est *Anjou*.

ARMOIRIES MODERNES.

Le roi Charles III a fait depuis des changements assez notables dans ces quartiers, et il portoit parti d'un coupé de deux; le premier, d'*Aragon*, reparti d'*Aragon-Sicile*; le second, d'*Autriche*, reparti de *Bourgogne-moderne*; le troisième, de *Naples*; le quatrième, de *Toscane*; le cinquième, de *Bourgogne-ancien*; le sixième, de *Brabant*, enté-arrondi en pointe de *Flandre*, parti d'*Anvers*; sur le tout écartelé de *Castille* et *Léon*; et sur le tout du tout, d'*Anjou*.

Ce prince, deuxième fils de Louis, dauphin de France (le grand dauphin, voyez page 128), naquit à Versailles le 19 décembre 1683, et fut appelé à la couronne d'Espagne par le testament du dernier roi, Charles II d'Autriche, le 2 octobre 1700, proclamé d'abord à Fontainebleau le 16, et à Madrid le 24 novembre suivant.

Après être resté quelque temps à la cour de France, afin de recevoir de son illustre aïeul toutes les leçons nécessaires pour se conduire dans le grand art de gouverner les peuples, il partit accompagné des ducs de Bourgogne et de Berry, et fut reçu à Madrid, le 14 avril 1701, avec une acclamation universelle. Toutes les puissances de l'Europe, excepté l'empereur, le reconnurent; mais bientôt l'Empire, l'Angleterre, la Hollande, et le Portugal, formèrent une ligue contre le nouveau monarque, et tentèrent de le déposséder. C'est ce qui donna lieu à la guerre de 1701, dont nous avons parlé à l'article de Louis XIV, et qui ne se termina que le 11 avril, par le traité d'Utrecht, époque à laquelle le roi d'Espagne se vit tranquille possesseur de ses états. Les victoires remportées par Villars en Flandre, et par le duc de Vendôme en Espagne, surtout celle de Villa-Viciosa, accélérèrent cette paix si desirée, et affermit pour jamais la couronne d'Espagne dans la personne du roi et dans sa famille.

Philippe, en 1701, avoit épousé MARIE-LOUISE-GABRIELLE, fille du duc de Savoie; et il perdit cette épouse qu'il chérissoit le 14 février 1714. Inconsolable de cette perte, il vouloit abandonner les soins du gouvernement; mais il fut retenu par la princesse des Ursins (Anne-Marie de La Trémoille, veuve du prince des Ursins), que la reine défunte avoit amenée avec elle en Espagne, sous le titre de sa *camarera mayor*. Cette dame, douée de qualités supérieures, n'étoit point pour Philippe une maîtresse, mais bien une amie sincère et qui vouloit son bonheur; aussi, par les intrigues de cour, ne jouit-elle pas long-temps de ses avantages. D'après son conseil, le roi d'Espagne épousa, le 24 décembre 1714, ÉLISABETH, fille d'Édouard Farnèse, frère de François, duc de Parme; mais, bientôt après, la princesse des Ursins fut renvoyée par la reine elle-même, qui avoit pris beaucoup d'empire sur l'esprit de son royal époux, et qui ne se piqua pas de reconnoissance envers l'auteur de son élévation.

En vertu du traité d'Utrecht, Philippe V se trouvoit paisible possesseur de la monarchie espagnole. L'empereur seul la lui disputoit encore, mais foiblement; de part et d'autre il ne se commettoit aucune hostilité. En 1716, le roi envoya un secours de quelques galères aux Vénitiens contre les Turcs qui assiégeoient Corfou; et, l'année suivante, il se préparoit à en envoyer davantage, lorsque le gouverneur de Milan, qui tenoit pour l'empereur, fit arrêter l'ambassadeur que le roi d'Espagne envoyoit à Venise. Cette violation du droit des gens, rendit la guerre plus animée que jamais entre les deux puissances.

Le roi d'Espagne, justement irrité, mit toutes ses forces sur pied, et, malgré l'opposition de la France, qui alors prit part à la querelle, il obligea son adversaire, par la prise de la Sardaigne et de la Sicile, de reconnoître ses droits, et d'abandonner ses prétentions. Malgré la victoire de l'amiral Bing sur la flotte espagnole, Philippe, dont le courage ne s'étoit pas démenti dans tout le cours de la guerre, en fut quitte pour renvoyer son ministre, l'intrigant Albéroni, qui lui avoit attiré cette guerre, et pour accéder au traité de la quadruple alliance, en 1720.

L'année suivante, une expédition, entreprise contre les Maures d'Afrique, fut couronnée du succès; le marquis de Lède, général espagnol d'un grand mérite, força les ennemis de lever le siège de Ceuta, et de conclure une paix avantageuse.

Cependant le roi Philippe avoit toujours conservé sur le trône les sentiments de piété qu'il devoit à l'éducation chrétienne qu'on lui avoit donnée. Un fond de mélancolie habituelle, le chagrin que lui causoit la mort de sa première épouse, joint à des infirmités contractées au milieu du tumulte d'une guerre aussi animée que celle de la succession, lui inspirèrent une sorte de dégoût pour les fonctions de la royauté. Il prit donc la résolution d'abdiquer le pouvoir en faveur de son fils aîné, l'infant Louis, dont l'âge déja fait, et les qualités personnelles, annonçoient un bon roi à l'Espagne; c'est ce qu'il fit par un acte daté du 23 janvier 1723.

Philippe ne se réserva qu'une modique pension, et se retira dans son palais de Saint-Ildefonse, qu'il avoit fait bâtir au milieu d'une solitude, à quatorze lieues de Madrid. Suivant quelques auteurs de mémoires, notamment le sieur de Saint-Simon, écrivain fort partial, Philippe V seroit tombé dans une espèce de démence, dont on peut voir les descriptions dans les dictionnaires historiques; mais tout cela paroît fort suspect. Quoi qu'il en soit, ce prince espéroit de passer en ce lieu le reste de ses jours avec son épouse, et se consacrer tout entier au service de Dieu, lorsque la mort de son fils, le roi Louis, vint l'arracher à son doux repos. Pressé, sollicité par le conseil suprême de Castille, il reprit les rênes du gouvernement en 1724, le 6 septembre, comme roi et seigneur naturel, vu l'âge encore tendre des infants, ses petits-fils.

Alors ses vapeurs, réelles ou prétendues, s'étant dissipées, il se livra tout entier au soin du gouvernement, fit observer les lois de son royaume, et pratiqua ce que dédaignent maintenant de faire, dans un pays voisin, de simples commis de bureau; c'est-à-dire qu'il donna des audiences publiques et particulières, invitant ses sujets à s'adresser à lui-même, en cas de déni de justice pour abréger les formes judiciaires. Après avoir travaillé à assurer la tranquillité de son peuple, il songea à l'enrichir et à vaincre la paresse naturelle aux Espagnols. Afin de parvenir à ce but, il invita les étrangers à venir établir en Espagne des manufactures, encouragea le commerce, favorisa les inventions utiles, les universités, fonda l'académie royale des sciences de Madrid. Après avoir réglé ses états au-dedans, il ne négligea rien pour augmenter l'influence de l'Espagne au-dehors. Le duc de Parme, Farnèse, son beau-père, étant mort sans enfants, en 1731, l'infant don Carlos fut mis en possession de cet état.

Bientôt après, il prit part à la guerre de 1733, et s'unit avec la France, dont, étant François lui-même, il ne pouvoit détacher ses intérêts. Le succès de cette guerre lui valut, pour son petit-fils don Carlos, les royaumes de Naples et de Sicile. Enfin, le roi Philippe V, un des plus grands princes de la maison royale de Bourbon, digne de son auguste aïeul, et toujours cher à la nation espagnole, qu'il régénéra en quelque sorte, après avoir vu commencer la guerre de 1739 sans en prévoir le terme, décéda, à la suite d'une courte maladie, le 9 juillet 1756, âgé de soixante-trois ans; il en avoit régné quarante-cinq.

La piété, la candeur, la modération, l'équité, la tendresse pour ses sujets, un jugement sain, une constante application aux affaires, un courage qui ne se démentit point pendant tout le temps qu'il eut à lutter contre l'Europe pour la conservation de son trône, telles sont les vertus de Philippe V. Peut-être eût-il dû employer plus de fermeté pour retenir sa seconde femme, princesse fort ambitieuse, ses ministres très intrigants, ses courtisans espagnols et françois, jaloux les uns des autres; mais alors, en France comme en Espagne, c'étoit le règne des intrigues; et un roi, quelque puissant qu'il fût, avoit beaucoup à faire que de modérer tous ces petits esprits brouillons, que nous appellerions volontiers des têtes fort mal organisées.

Philippe V eut de MARIE-LOUISE-GABRIELLE de Savoie, sa première épouse :

1° LOUIS I, roi d'Espagne et des Indes, qui suit;
2° PHILIPPE, infant d'Espagne, né le 2 juillet 1709, mort le 8 du même mois;
3° PHILIPPE-PIERRE-GABRIEL, infant d'Espagne, né le 7 juin 1712, reçut les cérémonies du baptême avec ses deux autres jeunes frères le 25 août 1716, fut tenu sur les fonts de baptême au nom du roi de France et de madame la duchesse d'Orléans, et mourut à Madrid le 26 décembre 1719, et fut enterré à l'Escurial;
4° FERDINAND, prince des Asturies, son successeur, dont suit la notice.

De sa seconde épouse, ÉLISABETH FARNÈSE :

1° Don CARLOS, infant d'Espagne, d'abord duc de Toscane, de Parme et de Plaisance, ensuite roi de Naples et de Sicile, enfin roi d'Espagne après son frère aîné. On verra sa notice.
2° Don FRANÇOIS, infant d'Espagne, né à Madrid le 21 mars 1717, baptisé aussitôt, mort le 21 avril suivant : enterré à l'Escurial;

4° Don Philippe, infant, duc de Parme et de Plaisance, qui aura sa notice;

5° Don Louis-Antoine-Jacques, né en 1727, nommé archevêque et cardinal à l'âge de dix ans, se démit de ces dignités en 1754, mourut jeune et sans avoir rien fait de mémorable;

6° Marie-Anne-Victoire, née en 1716, mariée en 1729 au prince du Brésil, depuis roi de Portugal;

7° Marie-Thérèse-Antoinette-Raphaelle, née en 1726, mariée en 1745 à Louis, dauphin de France, morte en 1746;

8° Marie-Antoinette-Ferdinande, née en 1729, mariée en 1750 à Victor Amédée, duc de Savoie.

II.

Louis I, roi d'Espagne et des Indes, fils de Philippe V et de Marie-Louise-Gabrielle de Savoie, aimé tendrement de son père, qui le fit élever avec un soin tout particulier, donna dès son bas âge des espérances favorables de ce qu'il auroit pu devenir un jour, si la mort n'avoit point interrompu le cours de ses destinées. Lorsqu'il eut atteint dix-huit ans, on lui fit épouser Louise-Élisabeth d'Orléans, fille du régent.

Le roi Philippe, charmé de sa piété et de son mérite, dégoûté d'ailleurs d'un trône qui ne lui présentoit que des épines, tourmenté de cette noire mélancolie, dont nous avons parlé dans l'article précédent, fit, en sa faveur, le sacrifice de la souveraine puissance, et descendit du trône pour l'y faire monter à sa place. Louis fut couronné et sacré roi d'Espagne, au commencement de 1723.

Son règne, qui dura à peine un an, n'offre rien de mémorable. Philippe d'ailleurs, du fond de sa retraite, dirigeoit les mouvements du jeune roi. Mais Louis, dans le cours de l'année 1724, fut attaqué de la petite vérole, et mourut de suite, sans laisser de postérité; en conséquence, son père reprit les rênes du gouvernement, comme nous l'avons marqué ci-dessus.

III.

FERDINAND VI, surnommé *le Sage*, roi d'Espagne et des Indes, le quatrième des enfants de Philippe V et de Marie-Louise-Gabrielle de Savoie, et frère de Louis I, né le 23 septembre 1723, parvint à la couronne après la mort de son auguste père, en 1746. Ce prince signala le commencement de son règne par des actes de bienfaisance. Il fit mettre en liberté les détenus pour dettes ou pour des fautes légères, déclara qu'à l'exemple de son père, il donneroit deux séances par semaine pour rendre lui-même la justice à ses sujets, de quelque qualité et condition qu'ils fussent; et il persévéra dans ce noble dessein pendant tout le cours de son règne. Il prit part à la guerre de 1741, et sur-tout à la paix signée en 1748, qui procura à l'un de ses deux frères la couronne des Deux-Siciles, à l'autre les duchés de Parme et de Plaisance.

Il profita du calme pour réformer les abus introduits dans les finances, abolit le conseil de nonciature, onéreux au peuple, réforma le clergé régulier, et protégea l'agriculture, le commerce et les arts. L'Espagne, fécondée par ses soins, goûta les fruits d'une heureuse abondance; mais il ne jouit pas long-temps du bien qu'il avoit procuré à sa nation. Ce prince, dont la santé étoit fort délicate, fut attaqué dans le cours de l'année 1759, d'une maladie de poitrine, dont il mourut le 10 août suivant, âgé de quarante-six ans, après en avoir régné treize.

Ferdinand VI ne laissa point d'enfants de son épouse; en conséquence, la couronne revint à don Carlos, déja roi des Deux-Siciles, son frère utérin.

IV.

CHARLES III, roi d'Espagne et des Indes, etc. Ce prince étoit le fils aîné du deuxième lit de Philippe V. A l'âge de seize ans, il épousa la princesse Marie-Amélie de Saxe, fille de Frédéric-Auguste III, roi de Pologne, et de Marie-Joséphine d'Autriche.

N'étant encore que duc de Parme, Charles donna

des preuves du plus grand courage dans ses campagnes d'Italie en 1734 et 1735; assisté des secours de son frère et de la France, il fit la conquête du royaume de Naples, qui lui resta par le traité de paix définitif. Ce fut le 15 mai 1734 que le prince reçut un diplôme du roi d'Espagne, son père, qui le déclaroit roi de Naples, et il s'en mit bientôt en possession; le 8 août il prit en personne la ville de Gaëte; l'année suivante (1735), il conquit la Sicile, et, le 30 mai, il entra, à cheval et en vainqueur, dans Palerme, capitale de la Sicile. Peu de jours après, il fut sacré et couronné roi des Deux-Siciles. La couronne qui a servi à son sacre étoit, dit-on, ornée de trois cent soixante-un diamants, et pouvoit valoir 6 millions de notre monnoie. Après cette expédition, il retourna à Naples et gouverna ses nouveaux états avec la plus grande sagesse, jusqu'à ce que, le 10 août 1759, il devint, par la mort de son frère, le roi Ferdinand VI, légitime possesseur du trône d'Espagne.

Avant de quitter Naples, ce prince fit une renonciation authentique de sa double couronne d'Italie, en faveur du prince Ferdinand, son troisième fils; puis, s'embarquant le 17 octobre, il arriva à Barcelone, après une traversée de dix jours; et, le 9 novembre, il fit son entrée solennelle dans Madrid.

Ce prince suivit en tout les traces de son prédécesseur avec qui il avoit une parfaite ressemblance. L'Espagne lui dut une longue paix, qui ne fut troublée que par la guerre maritime de l'Amérique, à laquelle il prit une part très active, et qui releva la gloire du pavillon espagnol. En général, c'est à trois rois successifs, Philippe V, Ferdinand VI, et Charles III, que ce beau royaume dut l'avantage de jouir, pendant près d'un siècle, d'une prospérité qu'il avoit perdue depuis l'empereur Charles-Quint. Une douce tranquillité fut le prix de ses vertus. Après avoir régné vingt-neuf ans, il mourut à Madrid, regretté de ses sujets, le 14 décembre 1788, et fut porté dans la sépulture de ses pères.

Ce prince laissa de son mariage avec la princesse de Saxe :

1° Don Philippe, infant d'Espagne, exclus du trône à cause de la foiblesse de ses organes;
2° Don Charles-Antoine-Pascal-François-Xavier-Jean-Népomucène-Joseph-Janvier-Séraphin-Diego, qui suit;
3° Ferdinand IV, roi des Deux-Siciles, qui aura sa notice;
4° Gabriel-Antoine-François-Xavier, infant d'Espagne, né le 12 mai 1752, marié le 23 mai 1785 avec Marie-Anne-Josèphe, infante de Portugal, dont est issu Pierre-Charles-Antoine-Raphaël-Joseph-Janvier-François, infant d'Espagne, né le 18 juin 1786;
5° Don Antoine-Pascal-François-Jean-Népomucène-Aniello-Raimond-Sylvestre, infant d'Espagne, né le

31 décembre 1755, veuf depuis le 27 juin 1798, de sa nièce Marie-Amédée; infante d'Espagne;

6° MARIE-JOSÈPHE, infante d'Espagne, née le 16 juillet 1744;

7° MARIE-LOUISE, infante d'Espagne, née le 24 novembre 1745, mariée le 16 février 1765 à Pierre-Léopold-Joseph, archiduc d'Autriche, grand duc de Toscane, frère de l'empereur Joseph II, auquel il succéda sous le titre de Léopold II, en 1790.

V.

CHARLES IV, roi d'Espagne et des Indes, etc., fils de Charles III, et de Marie-Amélie, princesse de Saxe, naquit à Naples, le 11 novembre 1748, lorsque son père n'étoit encore que roi de Naples. A l'époque où Charles III monta sur le trône d'Espagne, on lui donna le titre de prince des Asturies, n'étant âgé que de onze ans; à dix-sept, il fut marié à Marie-Louise, infante de Parme. Il étoit, dit-on, d'un caractère brouillon et emporté; mais lorsqu'à la mort de son père il prit possession de ses nouveaux états, il devint tout-à-coup bon jusqu'à l'excès, et ce fut un malheur pour son peuple, d'autant plus qu'il se laissa gouverner par sa femme et par un favori nommé Godoï, intrigant, dont la célébrité retentira long-temps dans les fastes de l'Espagne.

Cet homme, simple garde du corps, sans fortune comme sans autre mérite que celui d'une jolie figure, parvint, à l'aide de son frère, excellent musicien, à s'insinuer dans les bonnes graces de la reine, et de là, sans opposition, dans celles du roi, qui se plut à accumuler sur lui, dans le court espace de dix ans, toutes les dignités et toutes les faveurs de la fortune.

A l'époque de la révolution françoise, se trouvant déja premier ministre, sous le nom de duc d'Alcudia, li détourna d'abord le roi d'Espagne de prendre part à la première coalition des souverains contre la France. Cependant, lors du fameux procès de Louis XVI, Charles IV, forcé, en quelque sorte, par le cri public, ne put s'empêcher de faire une démarche auprès de la convention en faveur de l'infortuné monarque, son parent. Cette démarche n'ayant eu aucun succès, il fallut bien recourir aux armes, sinon pour sauver Louis XVI, du moins pour le venger, ou plutôt pour empêcher le poison révolutionnaire de se répandre en Espagne. Cette guerre dura environ deux ans, sans aucun succès décisif de part et d'autre. Le duc d'Alcudia la termina par un traité avec la république, en avril 1795, lequel traité fut bientôt suivi d'une alliance offensive et défensive, toujours avec la république.

En 1801, le gouvernement françois, aidé du ministre Godoï, parvint à faire déclarer la guerre au Portugal par Charles IV. Cette première guerre, de quatre mois seulement, fut terminée par un traité, qui mit l'infant duc de Parme en possession d'un royaume de la façon de Bonaparte, sous le nom de royaume d'Étrurie. Ce traité, qui livroit la branche des Bourbons que nous décrivons, à l'usurpateur françois, valut au favori plusieurs millions, et le titre de prince de la Paix.

Il ne fut pas difficile à Godoï de déterminer Charles IV à aider Napoléon de toutes ses forces maritimes dans la guerre de 1802 contre l'Angleterre, ce qui fit perdre à la France, au combat de Trafalgar, tout ce qui lui restoit d'une marine naguère florissante, et presque autant à l'Espagne. Le roi et son ministre n'en restèrent pas moins attachés à l'usurpateur, contre le vœu de leur nation; et, tandis que Louis XVIII, exilé de son royaume, poussé de contrée en contrée, jusqu'au fond des régions hyperborées, refusoit noblement de transiger du moindre de ses droits, ils fournirent à Bonaparte de l'argent et des troupes pour combattre l'Autriche et la Russie, luttant contre Napoléon.

En 1808, après s'être emparé d'une partie des biens ecclésiastiques pour les besoins de l'état, Charles IV se porta avec une nouvelle ardeur au secours de son allié. Dix-huit mille hommes (d'autres disent douze mille) de troupes espagnoles, sous le commandement du marquis de la Romana, sont livrés à Bonaparte, pour être envoyés contre la

Suède unie avec les souverains du nord ; et ces troupes facilitèrent la prise de Stralsund.

(1808.) Pendant que l'empereur de Russie étoit en armes contre Bonaparte, un orage épouvantable se formoit en Espagne contre l'usurpateur. Le prince des Asturies (maintenant Ferdinand VII) venoit de perdre sa première épouse. On lui proposa d'épouser la fille aînée de Lucien Bonaparte ; et soit que, faute d'expérience, il ait agréé la proposition, soit autrement, les conférences secrètes tenues à cette occasion inspirèrent au roi d'Espagne de fortes préventions contre son fils. Charles fit arrêter le prince des Asturies le 29 octobre 1807, et le fit relâcher quelques jours après, manifestant l'intention de lui céder le trône ; mais tout cela n'étoit qu'une feinte. Le perfide Godoï négocioit en secret avec Napoléon pour lui livrer le père et le fils, à l'aide des dissensions intérieures qu'il entretenoit lui-même. Sur ces entrefaites on voit entrer en Espagne une armée de quarante mille François, à l'effet, disoit-on, de porter la guerre en Portugal. Il n'en fallut pas davantage pour opérer une insurrection. Les Espagnols, depuis long-temps irrités de la foiblesse de leur roi, plus encore de l'insolence du favori, de ses honteuses débauches, et de son impiété notoire, outrés de l'accord scandaleux qui régnoit entre le gouvernement et l'ennemi juré des Bourbons, n'attendoient que le moment d'éclater. Le prince Ferdinand leur étoit cher à plusieurs titres; il avoit voué une haine sincère à Godoï, et il promettoit d'être un prince ferme et juste : c'étoit assez pour eux.

Le favori mettoit le comble à sa perfidie en déterminant le roi et sa famille à quitter l'Europe pour se réfugier dans les possessions espagnoles de l'Amérique. Tout étoit prêt pour le départ, lorsque les Castillans, tant de Madrid que des contrées environnantes, avertis par le prince Ferdinand, se déclarèrent contre une mesure qui livroit l'Espagne à la merci des François.

Le 17 mars 1808 le peuple s'insurge et se porte en foule à Aranjuez, palais des rois d'Espagne; les voitures sont arrêtées; le prince de la Paix (Godoï), l'objet de sa fureur, est arraché du palais, et sur le point d'être mis en pièces. Le roi, tremblant pour le sort de son favori, ne trouve d'autre moyen de le sauver que d'abdiquer en faveur de son fils le prince des Asturies, ce qu'il fait le même jour. Cette mesure n'auroit pas suffi, si le nouveau roi d'Espagne, Ferdinand VII, n'eût intercédé auprès du peuple, avec promesse de nommer des juges pour examiner la conduite de Godoï. Et tout cela se passoit presque sous les yeux de l'armée françoise, restée immobile de stupeur, et attendant des ordres.

Délivré des mains de ses ennemis, Godoï ne manqua pas d'insinuer au roi Charles que son fils Ferdinand étoit l'auteur de l'insurrection, l'engageant à rétracter son abdication, et à prendre Napoléon pour arbitre des débats survenus entre lui et son fils, à la suite de sa rétractation. De son côté Ferdinand, sans expérience encore, se laissa persuader par le patelinage des ambassadeurs françois de venir à Bayonne où Napoléon, le roi Charles, son épouse, le prince de la Paix, délivré récemment des mains du peuple, étoient déja venus. *Les voilà donc arrivés devant sa majesté fourrée*, les seuls Bourbons qui possédassent encore un trône indépendant! On connoît la charmante fable de La Fontaine, intitulée: *Le Chat, la Belette, et le petit Lapin*, elle eut ici son application parfaite, c'est-à-dire que Napoléon, après avoir, en qualité de juge, arraché à Ferdinand une rétrocession du trône en faveur de Charles son père, obtint de celui-ci, pour son propre compte, une cession de toute la monarchie espagnole. En conséquence, il fit de son frère Joseph un nouveau roi d'Espagne et des Indes. Ensuite de cet acte, ratifié à Bordeaux, le 12 mai 1808, Charles IV se rendit à Fontainebleau, puis à Compiègne, escorté par la garde dite impériale; quant à Ferdinand, nous verrons à son article ce qu'il est devenu.

Au bout de quelques mois, le roi Charles IV se

rendit à Rome, et se retira au palais Borghèse avec toute sa famille, composée de la reine, de l'infant don François de Paule, du jeune roi d'Étrurie, du prince de la Paix, de la duchesse d'Alcudia, fille du prince de la Paix, et d'une princesse de Bourbon, avec un petit nombre de serviteurs attachés à sa fortune.

Là, ce prince dépossédé se livroit à des occupations simples, et vivoit dans son intérieur comme un particulier, faisant de la musique, se promenant en voiture, et achetant des tableaux. Il attachoit beaucoup de prix à cette vie modeste. « Je suis plus « heureux ici qu'à l'Escurial, disoit-il: à Rome, je « fais ce que je veux. » Mais, ce qui paroîtra difficile à croire, ce prince, que l'on nous représente comme très attaché à la religion catholique, acheta, pendant le temps que Rome étoit département françois, deux convents contigus l'un à l'autre; ainsi il devint acquereur de biens du clergé. Il est vrai qu'il se proposoit d'en former une abbaye pour son jeune fils, don François de Paule, qu'il destinoit à l'état ecclésiastique.

En 1815, Charles IV se réconcilia avec son fils, et conclut avec lui un traité par lequel celui-ci s'engageoit à lui fournir 1,500,000 francs pour l'acquittement de ses dettes, plus 3 millions de francs de rente annuelle pour lui, et en cas de mort, 2 millions à la reine douairière.

Ce prince, dont on vante beaucoup la bonté, la simplicité, et l'esprit de charité (éloge auquel nous souscrivons volontiers), se montra un des plus foibles et des moins méritants de la famille des Bourbons ; il fût malheureux sur le trône parcequ'il ne sut pas régner. Charles IV mourut à Rome le 20 janvier 1819, à l'âge de soixante-onze ans.

Ce prince eut de son épouse :

1° Don Ferdinand-Marie-François-de-Paule, prince des Asturies, *roi régnant, qui suit* ;

2° Don Charles-Marie-Isidore, infant d'Espagne, né le 28 mars 1788, marié le 29 septembre 1816 à Marie-Françoise-d'Assise, infante de Portugal. De ce mariage sont issus : 1° le 31 janvier 1818, don Charles-Louis-Marie-Ferdinand, infant d'Espagne ; 2° Jean-Charles-Marie-Isidore, infant d'Espagne, né le 15 mai 1822 ; 3° Ferdinand-Marie-Joseph, infant d'Espagne, né le 19 octobre 1824 ;

3° Don François-de-Paule-Antoine-Marie, infant d'Espagne, né le 11 mars 1794, marié le 12 juin 1819 à Louise-Charlotte, princesse des Deux-Siciles. De ce mariage sont issus : 1° François-d'Assise-Louis-Ferdinand, duc de Cadix, infant d'Espagne, né le 6 mai 1820 ; 2° Charles, duc de Séville, infant d'Espagne, né le... ; 3° Isabelle-Françoise-Joséphine, sa sœur, née le 18 mai 1824 ; 4° François-d'Assise-Marie-Ferdinand, né le 13 mai 1822 ; 5° Louise-Thérèse-Françoise-Marie, née le 11 juin 1824 ;

4° Charlotte-Joachime, infante d'Espagne, née le

25 avril 1775, mariée le 9 juin 1785 à Jean-Marie-Joseph-Louis, aujourd'hui Jean XI, roi de Portugal;

5° MARIE-LOUISE-JOSÉPHINE, infante d'Espagne, née le 6 juillet 1782, veuve le 27 mai 1803, de Louis, duc de Parme, roi d'Étrurie; leur fils Charles-Louis II, roi d'Étrurie en 1803, est aujourd'hui prince de Lucques. Né le 22 décembre 1799, il a épousé en 1818 Marie-Thérèse, fille du roi de Sardaigne; Marie-Louise-Charlotte, sœur de ce prince, est née le 2 octobre 1802;

6° MARIE-ISABELLE, infante d'Espagne, née le 6 juillet 1789, mariée le 6 octobre 1802 à don François-Janvier-Joseph, prince héréditaire des Deux-Siciles, fils du roi Ferdinand I.

VI.

FERDINAND VII,

ROI D'ESPAGNE ET DES INDES, ETC.

ARMOIRIES.

Comme ses prédécesseurs.

Ce prince, fils de Charles IV et de Marie-Louise de Parme, naquit à Saint-Ildefonse, le 13 octobre 1784. Il ne fut déclaré prince des Asturies qu'à l'âge de quatre ans, lorsque son frère aîné fut reconnu incapable de succéder au trône à cause de la foiblesse de ses organes. Il eut pour directeurs de son éducation don Juan Escoiquitz et le duc de San-Carlos, qui l'instruisirent dans les sciences mathématiques, et lui inspirèrent, avec la noble fermeté qu'on lui connoît, une répugnance invincible pour le ministre Godoï, malgré les avances que ce favori faisoit pour s'insinuer dans ses bonnes graces, et pour le gouverner comme il gouvernoit déja ses père et mère. Aussi Godoï, frustré dans ses espérances, devint-il l'ennemi implacable du prince des Asturies.

Ferdinand fut marié au mois d'août 1802 avec la quatrième fille du roi de Naples; il ne jouit pas long-temps du bonheur de posséder une épouse vertueuse et pleine de charmes : au bout de quatre ans, en 1806, cette princesse mourut à l'âge de vingt-deux ans. Comme sa mort fut subite et violente, on peut soupçonner que, devenue odieuse à Godoï, parcequ'elle ne vouloit pas ramper sous lui, on l'empoisonna dans une tasse de chocolat.

Sur ces entrefaites, Napoléon avoit conçu le projet de s'emparer de l'Espagne; il crut avoir trouvé un moyen facile de parvenir à son but en semant la discorde entre Charles IV, jaloux de la popularité que son fils avoit acquise dans l'esprit des Espagnols, et le prince Ferdinand, irrité du despotisme et de l'audace du favori.

Son ambassadeur à la cour de Madrid, homme astucieux, feignant d'entrer dans les ressentiments du jeune prince, lui proposa de contracter avec la famille Bonaparte une alliance qui le mettroit à couvert de la haine de Godoï; et Ferdinand, sans expérience, donna dans le piége. Il écrivit même une lettre à Napoléon. La négociation parvint bientôt à la connoissance de Godoï, et par ceux mêmes qui l'avoient entamée; furieux de se voir prévenu, le favori dénonce le fils au père comme coupable d'avoir cherché l'appui d'un prince étranger pour s'emparer du trône. Charles IV fait arrêter le prince des Asturies, saisit ses papiers, et bientôt après le déclare traître au roi et à la patrie par un décret émané du conseil de Castille. Ce décret fut loin d'obtenir l'assentiment des Espagnols, qui se déchaînèrent contre le ministre. Celui-ci, pour apaiser l'orage formé sur sa tête, ménage une réconciliation entre le père et le fils. La réconciliation n'étoit que feinte, et Napoléon en avoit prévu l'effet. Aussi, en vertu de l'alliance offensive et défensive entre la France et l'Espagne, avoit-il demandé, pour être envoyé dans le nord, un corps d'armée de dix-huit mille hommes des meilleures troupes espagnoles, afin d'avoir bon marché du pays dans l'invasion qu'il méditoit.

Bientôt on vit une armée françoise de quarante mille hommes se présenter sur la frontière, et entrer en Espagne, sous prétexte d'attaquer le Portugal. Il n'y avoit plus de doute sur l'intention de Napoléon, uni avec Godoï, quoiqu'on ignorât encore que le perfide ministre eût fait un traité secret pour livrer la monarchie aux Français. Par suite de ce concert, le roi est décidé, toujours par le même homme, à quitter l'Espagne, et à se

réfugier dans ses états d'Amérique. La journée d'A-
ranjuez, dont nous avons parlé dans l'article précédent, fut la conséquence de la découverte d'un
aussi infame complot. Charles IV, pour sauver la
vie de son favori, abdique la couronne en faveur
de son fils, qui, le 24 mars 1808, entre dans la
capitale de ses états, en présence même de l'armée
françoise, après avoir préalablement fait incarcé-
rer le ministre, et distribuer les 25 millions trouvés
chez lui aux officiers et aux veuves des pensionnaires
dont les traitements étoient arriérés.

L'enthousiasme que manifesta le peuple espagnol à la vue de son nouveau souverain causa de
l'inquiétude au général commandant les troupes
françoises. Il fallut employer la ruse pour obtenir
ce que la force auroit difficilement procuré; en conséquence, le général Murat, secondé du général
Savary, décida Ferdinand à aller au-devant de Napoléon qui, disoit-on, approchoit de la frontière,
et se préparoit à venir en Espagne pour, en qualité d'allié de Charles IV, prendre connoissance de
son abdication. Ferdinand, dans la vue d'affermir
son pouvoir par l'assentiment du plus redouté monarque d'alors, consentit à faire une démarche de
politesse envers Napoléon, et s'avança jusqu'à Burgos, malgré l'opposition de ses fidèles sujets, qui,
plus clairvoyants que lui, n'attendoient rien de bon
de l'intervention d'un pareil allié.

Arrivé à Burgos, il ne trouva point Napoléon; la méfiance s'empara de lui; il voulut rétrograder, mais il n'étoit plus temps : l'infortuné prince étoit déja prisonnier de Savary, et il se vit contraint de suivre à Bayonne ses geôliers, qui le traînèrent aux pieds du vainqueur de l'Europe; le vieux roi Charles, avec son épouse et Godoï, s'étoient déja rendus en cette ville. C'est, comme nous l'avons dit dans l'article précédent, à la suite d'une altercation assez violente entre le père et le fils, que Ferdinand retrocéda à son père le trône des Espagnes, lequel en gratifia la famille Bonaparte, par la raison qu'il n'étoit pas de son intérêt qu'aucun Bourbon régnât en Europe.

Dans cette circonstance, le jeune roi montra un grand caractère: il répondit à l'envoyé de Napoléon qui exigeoit de lui une renonciation formelle au trône d'Espagne, « que toute son ambition se bornoit aux états de ses pères, et qu'il mettoit tout son bonheur à mourir s'il le falloit, au milieu de ses fidèles Espagnols. »

En conséquence, le monarque dépossédé fut relégué à Valençay en Berry, avec son oncle, l'infant don Antonio, son frère don Carlos, ayant à sa suite le chanoine Escoiquitz, le duc de San-Carlos, et un secrétaire.

Le roi Ferdinand, veillé de près dans cette solitude, où il resta environ cinq ans, n'eut d'autres ressources pour charmer ses ennuis que la lecture, la société de sa famille, et quelques promenades qui ne pouvoient s'étendre fort loin, ni se prolonger long-temps. Placé sous la dépendance de la police du tyran, il se vit exposé à des humiliations continuelles et à des pièges de toute espèce, dont il fut assez prudent pour se garantir.

Cependant ce prince, avant de quitter Madrid, avoit institué une *junte suprême de gouvernement*, à qui, pendant son absence, outre les attributions de l'autorité royale, il conféroit le pouvoir d'assembler les *cortès* (états-généraux), si le cas le requéroit. Cette mesure sauva la patrie.

Les fiers Catalans, irrités de l'atroce perfidie de Napoléon, prennent les armes, et courent à la vengeance. En vain Napoléon épuise la population de France pour couvrir l'Espagne de ses troupes; en vain, pendant cinq ans, il soutient le poids d'une guerre opiniâtre dont l'histoire offre peu d'exemple; maître des principales villes, il ne l'est ni des campagnes, ni, ce qui est plus essentiel encore, du cœur des habitants; l'Espagne, toute guerrière, se lève en masse, oppose au conquérant une résistance d'autant plus redoutable qu'elle étoit moins prévue, et que la nature du pays la rendoit infaillible; l'Espagne enfin est pour la France *impériale* le tombeau de sa gloire, et pour Napoléon *la pierre détachée de la montagne* qui vient frapper au pied l'immense colosse.

Après la désastreuse expédition de Russie, Napoléon, attaqué par toute l'Europe, sentit bien qu'il ne pouvoit plus se maintenir sur une terre qui dévoroit ses soldats ; en conséquence, il lui fallut subir à son tour l'humiliation d'offrir lui même la paix, et de restituer à un Bourbon, son prisonnier, le trône usurpé sur lui, sans autre condition que celle de ne pas se venger.

Pendant la longue captivité de Ferdinand, *la junte suprême*, pour rendre la défense des braves Espagnols plus efficace, et pour les animer davantage à combattre *pro aris et focis*, avoit assemblé les cortès, c'est-à-dire les états-généraux, composés de députés élus dans chaque province. Malheureusement cette assemblée, dont un grand nombre de membres professoient les idées révolutionnaires françoises, idées qui leur étoient inspirées par les propagateurs de la philosophie moderne, dévièrent de leur institution ; et à Cadix, où ils étoient assemblés, ils enfantèrent une constitution (c'étoit bien la douzième depuis 1789), composée des constitutions françoises de 1791 et 1793. Cet acte ne convenoit nullement au roi, qui ne peut admettre de partage de son autorité, ni au peuple espagnol dont il détruisoit les plus douces affections. Aussi Ferdinand, redevenu libre, refusa-t-il d'y acquiescer. Rentré dans ses états, il parla en maître, dissipa les cortès, se contenta de punir les plus turbulents, et s'appliqua à faire refleurir les lois, la justice, et la concorde. En 1815, il coopéra à la seconde restauration, prit une part active à la coalition des souverains de l'Europe, et fournit une armée contre Bonaparte au duc d'Angoulême pour rentrer dans sa patrie.

Le 2 octobre 1819, Ferdinand prit pour troisième épouse Marie-Josèphe-Amélie, princesse de Saxe, et à cette occasion, il publia une amnistie générale pour tous les délits commis pendant son absence. Il n'y eut qu'un très petit nombre de personnes exceptées du bienfait royal.

Tout faisoit espérer à ce digne monarque le retour de la prospérité publique, ainsi que le rétablissement de l'autorité dans les colonies détachées de la métropole pendant les troubles, lorsque l'armée rassemblée en Andalousie pour opérer ce nouveau bienfait, se révolta par l'instigation de plusieurs de ses chefs, entre autres du lieutenant-colonel Riégo, assisté du colonel Quiroga, et proclama la constitution des cortès dans la province même où elle étoit en horreur à tous les bons esprits. Il est à remarquer que, dans tous les pays, ces insurrections et ces actes incendiaires ne sont l'ouvrage ni des hautes classes de la société, qui ont tout à perdre dans les changements, ni des classes inférieures qui, ne vivant que de leur travail, n'ont rien à gagner aux révolutions; mais bien de ces hommes à médiocre fortune, à talents encore moindres, qui se croient des êtres importants, parcequ'ils ont quelque argent, qui sont jaloux des grands, et pleins d'orgueil envers le peuple (y a-t-il rien de plus insolent qu'un nouveau parvenu!), qui, en un mot, ressemblent à ce petit édile d'Ulubris dont Horace a fait justice par ces vers sanglants :

Fundos Aufidio Lusco prætore libenter
Linquimus, insani ridentes præmia scribæ,
Prætextam et latum clavum prunæque batillum.

Hor., l. I, sat. V, v. 34 et seq.

Traduction :

Nous laissâmes volontiers Fundi et son préteur impertinent, jadis greffier; il nous fit rire avec sa robe de pourpre, qu'il étaloit, son laticlave, et la cassolette qu'on portoit devant lui.

Quoi qu'il en soit, Ferdinand, entouré de traîtres placés par les révolutionnaires eux-mêmes, abandonné de l'armée séduite par ses chefs, peu défendu dans le moment par le peuple étourdi d'une pareille attaque, et d'ailleurs comprimé par la soldatesque et les libéraux, fut contraint de céder à l'empire des circonstances; le 7 mars, il convoqua l'assemblée des cortès, et il accepta la constitution, comme Louis XVI avoit accepté celle de 1789 : c'est assez dire qu'il n'étoit pas libre ; il l'accepta donc aussi de la même manière que le dauphin Charles, fils du roi de France Jean I, avoit reçu des Parisiens révoltés *le chaperon rouge*, ou plutôt, il laissa faire ce qu'il ne pouvoit empêcher.

Pour ne pas répéter les mêmes scènes révolutionnaires que nous avons signalées à l'article de Louis XVI, nous ne parlerons pas des actes des deux assemblées successives qui prirent le nom de cortès; mêmes principes, même conduite; abolition de la religion sous le masque hypocrite de la religion elle-même; violation des propriétés, sous prétexte d'abolir des droits onéreux au peuple; impôts énormes pesant sur le pauvre, afin de le faire jouir plus à l'aise de sa prétendue liberté, et toujours pour enrichir les moteurs; telle fut cette révolution d'Espagne, copie pâle et décolorée de la révolution de France de 1789. Il nous suffira de dire que Ferdinand VII fut, pendant quelques années, comme Louis XVI, prisonnier de la faction des jacobins, désignés en Espagne sous les noms de *communeros*, *liberalès*, ou *francs-maçons*.

(1820 et 1821.) Dans le même temps, de semblables constitutions s'organisoient en Italie, et des insurrections partielles se manifestoient en France; les idées révolutionnaires se répandoient par torrents en Angleterre, en Allemagne, et s'étendoient jusque dans la Gréce.

Il étoit temps de remédier à un pareil désordre. Les souverains de l'Europe, d'accord en cela avec leurs peuples, s'étoient unis précédemment par un traité solennel, connu sous le nom de *Sainte-Alliance.* Le but de cette union étoit de défendre solidairement les droits de la souveraineté. En conséquence, pendant que S. M. I. l'empereur d'Autriche, developpant l'appareil de ses forces, faisoit rentrer dans l'obéissance les peuples d'Italie, S. M. Louis XVIII se chargeoit de venger la cause des rois outragés dans la personne de Ferdinand VII, retenu prisonnier des cortès. Déja les fiers Espagnols, en très grand nombre restés fidéles, luttoient péniblement dans toutes les provinces contre le crime, et défendoient avec courage leur souverain, lorsqu'une armée françoise, composée de cent mille hommes, vint, en moins de trois mois, mettre un terme à tant de maux.

Le duc d'Angoulême, généralissime de cette belle armée, vainqueur généreux, a dégagé de ses fers, par la prise du Trocadéro, la reddition de Cadix, et la soumission des cortès, le roi d'Espagne, son parent, naguère son protecteur dans les temps de détresse.

Ce prince régne actuellement, sinon dans une paix profonde, du moins avec une force suffisante pour faire respecter son autorité, et pour opérer le bonheur de ses sujets, ce qui est, à n'en point douter, le but de ses plus chers desirs. Puisse-t-il à jamais enchaîner l'hydre révolutionnaire. Tel est aussi l'objet de nos douces espérances.

Sa majesté catholique a été mariée trois fois. La première, le 6 octobre 1801, à Marie-Antoinette-Thérèse, princesse de Naples, fille de Ferdinand I, morte le 21 mai 1806; la seconde, le 29 septembre 1816, à Isabelle-Marie-Thérèse, infante de Portugal, née le 19 mai 1797, fille de Jean VI, roi de Portugal; de ce mariage est issue Marie-Isabelle, infante d'Espagne, née le 21 août 1817; la troisième, à Marie-Josèphe-Amélie, princesse de Saxe, dont il n'a point encore d'enfants.

BRANCHE ROYALE

DE NAPLES ET SICILE.

I.

CHARLES III,

ROI D'ESPAGNE ET DES INDES.

Ce prince, né le 20 janvier 1716, de Philippe V, fut le premier roi de Naples de la branche de Bourbon : mais étant passé au trône d'Espagne, son troisième fils lui succède à Naples. (Voyez la notice, p. 312.)

II.

FERDINAND I,

ROI DES DEUX SICILES, ETC.

ARMOIRIES.

Écartelé au 1 et 4, de *Naples*, au 2 contre-écartelé de *Castille* et de *Léon*, parti d'*Aragon-Sicile* ; au troisième, de *Portugal*, parti de *Bourgogne-ancien* ; enté, demi-arrondi de *Flandre*, senestré de *Toscane*.

Ce prince, troisième fils de Charles III, roi d'Espagne et des Indes, et d'Amélie de Saxe, son épouse, né à Naples le 12 janvier 1751, est reconnu roi des deux Siciles, lorsque son père passe au trône d'Espagne, vacant par la mort de Ferdinand VI ; il n'avoit alors que huit ans. Son éducation fut confiée au prince Santo-Nicandro, homme probe et fidéle, mais dont les talents se trouvoient au-dessous de la charge importante qu'on lui avoit imposée. Aussi le jeune prince n'eut-il jamais, en fait de gouvernement, que des lumières très bornées. Dès sa première enfance, Ferdinand étoit l'idole du peuple, pour lequel il sembloit avoir une prédilection particulière.

Le roi Charles III, en partant pour l'Espagne, avoit formé un conseil de régence, composé des personnes les plus sages de la monarchie, et présidé par le marquis de Tanucci, ancien professeur de droit à Pise. Sous cette régence, les premières années du règne de Ferdinand se passèrent sans aucun événement mémorable. Lorsqu'il fut en âge d'être marié, on l'unit, le 7 avril 1768, à Marie-Caroline-Louise, archiduchesse d'Autriche, fille de François I, empereur d'Allemagne, et de Marie-Thérèse, impératrice-reine de Hongrie, enfin sœur de Marie-Antoinette, reine de France.

Le premier acte de ce prince, ou plutôt de son ministre, fut de soustraire, en 1769, le royaume de Naples aux droits que la cour romaine prélevoit sur cet état, notamment à l'hommage d'une *haquenée blanche*, présentée à chaque changement de souverain, en mémoire de la dotation que le saint-siège avoit faite jadis aux rois du pays. Jusqu'à l'époque de la révolution, il ne se passa rien d'important dans ce royaume. Ferdinand étoit un prince malheureusement un peu foible, qui se laissoit dominer par sa femme et par ses ministres, principalement par ce Tanucci dont nous venons de parler, par le marquis de la Sambucca, et le chevalier Acton. Ce dernier voulut soustraire le roi Ferdinand à l'influence du cabinet de Madrid; car ce prince, comme fils du roi d'Espagne, conservoit toujours de la déférence pour son père. De là il y eut une sorte de mésintelligence entre les deux couronnes, mésintelligence qui auroit eu des suites plus sérieuses, sans la révolution, qui éclata en 1789. Alors la cour de Naples, toujours dirigée par la reine et le chevalier Acton, s'unit avec l'Autriche et l'Angleterre. Un double mariage des princesses napolitaines avec l'archiduc François (depuis François II, empereur actuellement en titre), et son frère Léopold, grand duc de Toscane, cimenta cette alliance.

Ferdinand n'eut pas une grande importance dans les guerres suscitées à l'occasion de la révolution françoise. Il fut toujours, lui et son ministre, à la suite des deux puissances dont nous avons parlé; ce qui, en 1797, attira les armées françoises dans son pays. Une paix simulée entre le roi de Naples et la république, au lieu de pourvoir à la sûreté de l'état, ne servit qu'à propager davantage les maximes révolutionnaires.

En 1798, le roi Ferdinand se mit à la tête d'une armée de soixante mille hommes pour défendre l'Italie contre les François; mais la ligue dite Italique, qui s'étoit emparée de Rome, contre le général Berthier, ne tint pas long-temps, et céda aux efforts des républicains. Alors les états de Ferdinand furent envahis; et le monarque se vit contraint de se réfugier en Sicile, avec sa famille et ses trésors. On ne sauroit se faire une idée du désordre et de l'anarchie qui régnèrent en 1799 et 1800. Les François, ayant apporté, avec leurs funestes principes, la désolation et la mort, exposés de nouveau aux horreurs des Vêpres siciliennes, furent obligés de quitter un pays où ils étoient abhorrés.

Le consul Bonaparte, en 1800, mit, pour le moment, un terme à ce désastre, au moyen d'un traité de paix ménagé par l'Espagne, en vertu duquel traité l'intégrité du royaume de Naples étoit assurée, et le roi remis en possession de ses états d'Italie.

La paix de Luneville, arrêtée entre la France et l'Autriche, laissoit Naples à la discrétion de Bonaparte, qui sut bien profiter de son avantage. Ce général, devenu empereur, comme l'on sait, commença par dépouiller cette puissance des Présidés, de Porto-Longone, de l'île d'Elbe, etc.; et, en 1803, sous prétexte de poursuivre les Anglois, alliés constants de Naples, et d'une prétendue violation de la neutralité signée avant, déclara la guerre au roi de Naples; puis, après le traité de Presbourg, usant du droit du plus fort, il déclara que la famille des Bourbons ne régneroit plus à Naples.

En conséquence, Bonaparte, sans plus de formalités, mit la couronne sur la tête de son frère Joseph. Celui-ci, par suite de la même politique, passa au royaume d'Espagne, et fut remplacé par le général Joachim Murat, beau-frère de l'usurpateur, qui monta sur un trône factice, et fit toutes les constitutions imaginables pour se maintenir. Pendant que le roi légitime, retiré en Sicile, et persévérant toujours dans sa haine constante à l'égard des François, avoit à lutter contre son ministère même et contre les Anglois, qui savent toujours faire payer leur alliance fort cher. Ces insulaires firent plus alors : profitant de la situation critique du prince, ils le forcèrent de renvoyer en Autriche, son épouse, l'archiduchesse Marie-Caroline, et cette séparation ne se fit pas sans peine. Le malheureux monarque fut même obligé par eux d'abdiquer, et d'instituer son fils vicaire-général du royaume ; mais cet état précaire ne dura pas long-temps.

A l'époque de 1815, la chûte de Napoléon ayant entraîné celle du roi Joachim, Ferdinand retourna à Naples, et reprit son ancienne autorité. Tout ce qu'avoient fait Joseph et Joachim et les Anglois en Sicile, fut annulé sans difficulté ; les personnes dépouillées pendant l'invasion rentrèrent dans leurs biens sans conteste.

C'est alors que Ferdinand cimenta son alliance avec la France, par le mariage de la princesse Caroline-Ferdinande-Louise, sa petite-fille, avec le prince Ferdinand d'Artois, duc de Berry; déja en 1809, ce prince, desirant resserrer de plus en plus les liens qui l'unissoient à l'auguste famille des Bourbons, avoit accordé la main de sa fille unique, la princesse Amélie, à S. A. R. monseigneur le duc d'Orléans. Et lui-même, devenu veuf par la mort de Marie-Caroline-Louise, arrivée le 8 septembre 1814, épousa en 1816 madame d'Artano, appelée la duchesse de Florida.

Ce mariage n'eut d'autre effet que de légitimer l'union qui existoit déja entre elle et le monarque. Il n'en résulta aucun fruit; et madame d'Artano, aussi sage que pieuse, fut, à l'égard du roi Ferdinand, ce que madame de Maintenon avoit été à celui de Louis XIV.

Ferdinand I, depuis 1816 jusqu'en 1820, jouit d'une profonde tranquillité, qui ne fut pas même troublée par l'extravagante expédition de Joachim Murat, descendu sur les côtes de la Calabre dans le fol espoir de recouvrer son trône éphémère. Une prompte exécution militaire, faite par les paysans Calabrois, rassurèrent l'Europe. Murat fut fusillé comme l'auroit été un brigand pris les armes à la main.

Au mois de juillet 1820, un mouvement général des masses populaires contre les gouvernements légitimes, calculé par les révolutionnaires de France, dont les correspondances actives s'étendoient depuis le détroit de Gibraltar, jusqu'aux Dardanelles, et qui formoit une espèce de barre transversale, coupant l'Europe en deux parties, vint à éclater dans le royaume de Naples, comme cela s'étoit déja pratiqué en Espagne, au camp de la Ronda; en France, à Saumur, à Colmar, en Allemagne, dans les écoles publiques, dans la Savoie et le Piémont, enfin jusque dans la Grèce.

Les *carbonari* (espèce de francs-maçons), secte semblable à celle des radicaux, des libéraux, des communeros, des illuminés, et des Hellènes, où plutôt le génie révolutionnaire s'empara tout-à-coup des Napolitains. Le 2 juillet 1820, un lieutenant du régiment de Bourbon-cavalerie, en garnison à Nola, et un prêtre nommé Ménechini, s'avisent de proclamer le gouvernement constitutionnel, et se font suivre par un escadron de cavalerie, qui, emportant armes et bagages, se dirige sur Avelino, petite ville voisine de Naples.

On ne s'attendoit nullement à une pareille attaque. Aussitôt la milice de Naples, organisée par un général nommé Pépé, correspondant avec les insurgés, se soulève, et proclame la constitution des cortès d'Espagne; c'est-à-dire une constitution étrangère, dont il n'y avoit alors aucune traduction italienne; et que les insurgés n'entendoient pas eux-mêmes.

Le roi, qui n'avoit pour lors aucun moyen d'arrêter le torrent, consent à tout; mais, par un rescrit du 7 juillet, il déclare que, sa santé ne lui permettant plus de tenir les rênes du gouvernement, il remet l'autorité entre les mains de son fils aîné, le prince de Calabre, le nommant son vicaire-général, avec tous les droits de *l'alter ego*.

Les révoltés entrent à Naples, et sont reçus en apparence avec un accueil favorable. Là, comme cela se pratique, depuis environ cinquante ans, en France et ailleurs, les cris de *liberté* se font entendre, *la cocarde tricolore* est adoptée, ainsi que la *liberté de la presse*, accessoires obligés de toutes les révolutions; les *constitutions* faites ou à faire, sont reçues avec enthousiasme, et ne manquent pas de jureurs; viennent ensuite les assemblées populaires (appelées juntes), les assemblées constituantes (ici elles eurent lieu sous le nom de parlement); puis le pillage des propriétés, les proscriptions, etc., etc., brillants exploits, dont nous n'avons peut-être que trop entretenu le lecteur, et qui d'ailleurs ont tous un air de famille dont on ne peut méconnoître l'origine. Mais on n'en est pas toujours dupe; tous les Napolitains ne s'accordèrent pas à reconnoître le nouvel ordre de choses; d'ailleurs la Sainte-Alliance étoit là; et le général Pépé, *nouveau Léonidas*, avec ses prétendus Spartiates, ne justifièrent pas les espérances que les propagandes françoise, espagnole, et italienne avoient conçues d'eux. Ils se sauvèrent à *vau-de-route* (que l'on me pardonne cette expression) à l'approche de trente mille Autrichiens, qui ne combattent pas avec des arguments, et qui, pour cette fois, mirent dans leurs mouvements plus de célérité qu'ils n'ont accoutumé de le faire.

La ville de Naples, après un très léger combat, fut reprise, le gouvernement prétendu constitutionnel aboli, les pertubateurs punis; le roi rentra dans la capitale de ses états, avec la plénitude de ses droits, reprit les rênes du gouvernement. Ce prince, depuis cette époque, a gouverné en paix jusqu'à sa mort.

Il eut de son épouse :

1° FRANÇOIS-JANVIER-JOSEPH, qui suit;
2° LÉOPOLD-JOSEPH-MICHEL, prince de Salerne, né le 1ᵉʳ juillet 1790, marié le 28 juillet 1816 à Marie-Christine-Josèphe, archiduchesse d'Autriche;
3° MARIE-CHRISTINE-AMÉLIE-THÉRÈSE, princesse de Naples et de Sicile, née le 17 janvier 1779, mariée le 7 mars 1807 à Charles-Félix de Savoie, roi de Sardaigne, dont elle a des enfants;
4° MARIE-AMÉLIE, née le 26 avril 1782, mariée le 25 novembre 1809 à Louis-Philippe, duc d'Orléans, dont elle a des enfants (voir à la branche d'Orléans).

III.

François I Janvier-Joseph, d'abord prince héréditaire de Naples, actuellement roi des Deux-Siciles, depuis le décès de son auguste père, né le 19 août 1777, marié en premières noces à Marie-Clémentine, archiduchesse d'Autriche, dont il eut:

Caroline-Ferdinande-Louise, née le 5 novembre 1798, mariée le 17 juin 1816 à S. A. R. monseigneur le duc de Berry, qu'elle eut le malheur de perdre le 14 février 1820. Maintenant cette princesse a pour titre S. A. R. Madame; duchesse de Berry, réside à la cour auprès de ses augustes parents, partage son temps entre le noble exercice d'une bienfaisance sans bornes et le soin de ses précieux enfants dont elle forme le cœur à la vertu, les disposant à se rendre dignes de leurs ancêtres, et de remplir un jour les hautes destinées auxquelles ils sont appelés dans l'ordre de la Providence.

En secondes noces, S. M. le roi des Deux-Siciles a épousé, le 6 octobre 1802, l'infante Marie-Isabelle, sœur du roi d'Espagne, dont il a:

1° Ferdinand-Charles, duc de Noto, né le 12 janvier 1810;
2° Charles-Ferdinand, prince de Capoue, né le 10 octobre 1811;
3° Léopold-Benjamin, comte de Syracuse, né le 22 mai 1813;
4° Antoine-Pascal, comte de Lecce, né le 23 septembre 1816;

5° Louise-Charlotte, née le 4 octobre 1804, mariée à don François-de-Paule, infant, frère du roi d'Espagne, dont elle a des enfants;
6° Marie-Christine, née le 27 avril 1806;
7° Marie-Antoinette, née le 19 décembre 1814;
8° Marie-Amélie, née le 25 février 1818;
9° Caroline-Ferdinande, née le 29 février 1820.

BRANCHE DUCALE.

PARME, PLAISANCE,
ET COMTÉ DE GUASTELLA.

I.

DON CARLOS,

INFANT D'ESPAGNE.

ARMOIRIES.

Écartelé au 1 et 4, d'or à six fleurs de lis d'azur; au 2 et 3 d'*Autriche*, pour le duché de Parme; sur le tout contre-écartelé de *Castille* et de *Léon*, comme infant d'Espagne; et sur le tout du tout d'Anjou pour la maison de Bourbon-Anjou.

Ce prince, né le 20 janvier 1716, du roi Philippe V et d'Élisabeth Farnèse, se porta pour héritier de Parme et Plaisance, tant du chef de sa mère, qu'en vertu du traité de la quadruple alliance, et de celui qui fut conclu le 30 avril 1725, entre l'empereur Charles VI et le roi d'Espagne. Il fit son entrée solennelle dans ces duchés en 1732 le 9 mars, et il gouverna ses nouveaux états jusqu'en 1734, époque à laquelle, ayant conquis le royaume de Naples, il donna sa renonciation aux dits duchés, conformément au traité du 30 avril 1725. En conséquence, les états de Parme furent possédés de nouveau par la maison d'Autriche, jusqu'au traité d'Aix-la-Chapelle, signé en 1748, par lequel les duchés de Parme, Plaisance, etc., sont cédés à don Philippe, infant d'Espagne, pour lui et ses héritiers mâles, avec la clause de reversion, au défaut de postérité masculine, et en cas que le prince ou ses successeurs parviendroient au trône d'Espagne ou à celui de Naples. (Voyez la notice de Charles III, roi d'Espagne.)

II.

Don Philippe, infant d'Espagne, né le 15 mars 1720, de Philippe V et d'Élisabeth Farnèse, prit possession, le 7 mars 1749, de ses nouveaux états. Il étoit marié depuis le 26 août 1738, avec Louise-Élisabeth, fille de Louis XV, roi de France.

Ce prince donna des preuves de sa valeur en Savoie pendant les années 1744, 1745, 1746. Il fit le bonheur de ses sujets par sa bienfaisance, et marcha sur les traces de son frère qu'il remplaça: les états de Parme lui doivent plusieurs établissements utiles.

En 1759, son épouse étoit morte à Versailles de la petite vérole. Le même genre de maladie trancha ses jours, le 18 juillet 1765, dans la ville d'Alexandrie, à l'âge de quarante-cinq ans.

Il a laissé de son mariage:

1° Don Ferdinand, infant, qui suit;
2° Dona Isabelle, née le 31 décembre 1741, mariée le 6 octobre 1760 à l'archiduc Joseph, depuis Joseph II, empereur, morte le 25 novembre 1763;
3° Louise-Marie-Thérèse, née le 9 décembre 1751, et mariée le 4 septembre 1765, à Charles, prince des Asturies, depuis roi d'Espagne.

III.

Don Ferdinand, grand-duc de Parme, infant d'Espagne, frère du feu roi Charles IV, naquit le 20 janvier 1751. Il puisa dans les leçons de Condillac les idées philosophiques du siécle, ce qui ne l'empêcha pas, à ce que l'on dit, de remplir les devoirs de la religion. Élevé en 1765 à la souveraineté des duchés de Parme, Plaisance, et Guastella, il épousa, le 27 juin 1769, Marie-Amélie-Antoinette d'Autriche, sœur de l'empereur François II.

Lorsque les François franchirent les Alpes, il leur résista d'abord avec courage, et remporta sur eux quelques avantages; mais bientôt il succomba sous leur puissance, fut fait prisonnier, et dépouillé de ses états. Bientôt il y rentra par suite de conventions faites avec Bonaparte, et continua d'en jouir jusqu'au 9 octobre 1802, époque de son décès. Les duchés de Parme et Plaisance furent incorporés de suite à l'empire françois; mais en 1815, ils en ont été détachés, et forment maintenant l'apanage de Marie-Louise, archiduchesse d'Autriche, veuve de Napoléon Bonaparte.

Don Ferdinand a laissé de son épouse, morte en 1804 :

1° Dona CAROLINE-MARIE-THÉRÈSE, née le 22 novembre 1770, mariée le 9 mai 1792 à Maximilien de Saxe, frère de Frédéric Auguste;
2° Don Louis, né le 5 juillet 1773, dont suit la notice;
3° Dona MARIE-ANTOINETTE, née le 28 novembre 1774, etc.
4° Dona CHARLOTTE-MARIE, née le 1ᵉʳ septembre 1777, religieuse;
5° Dona MARIE-LOUISE, née le 17 mars 1787.

IV.

DON LOUIS I, prince de Parme, fils de don Ferdinand, né le 5 juillet 1773, épousa en 1798 Marie-Louise d'Espagne, fille de Charles IV, roi d'Espagne, déja duchesse de Lucques et de Piombino.

En vertu d'une convention faite à Madrid, le 21 mars 1801, il abandonna les états de ses pères pour le duché de Toscane, érigé en royaume par Bonaparte, sous le titre de *royaume d'Étrurie*. Ce prince ne jouit pas long-temps de son nouvel état; car il mourut sans gloire le 27 mai 1803, laissant de son épouse :

1° CHARLES-LOUIS, qui suit;
2° MARIE-LOUISE-CHARLOTTE, née le 1ᵉʳ octobre 1802. J'ignore si elle existe encore.

V.

DON CHARLES-LOUIS, né le 23 décembre 1799, roi d'Étrurie, le 27 mai 1803, sous la régence de sa mère, fut dépouillé de son état par le même Bonaparte, le 10 décembre 1807. Les événements de 1813 et 1814 ayant remis l'archiduc Ferdinand d'Autriche en possession de la Toscane, et la jouissance des duchés de Parme et Plaisance étant allouée à l'archiduchesse Marie-Louise, la maison de Parme fut reléguée dans la petite principauté de Lucques dont elle jouit actuellement en attendant mieux.

Le prince Charles-Louis est fiancé à Marie-Thérèse, fille de Victor-Emmanuel, roi de Sardaigne, née le 19 septembre 1803.

VI.

MARIE-LOUISE, archiduchesse d'Autriche, veuve de NAPOLÉON BONAPARTE, est, par un acte du congrès de Vienne, en date du 7 juin 1815, et un traité du 16 juin 1817, en possession actuelle des duchés de Parme, Plaisance, et du comté de Guastella. Elle a de Napoléon un fils, nommé :

FRANÇOIS-JOSEPH-CHARLES, portant le titre de duc de Reichstadt, né le 20 mars 1811.

BRANCHES

COLLATÉRALES

DE LA MAISON ROYALE

DE BOURBON,

ACTUELLEMENT RÉGNANTE.

———◆———

BOURBON-ORLÉANS, BOURBON-CONDÉ,
BOURBON-CONTI, BOURBON-SOISSONS.

BOURBON-ORLÉANS.

De France au lambel de trois pendants d'argent.

I.

PHILIPPE, fils de France, appelé MONSIEUR, duc d'Orléans, de Valois, de Chartres, de Nemours, de Montpensier, etc., second fils du roi Louis XIII et d'Anne d'Autriche, né au vieux château de Saint-Germain-en-Laye, le vendredi 21 septembre 1640, fête de Saint-Matthieu, sur les dix heures du soir; et baptisé le 11 mai 1648. Il porta d'abord le titre de duc d'Anjou, jusqu'après le décès de son oncle Gaston, duc d'Orléans, époque à laquelle il eut pour apanage les duchés d'Orléans, de Valois, et de Chartres, la seigneurie de Montargis, etc. Suivant un usage immémorial, ces fiefs étoient donnés aux fils puînés des rois de France. Le duché de

Montpensier lui vint par le legs universel que lui en fit sa cousine, mademoiselle de Montpensier.

Ce prince fut élevé de la même manière que son frère, le roi Louis XIV, avec lequel il avoit une chambre commune; et son éducation fut assez négligée. Cependant, s'il ne passe pas pour un héros, c'est que ses actions furent éclipsées par celles du grand roi; mais on peut dire qu'il fut brave, qu'il se montra toujours bon frère, très attaché à ses devoirs comme chrétien et comme seconde personne de la monarchie.

En 1654, il assista au sacre de Louis XIV, et il y représenta le duc de Normandie; on le vit également au mariage du roi en 1660, ainsi qu'à son entrée solennelle dans Paris, la même année. Lui-même, l'année suivante, il épousa madame HENRIETTE-ANNE d'Angleterre, fille puînée de Charles I, roi de la Grande-Bretagne, princesse aimable, et digne en tout de son auguste aïeul. Il eut le malheur de la perdre par une mort subite et inattendue, le 30 juin 1670. Le célèbre Bossuet a consacré à la mémoire des siècles le mérite, les vertus, ainsi que la fin prématurée de cette grande princesse.

L'année suivante, 1671, Philippe d'Orléans épousa en secondes noces Élisabeth-Charlotte de Bavière, fille de Charles-Louis de Bavière, prince palatin du Rhin. Cette princesse, qui dirigea l'éducation de ses enfants, et leur inspira les vertus dont elle étoit ornée, se piquoit d'être savante. Elle a laissé des mémoires, dans lesquels pourtant on desireroit de voir moins de haine et d'animosité contre la cour de Louis XIV.

Il fit ses premières armes en 1667 à côté du roi, lors de la conquête de Flandre; il eut une grande part à la conquête de la Franche-Comté (1668). En 1672, le roi lui donna le commandement d'une des armées qui passèrent en Hollande ; il prit Orsoi, Zutphen, et autres places, commanda un quartier au siége de Maestricht. On le vit bientôt, en 1674, aux siéges de Besançon, de Dôle, de Luxembourg, et de Condé. Seul à la tête d'une armée, il réduisit en 1676 la ville de Bouchain sous l'obéissance du roi, et gagna sur le prince d'Orange la bataille de Cassel, le 11 avril 1677, prit ensuite Saint-Omer, et eut tout l'avantage de la campagne. L'année suivante, il se trouva à la conquête de Gand et d'Ypres, à la prise de Mons et de Namur en 1691 et 1692. Enfin il fut presque toujours présent aux belles et glorieuses actions de Louis XIV, son auguste frère, qu'il ne quitta que par son ordre formel, et pour commander des corps d'armée séparés, et il contribua de tout son pouvoir à l'éclat du grand siècle dont la postérité conserve la mémoire.

Le duc d'Orléans mourut d'apoplexie en sortant de table, à son château de Saint-Cloud, le 9 juin

1701, à onze heures et demie du matin, âgé de soixante ans huit mois et dix-sept jours. Son corps fut porté à Saint-Denis, sépulture de ses ancêtres, et son cœur au Val-de-Grace.

L'attachement de ce prince à la personne du roi, sa bravoure, ses talents militaires, mais plus encore ses manières douces et affables, sa charité envers les pauvres, le firent aimer de son vivant et regretter après sa mort de tous les bons François, qui se plaisoient à retrouver en lui le petit-fils du grand Henri, dont le souvenir est si cher.

Quelques bizarreries dans le caractère, quelques tracasseries de ménage, dont les auteurs de mémoires ne nous font pas grace, ne doivent altérer en aucune manière la haute idée que l'on a conçue généralement du frère de Louis XIV, et du chef de l'illustre maison d'Orléans.

Monsieur, duc d'Orléans, eut de sa première épouse, décédée, comme nous l'avons dit, le 30 juin 1670 :

1° PHILIPPE-CHARLES d'Orléans, duc de Valois, né le 16 juillet 1664, baptisé au Palais-Royal le 6 décembre 1666, par M. l'évêque de Valence, mort le 8 du même mois;

2° MARIE-LOUISE d'Orléans, dite *Mademoiselle* d'Orléans, née au Palais-Royal, le 27 mars 1662, baptisée le 21 avril suivant; mariée par procureur, le 31 août 1679, à Charles II, roi d'Espagne; décédée sans enfants à Madrid, le 12 février 1689, enterrée à l'Escurial, sépulture des rois catholiques;

3° N...., née le 9 juillet 1665, morte le même jour, ondoyée, et sans avoir été nommée ;

4° ANNE-MARIE d'Orléans, *Demoiselle de Valois*, née à Saint-Cloud, le 27 août 1669, baptisée à Paris dans la chapelle du Palais-Royal, le 8 avril 1670, mariée par procureur à Versailles, le 10 avril 1684, à Victor-Amédée, duc de Savoie, prince de Piémont, roi de Sicile, auquel royaume il a renoncé pour celui de Sardaigne. Cette princesse a eu postérité, qui subsiste encore dans la maison royale du roi de Sardaigne.

De sa seconde épouse, Élisabeth-Charlotte de Bavière, Philippe, duc d'Orléans, a laissé :

1° ALEXANDRE-LOUIS d'Orléans, duc de Valois, né à Saint-Cloud, le 2 juin 1673, baptisé à Paris le 10 avril 1674, décédé au Palais-Royal, sans postérité, la nuit du 15 au 16 mars 1676. Son corps fut porté à Saint-Denis, et son cœur au Val-de-Grace.

2° PHILIPPE d'Orléans, petit-fils de France, duc d'Orléans, RÉGENT, dont suit la notice ;

3° ÉLISABETH-CHARLOTTE d'Orléans, *Demoiselle de Chartres*, née à Saint-Cloud le 13 septembre 1676, baptisée le 5 octobre suivant, dans la chapelle du château, mariée le 13 octobre 1698, à Léopold-Charles, duc de Lorraine et de Bar. Cette princesse a laissé postérité, et elle se trouve une des aïeules de S. M. l'empereur d'Autriche actuellement régnant.

II.

PHILIPPE II d'Orléans, petit-fils de France, duc

d'Orléans, de Chartres, de Valois, de Nemours, et de Montpensier, Régent de France, etc., né à Saint-Cloud, le 2 août 1674, à trois heures après midi, baptisé dans la chapelle du château, avec mademoiselle de Chartres (depuis duchesse de Lorraine), sa sœur, le 5 octobre 1676, porta le titre de duc de Chartres du vivant de son père. Le roi le décora de ses ordres le 2 juin 1686, jour de la Pentecôte. Il fit ses premières armes au siége de Mons, et au combat de Leuze en 1691, sous le grand roi, et il eut pour maîtres dans l'art de la guerre tout ce que la France comptoit alors d'illustres généraux. On peut dire que ce prince, par sa valeur et ses talents militaires ne se montra pas au-dessous de son siècle.

Louis XIV, charmé des dispositions naissantes du jeune duc son neveu, et voulant se l'attacher par un lien plus particulier, lui donna pour épouse Françoise-Marie de Bourbon, dite mademoiselle de Blois, sa fille naturelle, légitimée de France. Cette alliance fut contrariée par l'opposition de madame la duchesse d'Orléans, mère du jeune prince, qui, fière de sa naissance, la regardoit comme une dérogation. Elle eut pourtant lieu le 18 février 1692.

(1692.) Le duc de Chartres la même année continua son service militaire, et se trouva à la prise de Namur, puis, le 3 août, au combat de Steinkerque, où il fut blessé. L'année suivante (1693) il se distingua à la bataille de Nerwinde, à la tête d'un corps de cavalerie qu'il commandoit.

Pendant l'intervalle de repos qui succéda à la guerre de 1690, le duc de Chartres se livra à ses passions et à un libertinage d'esprit qui n'eut pas l'assentiment du roi son oncle. La guerre de 1701, à l'occasion du testament du roi d'Espagne en faveur d'un petit-fils de France, vint retirer le duc de ces plaisirs honteux auxquels il se livroit, et le rendit bientôt à sa noble destination. Le roi d'Espagne, à la défense duquel il se consacroit, le nomma chevalier de la Toison-d'Or. Ce prince reçut le collier le 7 août 1701.

Par la mort de son père, arrivée le 9 juin, Philippe se trouvoit duc d'Orléans, premier prince du sang, et plus proche du trône de France, en raison de l'acte de renonciation qu'avoit faite le duc d'Anjou en montant sur celui d'Espagne. Aussi le roi jeta-t-il les yeux sur lui pour en faire le soutien de son petit-fils Philippe V.

Le duc de Vendôme, ayant quitté l'armée d'Italie pour passer en Espagne, le duc d'Orléans fut nommé pour remplacer ce général. C'est dans la campagne de 1706 que le duc d'Orléans donna les plus belles marques de sa bonté, de son courage, et de ses talents comme militaire. Au siège de Turin, il fut blessé le 7 septembre. Cette campagne ne fut pas heureuse pour la France. Le prince avoit des ennemis à la cour, et tous les efforts de l'intrigue furent réunis pour nuire au succès de ses armes.

Au commencement de 1707, Louis XIV envoya son neveu en Espagne au moment même où les affaires de Philippe V étoient dans le plus mauvais état. Au nom du duc d'Orléans les Espagnols reprirent courage. Ils l'aimoient comme s'il eût été un de leurs *infants;* car Philippe étoit le frère de Louise d'Orléans, reine d'Espagne, épouse de Charles II, dont ils honoroient la mémoire; et le feu roi, ainsi que la cour de France, auroient peut-être mieux fait de mettre la branche royale d'Orléans en possession du trône d'Espagne : on auroit évité, par cette mesure, bien des animosités, et la révolution françoise se seroit trouvée plus tard sans appui.

Quoi qu'il en soit, et malgré les contrariétés sans nombre que le duc d'Orléans eut à essuyer de la part de la cour d'Espagne qui le craignoit, et même de celle de France, où il avoit des ennemis, sa campagne fut brillante par le siége et la prise de Lérida, de Tortose, et de plusieurs villes de la Catalogne : en 1708, par la conquête des royaumes de Valence et d'Aragon, il prépara les voies à son successeur pour assurer la couronne d'Espagne dans l'auguste maison de Bourbon.

Les années suivantes, le duc d'Orléans ne fut

point envoyé en Espagne, parcequ'il inspiroit de la méfiance à la cour de Philippe en raison de sa prétention au trône, en cas que le nouveau roi vînt à être expulsé ou abandonné de ses sujets; méfiance assez justifiée par les démarches imprudentes de plusieurs des agents du duc, ainsi que par son caractère hardi et entreprenant. C'est dans cet intervalle qu'il maria sa fille au duc de Berry.

Les choses se passèrent ainsi jusqu'en 1715, époque à laquelle Louis XIV mourut, laissant un arrière petit-fils, âgé seulement de cinq ans, et un neveu de beaucoup de mérite, mais dont les mœurs et la conduite n'étoient rien moins que satisfaisantes. Aussi, ne pouvant empêcher le duc d'Orléans d'être régent du royaume pendant la minorité, avoit-il pris toutes les précautions possibles dans son testament pour comprimer son autorité. Toutes ces précautions furent inutiles, comme l'on sait; car, le lendemain même de la mort du roi, le duc d'Orléans fut mis, purement et simplement, en possession de la régence, par un arrêt du parlement en date du 2 septembre 1715.

Dans l'exercice de l'autorité souveraine, ce prince se montra digne de gouverner un grand empire. Il eut à lutter contre les intrigues de cour, les prétentions des grands, et celles plus dangereuses encore des divers cabinets de l'Europe, et il vint à bout de vaincre les obstacles. Il commença par établir six conseils pour y traiter les différentes matières concernant l'Église, la guerre, la marine, les finances, les affaires étrangères et l'intérieur du royaume, tous ressortants à un conseil suprême de régence, où il ne se décidoit que d'après la majorité des suffrages. Il y auroît bien des objections à faire contre ce mode de gouvernement, qui a introduit parmi nous un grand abus que les publicistes désignent par l'expression triviale de *bureaucratie*. Cet abus consiste à trop élever des hommes destinés par état à n'être que des exécuteurs passifs de la volonté du prince; à entraver la marche des affaires par la complication des ressorts et la multiplication des formes qui souvent emportent le fond, et à donner ouverture à une foule d'injustices inaperçues; en un mot, à ruiner l'état par des traitements et des dépenses inutiles. Je me rappelle que le cardinal Dubois, principal ministre sous la régence, ayant porté à plusieurs centaines le nombre de ses commis au bureau des affaires intérieures, lequel auparavant n'étoit que de quinze à vingt, quelqu'un lui dit : « Monsieur le cardinal, vous devez avoir actuelle-« ment bien du loisir. — Au contraire, répondit-il ; « je passe la journée à signer des lettres et à distri-« buer la besogne à mes commis. »

Les actes de la régence sont néanmoins dignes de l'attention de la postérité, d'abord par le traité de la quadruple alliance, qui affermit la paix entre toutes les puissances de l'Europe; par le fameux système de Law, qui acquitta en partie les dettes de l'état aux dépens des joueurs sur les effets publics; et par la manière adroite avec laquelle le régent et son ministre se tirèrent des querelles élevées à l'occasion de la bulle *Unigenitus :* querelles religieuses qui, sans lui, auroient pu avoir des suites plus funestes.

Nous n'entrerons pas dans les détails de l'opération financière relative au système de Law. Il n'y a qu'un mot à dire : ces sortes d'opérations se ressemblent toutes, plus ou moins. Les billets de banque, les lettres de change, et billets à ordre, dont l'origine est moderne, ont eu d'abord pour objet de faciliter le transport et l'échange de valeurs réelles, soit en marchandises, soit en espèces, entre des places de commerce éloignées les unes des autres, au moyen d'un léger intérêt. Cette institution si simple et si utile a, depuis une centaine d'années, prodigieusement dévié de son but. Les gouvernements et les particuliers s'en servent actuellement pour payer leurs dettes; c'est-à-dire que plus ils doivent, plus ils veulent devoir : au lieu qu'autrefois on se croyoit d'autant plus à l'aise qu'on devoit moins; aujourd'hui un état ne se croiroit pas riche, s'il ne devoit pas des milliards; disons plus, si la somme de sa dette ne surpassoit pas celle de son avoir du quadruple de ce que peuvent rapporter ses terres ou son commerce. De là le système de Law suivi de sa banqueroute; celle plus grande encore de la république en 1795 et 1796, et toutes les banqueroutes qui viendront par la suite.

Or ici on ne peut pas plus accuser le régent que les autres princes. C'est l'avidité du public, et son goût pour l'agiotage. Si l'on vouloit voir que du papier ne vaut pas de l'argent, les gouvernements ne seroient pas si empressés à donner du papier pour de l'argent; ils économiseroient, réduiroient les frais de gestion, et feroient comme le bon Henri qui, malgré ses grandes dépenses, car il ne s'épargnoit guère, avoit trouvé le moyen de payer les dettes de ses prédécesseurs, et de mettre en réserve 40 millions de francs, espèces sonnantes. Le prince régent fit, dans cette circonstance, tout ce qui étoit raisonnable.

On cite encore parmi les actes de la régence l'acquisition du fameux diamant dit le *Régent*. Ce diamant, unique dans son espèce, étoit de la grosseur d'une prune de Reine-Claude, de forme presque ronde, parfaitement blanc, sans tache, d'une eau admirable, et il pesoit plus de cinq cents grains. Le régent en fit l'acquisition pour la somme de 2 millions (il vaudroit le double actuellement).

Le prince régent, après avoir gouverné, on peut dire avec gloire et avec sagesse, la France pendant huit ans, remit entre les mains de sa majesté tous ses pouvoirs, le 16 février 1723. Le roi le pria de lui continuer son affection, et de l'assister de ses conseils, sous le titre de premier ministre, le 11 août de la même année; mais Philippe mourut d'apoplexie foudroyante, le jeudi 2 décembre 1723, âgé de quarante-neuf ans et quatre mois. Il fut enterré à Saint-Denys, et son cœur déposé au Val-de-Grace.

Philippe II, duc d'Orléans, régent de France, est un des plus grands princes que la France ait eus. Son administration, sans être un chef-d'œuvre de politique, ne sera pas moins recommandable aux yeux de la postérité, en ce qu'il sut éviter les troubles jusqu'alors inséparables des minorités de nos rois. Et certes, sans son habileté et même celle de son ministre, ami et compagnon de ses plaisirs, l'état eût été troublé par les prétentions des princes du sang et des princes légitimés. Il sut pourvoir à tout sans despotisme, sans rigueur; il laissa le trône intact, florissant, et en paix avec l'Europe entre les mains de son jeune pupille.

Mais, malgré tous ses talents, son amabilité, sa générosité, l'histoire ne lui pardonnera pas les vices de sa vie privée. Ils donnèrent lui et le cardinal Dubois l'exemple d'un libertinage d'esprit et de cœur, bien funeste à la patrie. Le luxe, la débauche, les passions déréglées s'introduisirent dans toutes les classes de la société, l'irréligion sur-tout fit des progrès effrayants sous la régence; et pourtant Philippe, tout dépravé qu'il étoit, procura une éducation très chrétienne au jeune roi, ainsi qu'à ses enfants; en un mot, il fut bon père; malgré ses nombreuses infidélités, il vécut toujours en bonne union avec son épouse; et, admirable effet des contrastes que présente l'esprit humain! il sut maintenir la religion dans toute sa pureté; mais l'exemple étoit donné, et le mal sans remède.

Philippe fut en butte à la plus horrible calomnie qui ait jamais pesé sur aucun des princes du sang de nos rois. On l'accusa d'avoir voulu empoisonner son pupille. Un poëte, nommé La Grange, vendu à la faction du duc du Maine, fit contre lui une satire sous le titre de *Philippique*, où tout ce que l'enfer peut renfermer de plus atroce étoit exprimé en termes pompeux, et en vers plus élégants encore. Le duc eut la patience de lire cette infame diatribe; et il se contenta de punir l'auteur d'une simple prison, tandis qu'il auroit dû le livrer à toute la sévérité des tribunaux. L'ayant fait venir dans son cabinet, il lui demanda s'il croyoit réellement tout le mal qu'il avoit dit de lui. La Grange répondit sans hésiter qu'il le pensoit. « Tu as bien fait de me répondre « ainsi, répliqua le régent; car si tu avois écrit con- « tre ta conscience, je t'aurois fait pendre. »

Quoi qu'il en soit, cette horrible calomnie, dénuée de tout fondement, et suffisamment détruite

DE BOURBON. 371

par les historiens du temps, abrégea sans doute par le chagrin les jours du bon prince dont nous donnons ici la notice; car on peut le dire, il fut, comme ses ancêtres, *brave* et *bon*.

Philippe II eut de son épouse, Françoise-Marie de Bourbon, dite mademoiselle de Blois, fille légitimée de Louis XIV et de madame de Montespan :

1° Louis d'Orléans, qui suit;
2° N.... d'Orléans, *Demoiselle de Valois*, née le 17 décembre 1693, décédée le 17 octobre, sans avoir été nommée;
3° Marie-Louise-Élisabeth d'Orléans, appelée *Mademoiselle*, née le 20 août 1695, baptisée à Saint-Cloud le 29 juillet 1696, mariée à Charles, fils de France, duc de Berry, le 6 juillet 1710, restée veuve le 4 mai 1714, décédée le 21 juillet 1719;
4° Louise-Adélaïde d'Orléans, *Demoiselle de Chartres*, née le 13 août 1698, religieuse bénédictine en l'abbaye de Chelles, ensuite abbesse de cette maison le 14 septembre 1719, décédée en 1743, à l'âge de quarante-cinq ans;
5° Charlotte-Aglaé d'Orléans, *Demoiselle de Valois*, née le 22 octobre 1700, mariée le 12 février 1720 à François-Marie d'Est, prince héréditaire de Modène, dont elle a eu des enfants; morte en 1761, âgée de soixante ans;
6° Louise-Élisabeth d'Orléans, *Demoiselle de Montpensier*, née à Versailles le 11 décembre 1709, accordée par contrat du 16 novembre 1721 à Louis, prince des

Asturies, depuis roi d'Espagne (voy. Louis I, p. 310); veuve le 31 août 1724, revenue en France l'année suivante, décédée en 1742, âgée de trente-trois ans;

7° Philippe-Élisabeth d'Orléans, *Demoiselle de Beaujolois*, née à Versailles le 18 décembre 1714, accordée par contrat du 25 novembre 1722 à l'infant don Carlos, fils du roi Philippe V, depuis roi d'Espagne, décédée en 1734, âgée de dix-neuf ans et demi, sans avoir été mariée;

8° Louise-Diane d'Orléans, mariée à Louis-François, prince de Conti, morte en 1736, âgée de vingt ans.

Enfants naturels légitimés.

1° Jean-Philippe, chevalier d'Orléans, né à Paris en 1702, de Marie-Louise-Magdeleine-Victoire Le Bel de La Boissière, comtesse d'Argenton, légitimé en 1706, grand prieur de France, et général des galères du roi, mort en 1748;

2° Philippe-Angélique d'Orléans, mariée à Henri-François comte de Ségur.

Enfant naturel reconnu et non légitimé.

3° Charles de Saint-Albin, décédé archevêque de Cambrai.

VIII.

Louis I, duc d'Orléans, de Valois, de Chartres, de Nemours, et de Montpensier, chevalier des ordres du roi, colonel-général de l'infanterie françoise, premier prince du sang, etc. Ce prince, célèbre par sa piété, par ses lumières et sa bienfaisance, avoit été élevé par son aïeule paternelle, dans les sentiments de la plus haute vertu, et le duc d'Orléans seconda de tout son pouvoir les heureuses dispositions de ce fils unique et chéri.

Parvenu à l'âge d'être marié, on lui fit épouser Auguste-Marie-Jeanne de Bade-Baden. Cette union contractée sous d'aussi heureuses auspices, ne dura pas long-temps. Madame la duchesse d'Orléans fut enlevée à son époux, étant encore à la fleur de son âge, le 8 août 1726.

Le profond chagrin que cette perte fit naître dans le cœur du duc d'Orléans, joint à la mort inopinée du duc son père, ne firent qu'augmenter en lui son goût pour la retraite et pour l'étude, car il étoit très savant. D'ailleurs Louis I, doué d'un caractère sérieux, se sentoit peu fait pour être courtisan, encore moins pour se prêter aux petites intrigues dont la cour de Louis XV ne fut pas plus exempte que d'autres. En conséquence, il se retira à l'abbaye Sainte-Geneviève, pour vaquer plus librement à la prière, et laissa à son fils, le duc de Chartres, la majeure partie de ses immenses richesses, ne se réservant que ce qu'il lui falloit pour les pauvres dont il étoit le père et le trésorier, et ne paroissant à la cour que dans les occasions bien rares où il ne pouvoit pas s'en dispenser.

C'est dans cette retraite, qu'entouré des heureux qu'il avoit faits, au milieu des religieux, ses amis, dont il partageoit les exercices de piété et les travaux littéraires, Louis I mourut, en 1752, âgé de quarante-huit ans et demi. Il fut enterré au Val-de-Grace.

Les enfants de ce prince sont :

1° Louis-Philippe, duc d'Orléans, qui suit;
2° Louise-Magdeleine d'Orléans, morte à l'âge de deux

IV.

Louis-Philippe, duc d'Orléans, de Valois, de Nemours, et de Montpensier, gouverneur du Dauphiné, premier prince du sang, né le 12 mars 1725, titré duc de Chartres du vivant de son père, reçu, le 5 juin 1742, chevalier des ordres du roi, donna dès sa plus tendre jeunesse des marques d'un grand courage et d'un heureux caractère. Il fit sa première campagne en 1742, à l'armée de Flandre où il commanda la cavalerie, ainsi qu'à celle d'Allemagne en 1743. Se trouvant à la bataille de Dettingen, il exécuta trois belles charges dans l'une desquelles il eut un cheval tué sous lui. La même année, il epousa, le 17 décembre, Louise Henriette de Bourbon, fille de Louis-Armand, prince de Conti. Ayant été nommé lieutenant-général le 26 juin 1744, il se trouva au siége de Fribourg en Brisgaw, à ceux d'Ypres et de Menin; à la campagne de 1745, il prit part à la prise des ville et citadelle de Tournai, se distingua à la bataille de Fontenoi, par son courage et ses talents militaires. La même année, il obtint la survivance de son père pour le gouvernement du Dauphiné; fut fait chevalier de l'ordre de la Toison d'or en 1747.

Ayant perdu son vertueux père, il prit le nom et le rang de duc d'Orléans, premier prince du sang. Il fit sa dernière campagne en 1757, s'empara de Cassel, de Winkelsen, et combattit à Hastembeck, puis il retourna dans sa patrie pour jouir, dans l'intimité de sa famille, d'un repos qu'il avoit bien mérité.

En 1759, M. le duc d'Orléans perdit son épouse avec laquelle, malgré la différence des goûts et des inclinations, il eut le bonheur de vivre en bonne union. Quelques années avant sa mort, le prince épousa secrètement, comme avoient fait auparavant Louis XIV et le grand dauphin, une dame d'un grand mérite, avec laquelle il passa le reste de ses jours dans une parfaite tranquillité.

Ce prince, disent les auteurs contemporains, étoit un bel homme, mais d'un embonpoint excessif, et qui l'obligeoit à des exercices réitérés; également bon, généreux, bienfaisant pour les pauvres, il distribuoit en charités régulièrement 1000 francs par mois, sans compter l'extraordinaire. On vante aussi sa politesse et la délicatesse avec laquelle il faisoit le bien. Aussi étoit-il aimé des grands et du peuple.

Louis-Philippe mourut regretté de tous les François, dans son château de Saint-Cloud, en 1785, à l'âge d'environ cinquante-neuf ans, laissant de son épouse :

1º Louis-Philippe-Joseph, qui suit;
2º Louise-Marie-Thérèse-Mathilde, née le 9 juillet 1750, mariée le 24 avril 1770 à Louis-Henri-Joseph, duc de Bourbon, décédée en janvier 1822.

V.

Louis-Philippe-Joseph, duc d'Orléans, de Chartres, de Valois, de Nemours, de Montpensier, etc., né le 13 avril 1747, marié, le 5 avril 1769, à Louise-Marie-Adélaïde de Bourbon-Penthièvre, décédé à Paris, le 6 novembre 1793.......

Il eut de son épouse :

1º Louis-Philippe II, qui suit;
2º Antoine-Philippe d'Orléans, duc de Montpensier, né le 3 juillet 1775, décédé sans postérité.
3º Alphonse-Léodgar d'Orléans, duc de Beaujolois, né le 7 octobre 1779, décédé sans postérité. De ces deux princes, le plus jeune est mort en 1794, à Marseille, où il étoit détenu comme otage avec son père et son frère. L'autre, en émigration. On a fait paroître dernièrement, chez Baudouin, imprimeur-libraire, des mémoires sous le nom du duc de Montpensier. Ils sont bons à consulter.
4º Louise-Marie-Adélaïde-Eugénie, *Mademoiselle d'Orléans*, née le 23 août 1777, actuellement existante.

VI.

Louis-Philippe II, duc d'Orléans, premier prince du sang, chevalier des ordres du roi, pair de France, né le 6 octobre 1773, a épousé, le 25 novembre 1809, Marie-Amélie de Bourbon, infante de Naples, sœur de François I, roi de Naples et des deux Siciles. Ce prince est maintenant le chef de l'illustre branche de Bourbon-Orléans.

De ce mariage sont issus :

1° Ferdinand-Philippe-Louis-Charles-Henri-Rose d'Orléans, duc de Chartres, né à Palerme le 3 septembre 1810;
2° Louis-Charles-Philippe-Raphael d'Orléans, duc de Nemours, né à Paris le 25 octobre 1814;
3° François-Ferdinand-Philippe-Louis-Marie d'Orléans, prince de Joinville, né à Neuilly-lès-Paris le 14 août 1818;
4° Charles-Ferdinand-Louis-Philippe-Emmanuel d'Orléans, duc de Penthièvre, né à Paris le 1ᵉʳ janvier 1820;
5° Henri-Eugène-Philippe-Louis d'Orléans, duc d'Aumale, né à Paris le 16 janvier 1822;
6° Antoine-Marie-Philippe-Louis d'Orléans, duc de Montpensier, né à Neuilly-lès-Paris le 31 juillet 1824;
7° Louise-Marie-Thérèse-Charlotte-Isabelle d'Orléans, *Mademoiselle*, née à Palerme le 3 avril 1812;
8° Marie-Christine-Caroline-Adélaïde-Françoise-Léopoldine d'Orléans, *Mademoiselle de Valois*, née à Palerme le 12 avril 1813;
9° Françoise-Louise-Caroline d'Orléans, *Mademoiselle de*

Montpensier, née à Twikenham le 28 mars 1816, morte le 20 mai 1818;

10° Marie-Clémentine d'Orléans, *Mademoiselle de Beaujolois*, née à Neuilly-lès-Paris le 3 juin 1817.

I.

BOURBON-CONDÉ.

De France, avec la cotice de gueules, périe en abîme.

Louis I de Bourbon, surnommé *le Grand*, prince de Condé, pair de France, chevalier des ordres du roi, duc d'Enghien, marquis de Conti, comte de Soissons, d'Anisy, de Valery, et de La Ferté-sous-Jouarre, gouverneur de Picardie et des pays conquis, etc., né à Vendôme, le 7 mai 1530, étoit le septième et dernier fils de Charles de Bourbon, duc de Vendôme, et frère d'Antoine de Bourbon, roi de Navarre. On le trouve d'abord sous le nom de Louis Mons. de Vendôme, employé comme gentilhomme de la chambre de Henri II, aux gages de 1,200 francs par an; ensuite il fit sa première campagne, en 1551, sous Henri II.

En 1552, le prince de Condé étoit dans Metz, et contribuoit à la défense de cette place. Déja il avoit contracté une belle alliance, le 22 juin 1551, avec Éléonore de Roye, fille aînée, et unique héritière de Charles, sire de Roye et de Muret, comte de Roucy, et de Madeleine de Mailly, dame de Conti, lorsqu'en 1557 il se distingua par sa valeur à la bataille de Saint-Quentin, et recueillit à La Fère les débris de l'armée vaincue. Il ne brilla pas moins aux sièges de Calais et de Thionville en 1558; l'année suivante, il fut nommé général et colonel de l'infanterie françoise.

Tout promettoit à ce jeune prince un avenir heureux, lorsque la mort inopinée de Henri II apporta beaucoup de changements dans la fortune des Bourbons. La puissance des Guises sous François II, la jalousie du commandement amena entre les deux maisons de Bourbon et de Lorraine une scission funeste. Les princes du sang, mal vus à la cour depuis la défection du connétable, furent non seulement délaissés, mais encore éclipsés et humiliés par les Guises. De cinq princes de la maison de Bourbon alors existants, trois plièrent sous l'autorité des ministres; mais le roi de Navarre et son jeune frère, le prince de Condé, résistèrent; et, ne pouvant lutter sans appui contre leurs ennemis, ils en cherchèrent parmi les mécontents, et sur-tout parmi les calvinistes, qui étoient alors dans toute la ferveur de leur zèle novateur. Le prince de Condé sur-tout, moins patient que son frère, s'avança au point d'autoriser de son nom et de son assentiment la conjuration d'Amboise, conjuration dont le but étoit, comme l'on sait, de s'emparer à main armée de la personne du roi, d'expulser les Guises, et de rendre les Bourbons maîtres du gouvernement. Cette première entreprise ayant échoué, le prince fort compromis se justifia en payant de hardiesse, et l'on feignit de le croire, pour cette fois.

(1560) Toujours persévérant dans sa haine contre les Guises, il se retire à Nérac, et là il médite de s'emparer de plusieurs villes du royaume, principalement de Paris, d'Orléans, de Tours, de Poitiers, etc.; en un mot de lever l'étendard de la guerre civile. Une première tentative sur Lyon n'eut pas de succès. L'agitation qui régnoit par tout le royaume, et le désordre introduit dans les finances obligèrent la cour d'assembler les états-généraux, qui furent indiqués à Orléans. On se servit de ce prétexte pour y attirer les deux Bourbons dont la conduite ne laissoit aucun doute sur leurs intentions. Arrivé dans cette ville, avec son frère aîné, à la sollicitation du cardinal de Bourbon, le prince de Condé eut à essuyer des reproches trop mérités de la part du roi, et fut arrêté, pour son procès lui être fait, comme criminel de lèze-majesté; quant à Antoine, roi de Navarre, on le garda à vue dans son logement.

Une commission, composée du chancelier de l'Hôpital, du président de Thou, du procureur-général, de deux conseillers et de plusieurs maîtres des requêtes, fut nommée pour juger Condé. La procédure n'avoit rien de régulier ; le prince n'étoit justiciable que de la cour des pairs, présidée par le roi en personne; en outre, il n'existoit contre lui que des présomptions, très fortes à la vérité, mais qui ne portoient aucun caractère de preuves légales ; aussi Condé s'attacha-t-il constamment à récuser le tribunal, et se tint-il dans une dénégation absolue : il fit plus ; il avoua le penchant qui l'entraînoit vers la religion protestante, et réclama pour lui et les religionnaires la liberté de conscience. Précisément à cause de cet aveu, il fut condamné, comme *criminel de lèze-majesté divine et humaine, à avoir la tête tranchée sur un échafaud, qui seroit dressé devant le logis du roi.*

L'arrêt devoit avoir sa pleine et entière exécution, sans la mort du jeune roi François II. Cette mort, qui changea la face des affaires, n'auroit pourtant pas sauvé Louis, si le roi de Navarre, son frère, pour apaiser la cour, et pour se mettre lui-même à couvert, n'eût consenti à céder la régence à la reine-mère pendant la minorité du roi Charles IX; se bornant à exercer la lieutenance-générale du royaume, et à présider les conseils. Au moyen de cet accord, le prince de Condé, après dix-sept jours d'angoisses, pendant lesquels il se trouvoit entre la vie et la mort, sortit de prison; puis, en vertu d'un arrêt du 18 décembre 1560, fut déclaré innocent, et absous par la cour des pairs, tenue en parlement.

Le premier usage qu'il fit de sa liberté, fut de renouer ses intrigues avec les seigneurs protestants et les villes du parti. Il quitta alors la religion de ses pères, embrassa ouvertement la cause des huguenots, dont il se fit déclarer chef à Orléans, le 11 avril 1562, tandis que son frère aîné, pour les raisons que nous avons produites à son article, les avoit abandonnés, et s'étoit uni avec les Guises, le connétable, et le maréchal Saint-André, reconnus défenseurs de la religion catholique. Nous ne pouvons le suivre dans toutes ses expéditions; il suffira de dire que le prince de Condé leva le premier l'étendard par la prise d'Orléans, de Rouen, et de beaucoup d'autres places; se servant pour colorer son crime de quelques lettres de Catherine de Médicis, où cette princesse, effrayée de l'accord des trois princes catholiques, requéroit son assistance; et pour se procurer le secours des Anglois, il leur livra le Hâvre.

Le roi, représenté par le conseil de régence, et par le roi de Navarre, le poursuivit avec une pareille ardeur; la France, indignée de la trahison du prince, courut aux armes, et se vit bientôt en proie au pillage et aux horreurs qui accompagnent ordinairement les guerres civiles, maux d'autant plus affreux, qu'aux motifs d'ambition dans les chefs, se joignent souvent dans les peuples le desir d'attaquer la religion ou celui de la défendre.

Du reste, Louis ne fut pas heureux dans ses expéditions; blessé et fait prisonnier à la bataille de Dreux, qu'il avoit perdue, le 19 décembre 1562, il ne dut encore son salut qu'aux ménagements de la reine-mère, au courage de son épouse, qui retint fortement comme otage le connétable de Montmorency, fait prisonnier dans la même journée. Une paix simulée, que l'on négocia alors à Amboise, le 19 mars 1563, termina la première attaque.

Cette paix ne fut pas de longue durée; et Louis, joint à l'amiral Coligni, recommença, sur de nouveaux frais, par une tentative d'enlèvement du roi à Monceaux : les deux partis reprirent donc les armes.

C'est dans le cours de cette seconde guerre civile qu'on accuse Condé, ou son parti, d'avoir frappé de la monnoie à son effigie, avec la légende: *Ludovi-*

cus *XIII, Dei gratia, Francorum rex christianissimus;* attentat manifeste contre l'autorité royale. Les calvinistes pouvoient d'autant plus aisément le faire, qu'ils étoient en possession de plusieurs endroits où se trouvoient des hôtels des monnoies, et que le pillage des églises ainsi que le sac des villes leur avoit procuré plus de douze cents millions de matières d'or et d'argent, sans compter les pierres précieuses. Aussi assure-t-on que le numéraire fut alors plus que doublé en France.

A la bataille de Saint-Denis en France, qu'il perdit encore, Condé fut blessé. Cependant il se tira d'affaire cette fois, et il en fut quitte pour une *petite paix* de six mois seulement.

Comme il soupçonnoit fort que la reine-mère vouloit le faire arrêter dans sa terre de Noyers, en Bourgogne, où il s'étoit retiré, soupçon que sa conduite antérieure et ses continuelles attaques ne justifioient que trop, il se sauva à La Rochelle avec toute sa famille, fit un appel à tous ses amis, et recommença une troisième guerre civile, qui fut appelée la *mauvaise guerre*, à cause des cruautés inouïes auxquelles chacun des deux partis se porta. Les huguenots sur-tout, disent les historiens du temps, se distinguèrent par le pillage, l'incendie, le massacre des prêtres, des religieux, des vieillards, des femmes, et des enfants.

Les protestants cependant, poussés de position en position, appelèrent à leurs secours les étrangers; les catholiques en firent bientôt autant, et l'on vit la France inondée du sang de ses enfants par un parti qui comptoit à peine trois millions d'individus sur dix-huit millions d'habitants.

Pendant que l'on disputoit aux étrangers l'entrée de la France, le duc d'Anjou, frère du roi, après avoir passé la Loire, se présente à la tête d'une puissante armée, poursuit le prince de Condé jusqu'à Jarnac, dans l'Angoumois, lui offre la bataille; celui-ci l'accepte, et, après des prodiges de valeur, il est complétement battu, fait prisonnier avec deux blessures considérables. On l'avoit descendu de cheval et adossé contre un arbre pour panser ses blessures, lorsque le sieur de Montesquiou, capitaine des gardes du duc d'Anjou, arrive. La fureur s'empare de lui à la vue d'un prince du sang pris les armes à la main contre son roi et sa patrie; et, sans que l'on ait pu le retenir, il lâche au prince un coup de pistolet qui lui brûle la cervelle: action que tous les historiens condamnent justement, mais que sembloit alors autoriser la fureur des partis.

Son corps fut, dit-on, enlevé du champ de bataille, et porté à la ville sur une *ânesse*, par une sorte de dérision fort déplacée. Cependant on le conduisit bientôt après à Vendôme, où, quoique calviniste, il fut déposé honorablement dans l'église collégiale, sépulture de ses pères.

Ainsi mourut, âgé de trente-neuf ans, Louis I, prince de Condé, et chef de la branche de ce nom. La lecture seule des faits que nous venons de produire, et qui sont avoués de tous, suffit pour indiquer au lecteur le jugement qu'il doit porter.

Louis I, prince de Condé, eut de sa première épouse, Éléonore de Roye:

1° Henri I de Bourbon, prince de Condé, qui suit;
2° Charles de Bourbon, né à Nogent-le-Rotrou le 3 novembre 1757, mort jeune;
3° François de Bourbon, prince de Conty, souverain de Château-Regnault, seigneur de Bonnestable et de Lucé, chevalier des ordres du roi, gouverneur d'Auvergne, de Paris, et du Dauphiné, né à La Ferté-sous-Jouarre, le 19 août 1558, assista aux premiers états de Blois tenus en 1577, et trois ans après fut fait chevalier de l'ordre du Saint-Esprit.

Il suivit d'abord le parti de Henri, roi de Navarre; mais bientôt après il revint à la cour de Henri III, qu'il continua de servir, jusqu'à ce que, ce prince étant mort, il fut le premier qui reconnut Henri IV pour roi de France, et qui l'assista dans toutes ses guerres. Le prince de Conti se trouva à la bataille d'Ivri en 1590; au combat de Craon, il fut vaincu par le duc de Mercœur, en 1594; il parut au sacre de Henri IV, où il représenta le duc de Bourgogne. Il se trouva aussi à celui de Louis XIII, et représenta le duc de Normandie; enfin ce prince mourut à Paris, le 3 août 1614, au palais abbatial de l'abbaye de Saint-Germain-des-Prés, où il s'étoit retiré. Après la mort du cardinal de Bourbon son frère, il avoit obtenu du roi les revenus de cette riche abbaye, et les percevoit avec licence, mais sous un nom emprunté. Suivant l'historien de Thou, l. CI de son histoire, il auroit été proposé pour succéder au trône, à l'exclusion de Henri IV protestant et alors sous le poids de l'excommunication; mais ce qui fit qu'on lui préféra son oncle, le vieux cardinal de Bourbon, c'est qu'il étoit bègue, et qu'il avoit été taillé de la pierre dans sa jeunesse, d'où on le croyoit incapable d'avoir des enfants. Cependant il étoit marié alors, et il eut des enfants. François, prince de Conti, avoit épousé en premières noces Jeanne de Coëme, dame de Bonnestable et de Lucé, veuve de Louis, comte de Montafié en Piémont, morte sans enfants à Saint-Arnoul en Beauce, le 26 décembre 1601; en secondes noces il épousa au château de Meudon, le 24 juillet 1605, Louise-Marguerite de Lorraine, fille de Henri I, duc de Guise, et de Catherine de Clèves, laquelle mourut de tristesse au château d'Eu, le 30 avril 1631. De cette princesse il eut MARIE de Bourbon, née au Louvre le 8 mars 1610, morte le 20 du même mois. On connoît à François-de Bourbon, premier prince de Conti, un enfant naturel : NICOLAS, prieur de Grammont, abbé de La Couture au Mans, et de Bussac en Saintonge, décédé à Paris, rue des Marais-Saint-Sulpice, et enterré à l'abbaye Saint-Germain-des-Prés.

4° CHARLES III, cardinal de Bourbon, archevêque de Rouen, abbé de Saint-Denis en France, de Saint-Germain-des-Prés, de Saint-Ouen, de Bourgueil, de Sainte-Catherine de Rouen, d'Orcan, etc., né à Gandelu en Brie, le 30 mars 1562, créé cardinal en

1583, âgé seulement de vingt-un ans, par le pape Grégoire III, assista aux états-généraux de Blois en 1588, et fut établi chef des conseils de S. M. Après la mort de Henri III, il forma en France un tiers parti, dont le but étoit de se faire reconnoître roi de France, à l'exclusion de son cousin. Ce dessein passager s'évanouit par suite de la conversion de Henri IV, et il se réconcilia avec son roi. L'année suivante 1594, il mourut d'hydropisie dans son palais abbatial de Saint-Germain-des-Prés. Il n'avoit jamais été que sous-diacre. Son corps fut transporté à Gaillon, sépulture des archevêques de Rouen.

5° Louis de Bourbon, frère jumeau de Charles, né à Gandelu, le 30 mars 1562, mort à Muret, le 19 octobre de l'année suivante;

6° Marguerite de Bourbon, née au château de Roucy, le 8 novembre 1556, morte jeune;

7° Magdeleine de Bourbon, morte jeune à Muret, le 7 octobre 1563;

8° Catherine de Bourbon, née au château de Roucy, en 1564, morte jeune.

De sa seconde femme, Françoise d'Orléans, fille de François d'Orléans, marquis de Rothelin, et de Jacqueline d'Orléans, il eut :

1° Charles de Bourbon, comte de Soissons, chef de la branche des comtes de Soissons, dont nous parlerons;

2° et 3° Louis et Benjamin de Bourbon, morts au berceau.

Enfant naturel.

D'après les mémoires du temps, le prince de Condé avoit eu un commerce assez scandaleux avec une fille d'honneur de la reine mère Catherine de Médicis, nommée Isabelle de La Tour, demoiselle de Limeuil. De cette intrigue, naquit un enfant qui vint au monde à Lyon, en juillet 1564, dans la garderobe même de la reine, où la mère se trouvoit employée. Elle avoit jusqu'alors caché sa grossesse. Du reste, l'enfant est mort presque au moment de sa naissance.

II.

Henri I de Bourbon, prince de Condé, duc d'Enghien, comte de Valery et d'Anisy, marquis d'Isles en Champagne, seigneur de La Ferté-sous-Jouarre, de Noyers, etc., gouverneur de Picardie.

Ce prince naquit à La Ferté-sous-Jouarre, le 29 décembre 1552; il étoit l'aîné des quatre fils de Louis I, et, comme lui, attaché à la religion protestante. Devenu, à l'âge de dix-sept ans, le chef de sa famille, il ne succéda pourtant pas au titre de chef du parti huguenot; ce fut au prince de Béarn (Henri IV) qu'on déféra cet honneur. Attiré à la cour, le 17 août 1572, avec les principaux soutiens de la religion protestante, il courut ainsi que son cousin, le plus grand risque de sa vie à la journée de Saint-Barthélemi, où il fut délibéré si l'on ne comprendroit pas les deux Bourbons dans le massacre; et, dès le lendemain, on ne les en excepta qu'à condition qu'ils rentreroient dans le sein de la religion catholique. Le jeune roi de Navarre céda facilement; mais le prince de Condé résista long-temps : il fallut toute la puissance de Charles IX, et ses menaces terribles de *mort, messe,* ou *Bastille,* pour lui arracher son abjuration. Un acte aussi peu libre n'eut pas un effet bien long. Cependant comme les deux princes étoient surveillés, ils ne purent effectuer, pour le moment, leur projet d'évasion.

Pendant qu'ils se trouvoient à la cour, le prince de Condé épousa, au mois de juillet 1572, Marie de Clèves, marquise d'Isles et comtesse de Beaufort, fille puînée de François de Clèves, duc de Nevers, morte en couches à Paris, le 30 octobre 1574. Ensuite le prince se trouva au siège de La Rochelle sous les ordres du duc d'Anjou (1573).

Après la mort de Charles IX, Louis échappa à ses surveillants, reprit la religion de son père, et, dans la crainte d'être arrêté, il passa en Angleterre, de là en Allemagne, où, par ses négociations avec les princes protestants, il ménageoit des forces à son parti. Dans les troubles de 1577, Condé n'eut guère occasion de faire valoir ses talents, à cause de la mésintelligence qui se mit entre lui et le roi de Navarre, mésintelligence très nuisible aux religionnaires; il prit seulement la ville de Brouage et d'autres places de la Saintonge, de l'Anjou, mais il ne les garda pas long-temps. Lors de la reprise des hostilités, vers la fin de 1579, Condé renoua ses correspondances avec les étrangers, et il n'en obtint que de foibles secours.

Les hostilités ayant recommencé en 1579, le prince de Condé surprit La Fère en Picardie, et passa derechef en Allemagne, puis en Angleterre, et dans les Pays-Bas. Tous ses plans de conquête échouoient toujours par le peu d'accord existant entre lui et le roi de Navarre, qui nevouloit point souffrir qu'aucun autre que lui eût le titre de chef et de protecteur de la religion réformée en France.

De son côté, Condé, fidéle au plan qu'avoit déja conçu son père, méditoit le hardi projet de démembrer de la couronne de France l'Anjou, le Poitou, l'Aunis, la Saintonge, et l'Angoumois, pour s'en composer une principauté indépendante, et qui auroit été gouvernée en manière de république. La mort vint mettre fin à ces beaux projets.

En 1586, le prince avoit épousé en secondes noces Charlotte-Catherine de La Trémoille. L'année suivante, on le trouve présent à la bataille de Coutras où, nonobstant toute brouillerie, il s'étoit conduit en bon cadet du grand Henri, et avoit été, dit-on, blessé au côté d'un coup de lance, que lui porta le seigneur de Saint-Luc. Le 5 mars 1588, il mourut de mort presque subite à Saint-Jean-d'Angely, et à la suite d'un vomissement violent.

Cette mort, attribuée sans raison par Henri IV, dans sa lettre à la comtesse de Grammont, aux catholiques, et, avec aussi peu de fondement, par les protestants à la princesse de Condé, fut suivie d'une procédure contre les personnes qui entouroient le prince : un de ses domestiques fut écartelé; un page, exécuté en effigie; son épouse arrêtée, et mise dans une étroite prison; elle auroit éprouvé le même sort que les deux autres accusés sans sa grossesse, et la naissance du jeune prince Henri II.

Enfin un arrêt du parlement, rendu six ans après, la déchargea pleinement du crime dont on avoit voulu la rendre coupable.

Ce prince, aussi aimable, aussi brave, et aussi entreprenant, mais moins célèbre que son père, eut de sa première épouse :

1° CATHERINE de Bourbon, marquise d'Isles, née à Paris, en 1574, morte au Louvre, le 30 décembre 1595, sans alliance, et enterrée à Saint-Germain-des-Prés.

De sa seconde femme :

1° HENRI de Bourbon, qui suit;
2° ÉLÉONORE de Bourbon, née le 30 avril 1587, mariée en 1606 à Philippe-Guillaume de Nassau, prince d'Orange, rentrée en France après la mort de son époux, dont elle n'eût point d'enfants, et décédée elle-même à Muret, le 20 janvier 1619; enterrée à Saint-Valérien.

Enfant naturel.

Le temps, le lieu, les monuments authentiques avec les

armes de Condé, tout porte à croire que Hélène d'Enghien, abbesse du couvent de la Perrigue, au Mans, vivante encore en 1626, étoit une fille naturelle de Henri I, prince de Condé. On n'a point d'autre renseignement sur ce qui la concerne.

III.

Henri II de Bourbon, prince de Condé, premier prince du sang, premier pair, et grand-maître de France, duc d'Enghien, de Montmorency, de Châteauroux, d'Albret, et de Bellegarde; comte de Gex, de Châteaubriant, de Valery, seigneur de Chantilly, et de l'Isle-Adam; chevalier des ordres du roi et successivement gouverneur de Guienne, de Berry, de Bourgogne, etc.

Ce prince, fils unique de Henri I et de Charlotte de La Trémoille, naquit posthume, le 1er septembre 1588, à Saint-Jean-d'Angely en Saintonge, cinq mois et vingt-cinq jours après la mort de son père, et non pas treize mois, comme l'ont avancé, sans aucune preuve, certains historiens. Il eut pour parrain Henri IV, qui lui donna son nom. A l'âge de huit ans, il fut amené à la cour et élevé dans la religion catholique, ce qui étoit alors une condition rigoureuse à remplir, attendu que ce prince se trouvoit l'héritier présomptif de la couronne, Henri IV n'ayant point encore d'enfants; il eut pour gouverneur le marquis de Pisani, et pour précepteur le savant Léfévre, le même qui depuis fut chargé de l'éducation de Louis XIII. Lorsqu'il fut en âge d'être marié, le roi unit sa destinée à celle de mademoiselle de Montmorency, la plus riche et en même temps la plus belle femme de son siècle, et elle fut largement dotée; car, si l'on en croit la chronique scandaleuse, elle n'étoit pas tout-à-fait indifférente au bon roi Henri.

Le jeune prince, jaloux de sa nouvelle épouse, et poussé en secret, l'enleva, pour ainsi dire, de France, afin de la soustraire aux poursuites de son royal amant, et se retira à Bruxelles, de là à Milan pour plus grande sûreté, malgré l'ordre et les menaces de Henri IV. La mort du monarque mit fin à toutes ces brouilleries, et réconcilia les jeunes mariés, qui rentrèrent en France et vécurent depuis dans la plus parfaite union.

Au sacre de Louis XIII, ce prince représenta le duc de Bourgogne, et fut nommé chevalier de l'ordre du Saint-Esprit. Henri avoit des prétentions à la régence; mais il étoit arrivé trop tard, ce qui causa des mécontentements, et auroit pu occasioner des troubles, si le prince n'avoit été aussi modéré dans ses desirs que son aïeul et son père l'étoient peu.

Par un traité passé à Sainte-Ménehould, en 1614, confirmé à Loudun, en 1616, il se contenta des avantages qu'on lui faisoit; mais bientôt sa conduite et ses liaisons avec les familles prépondérantes du parti calviniste, inspirèrent contre lui de nouveaux soupçons; il fut arrêté et mis à la Bastille, de là transféré à Vincennes, où il resta trois ans, au bout desquels le roi, persuadé de son innocence et de ses bonnes intentions, le fit sortir, non sans avoir exigé de lui une promesse formelle, non seulement de n'avoir plus aucune communication avec les protestants, mais encore de le servir dans les guerres qu'il entreprendroit contre eux ; promesse que le prince fit sincèrement, et à laquelle il demeura toujours fidèle.

En 1621 et 1622, le prince de Condé, à la tête d'un corps de troupes considérable, prit sur les protestants la ville de Sancerre, suivit le roi aux siéges et prises de Royan, de Bergerac, de Saint-Antonin, de Clairac, et ensuite au combat de l'île de Ré, ainsi qu'au siége de Montpellier. Depuis ce temps, il se montra ennemi des calvinistes, et coopéra de tout son pouvoir à l'entière réduction de ce parti.

En 1635, Louis XIII donna au prince de Condé les gouvernements de Nanci et de Lorraine; et l'année d'ensuite, la guerre ayant éclaté entre la France et la Lorraine, le prince de Condé, toujours à la tête des armées royales, contribua pour sa part aux succès de la France contre les ennemis extérieurs.

Louis XIII avant de mourir récompensa le prince.

de Condé de sa fidélité en le nommant grand maître de France, et l'instituant par testament chef du conseil souverain de régence, titre qui lui fut confirmé par le parlement.

Dans cette nouvelle position, le prince se distingua par sa sagesse, ses vertus, son esprit d'équité, et il eut le rare bonheur de former à son exemple le héros de la France, le GRAND CONDÉ.

Enfin Henri II, prince de Condé, chéri de tout ce qui l'entouroit, estimé de la cour, respecté par les bons François, termina sa carrière en son palais, à Paris, le 26 décembre 1646, dans sa cinquante-neuvième année.

De son épouse, décédée en 1650, il avoit eu :

1° N.... de Bourbon, né avant terme, et sans avoir été nommé;
2° et 3° N.... N...., princes jumeaux, morts sans avoir été nommés;
4° Louis II de Bourbon, qui suit;
5° ARMAND de Bourbon, prince de Conti, auteur de la branche de Bourbon-Conti, qui aura sa notice;
6° ANNE-GENEVIÈVE de Bourbon, épouse de Henri II d'Orléans, duc de Longueville.

IV.

Louis II de Bourbon, prince de Condé, surnommé le GRAND CONDÉ, premier prince du sang, duc de Bourbonnois, d'Enghien, de Montmorency, de

Châteauroux, et de Bellegarde; comte de Clermont en Argonne, de Charolois, de Gex, de Châteaubriant, et de Valery; seigneur de Chantilly; grand-maître de France, chevalier des ordres du roi, gouverneur de Bourgogne, de Bresse, de Berry, de Guienne, etc., né à Paris, le 8 septembre 1621, marié, le 12 février 1641, à Claire-Clémence de Maillé-Brezé, duchesse de Fronsac et de Caumont, marquise de Brézé et de Graville, comtesse de Beaufort en Vallée, baronne de Tréves, fille d'Urbin de Maillé, maréchal de France, et de Nicole du Plessis-Richelieu, niéce du cardinal de Richelieu. Par acte passé le 26 février 1661 entre le roi et le prince de Condé, ce dernier reçut le duché de Bourbon, mais en échange de celui d'Albret, qu'il tenoit de ses pères.

Au nom du GRAND CONDÉ tous les cœurs se réveillent et semblent proclamer le héros, ou, pour mieux dire, l'ACHILLE FRANÇOIS. Dans l'impossibilité où nous sommes de donner un article assez étendu à sa mémoire, nous nous bornerons à ce peu de mots, que nous ferons suivre d'un tableau analytique des victoires et des hauts faits d'armes du prince dont nous donnons la notice. Nous regrettons beaucoup qu'il n'y ait aucune histoire bien faite du grand Condé. La Vie de ce prince, publiée récemment, et écrite par son arrière-petit-fils, Louis-Joseph de Bourbon, dernier prince de Condé, et consignée dans un ouvrage intitulé : *Mémoires de la maison de Condé* (Paris, 1820, 2 vol. in-8°), nous paroît la seule qui mérite de la confiance pour les faits, et nous l'indiquons à nos lecteurs, ainsi que l'Oraison funèbre du même prince par l'illustre évêque de Meaux.

Le grand Condé eut l'avantage de réunir en lui toute la bravoure et toute la bonté des Bourbons; celle du connétable, du grand Henri, de Louis XIV, etc. A l'exemple du premier, et de son bisaïeul Louis I, il eut le coupable honneur de faire la guerre à son roi; mais il fut plus heureux qu'eux tous. Dieu lui accorda le temps du repentir. Rentré en grace avec son souverain, il le servit depuis avec une grande fidélité, et contribua puissamment à la gloire du grand siècle; chargé de lauriers plus que d'années (il étoit dans sa soixante-sixième année), il s'endormit paisiblement du sommeil du juste, au milieu de sa famille, dans le sein de la religion, dont il observoit fidélement les préceptes, et des lettres, qu'il cultivoit avec un rare mérite, le 11 décembre 1686.

Le grand Condé eut de son épouse :

1° Henri-Jules de Bourbon, qui suit;
2° Louis de Bourbon, né à Bordeaux le 20 septembre 1652, mort le 11 avril 1653;
3° N.... de Bourbon, née à Bréda, en Hollande, en 1657, morte en 1660.

TABLEAU CHRONOLOGIQUE

DES

PRINCIPALES VICTOIRES ET HAUTS FAITS D'ARMES

DE

LOUIS II DE BOURBON,

DIT LE GRAND CONDÉ.

1° VICTOIRE DE ROCROI, remportée sur le comte de Fuentès, le 19 mai 1643.

2° Prise de THIONVILLE, le 10 août, même année.

3° VICTOIRE DE FRIBOURG, remportée sur le général Merci, après trois jours de combat, les 3, 5, et 9 août 1644.

4° Prise de PHILISBOURG, de MAYENCE, et autres places; même année.

5° Condé répare la défaite de Turenne à MARIENDAL; mars 1645.

6° VICTOIRE DE NORTLINGUE, remportée sur le général Merci, le 3 août 1645.

7° Prise de DUNKERQUE, le 7 septembre 1646.

8° Siège de LÉRIDA, en Catalogne, levé par le prince, le 17 juin 1647.

9° VICTOIRE DE LENS, en Artois, remportée sur l'archiduc Léopold, le 20 août 1648.

10° Blocus et reddition de PARIS, en février 1649.

11° COMBAT DE SAINT-ANTOINE, aux portes de Paris, le 2 juillet 1652.

12° Condé passe du côté des Espagnols, et commande leur armée, conjointement avec l'archiduc et le comte de Fuensaldagne. Belle retraite de devant ARRAS, le 25 août 1654.

13° Lignes des François forcées devant VALENCIENNES, ce qui sauva cette ville, le 16 juillet 1616.

14° Belle défense du prince dans CAMBRAI, en avril 1657.

15° Célèbre BATAILLE DES DUNES, perdue par le prince contre Turenne, le 4 juin 1658.

16° Rendu à son roi et à sa patrie, Condé commande l'armée de Hollande.

17° FAMEUX PASSAGE DU RHIN, où le grand Condé est blessé, le 11 juin 1672.

18° VICTOIRE DE SENEF, remportée sur le prince d'Orange, le 11 août 1674.

19° DERNIÈRE CAMPAGNE du grand Condé en Alsace, pendant l'année 1675. Après la mort du maréchal de Turenne, Monseigneur prend le commandement de l'armée, et contient les ennemis.

20° Levée des sièges de HAGUENEAU et de SAVERNE, par Montecuculli, les 22 août et 14 septembre 1675. Ce général est forcé de repasser le Rhin, etc.

V.

Henri-Jules de Bourbon, prince de Condé, grand-maître de France, chevalier des ordres du roi, gouverneur de Bourgogne et de Bresse; duc de Bourbonnois, d'Enghien, de Montmorency, de Châteauroux, et de Bellegarde; comte de Clermont en Argonne, de Clermont en Beauvoisis, de Charolois, de Gex, de Châteaubriant, et de Valery; seigneur de Chantilly, etc., né le 29 juillet 1643.

Ce prince, connu d'abord sous le nom de duc d'Albret, puis sous celui de duc d'Enghien, a peu marqué dans l'histoire, ce que l'on doit attribuer à son caractère pacifique, et fort étranger à la profession des armes. Son illustre père fit tout ce qu'il put pour lui apprendre le grand art dans lequel il excelloit lui-même, et n'en put rien obtenir : il ne l'aima pas moins jusqu'à la mort.

Dans le cours de l'année 1663, le duc d'Enghien épousa Anne de Bavière, fille d'Édouard de Bavière, prince palatin, et d'Anne de Gonzague-Clèves, connue sous le nom de princesse palatine, et qui joua un rôle dans les guerres de la fronde. La jeune duchesse d'Enghien étoit un modèle de vertu, et elle eut beaucoup à souffrir des brusqueries de son époux, homme d'un caractère sombre et jaloux. Nonobstant cela, le duc d'Enghien étoit aimé du roi, de son père, et de toute la cour, et il vécut assez bien avec son épouse, quoiqu'il lui ait été de temps en temps infidèle.

Les mémoires du temps disent que, pendant les quinze ou vingt dernières années de sa vie, il fut frappé d'une espèce de démence, qui le jetoit quelquefois dans un délire furieux : nous n'avons pas été à portée de vérifier ce fait. Tout ce que nous pouvons dire, c'est que ce prince, qui n'avoit jamais été ni trop dévot, ni trop libertin, donna en mourant des marques d'une piété réelle, et remplit avec beaucoup de ferveur les devoirs d'un chrétien.

Il mourut le 1er avril 1709, dans sa soixante-sixième année. Son cœur fut déposé dans l'église des jésuites, et son corps conduit à Saint-Valery.

De son mariage sont issus :

1° HENRI de Bourbon, mort âgé de trois ans et demi ;
2° LOUIS III, duc de Bourbon, qui suit ;
3° HENRI de Bourbon, comte de Clermont, mort âgé d'environ trois ans ;
4° LOUIS-HENRI de Bourbon, comte de La Marche, mort dans sa quatrième année ;
5° MARIE-THÉRÈSE de Bourbon, mariée à François-Louis de Bourbon, prince de Conti ;
6° ANNE de Bourbon, morte dans sa sixième année ;
7° ANNE-MARIE-VICTOIRE de Bourbon, appelée *Mademoiselle de Condé*, née le 11 août 1675, morte le 23 octobre 1700, âgée de vingt-cinq ans, célèbre par sa bonté et sa charité. Elle disposa de tout son bien en

faveur des pauvres, après avoir obtenu le consentement de ses parents ;

8° ANNE-LOUISE-BÉNÉDICTE de Bourbon, épouse de Louis-Auguste de Bourbon, duc du Maine, légitimé de France ;

9° MARIE-ANNE de Bourbon, épouse de Louis-Joseph, duc de Vendôme ;

10° N.... de Bourbon, morte âgée de dix-sept mois.

Enfant naturel légitimé.

Henri-Jules, prince de Condé, eut de Françoise de Montalais, veuve de Jean de Beuil, comte de Marans, grand échanson de France :

JULIE de Bourbon, demoiselle de Châteaubriand, née en 1668, légitimée en 1692, mariée à Armand de L'Esparre-de-Madaillan, marquis de Lassay, chevalier des ordres du roi, morte le 10 mars 1710, âgée de quarante-deux ans.

VI.

LOUIS III, duc de Bourbon, prince de Condé, duc d'Enghien, de Châteauroux, de Guise, et de Bellegarde ; comte de Clermont en Argonne, de Clermont en Beauvoisis, de Charolois, de Gex, et de Châteaubriant ; grand-maître de France, chevalier des ordres du roi, gouverneur de Bourgogne et de Bresse, etc.

Ce prince, né à Paris le 10 octobre 1668, doué de belles qualités, fut l'objet des affections de

Louis XIV, qui lui fit épouser Louise-Françoise de Bourbon, dite *mademoiselle de Nantes*, sa fille naturelle, et le combla de faveurs, en considération de ce mariage.

Bien différent de son père, il se distingua dans la carrière des armes, principalement à la bataille de Steinkerque avec les ducs d'Orléans et de Vendôme, ainsi que dans plusieurs autres rencontres; mais parcequ'il n'eut jamais de commandement en chef, son nom est moins connu, sans être, pour cela, moins recommandable.

Ce prince mourut dans la force de son âge, à quarante-deux ans, le 4 mars 1710, et fut enterré à Saint-Valery, lieu de la sépulture de ses pères.

Il a laissé de son épouse :

1° Louis-Henri de Bourbon, qui suit;
2° Charles de Bourbon, comte de Charolois, chevalier des ordres du roi, gouverneur de Touraine, admis aux conseils de régence en 1720, etc. Né le 19 juin 1700, il annonça de bonne heure une grande aptitude à tous les exercices convenables à un prince, ainsi que le germe de beaucoup de talents; mais il avoit un caractère dur, sournois, et même cruel. On sait par tradition que, dans sa jeunesse, il se faisoit un plaisir barbare de tuer un homme, avec autant de sang froid qu'un enfant lorsqu'il écrase une mouche. Poursuivi pour ses crimes, il demandoit sa grace, attribuant tout à un malheureux hasard. Un jour Louis XV, fort irrité, lui dit publiquement: *La voici, pour cette fois;*

mais je vous déclare en même temps que la grace de celui qui vous tuera est toute prête. On ajoute, et cela est croyable, que le comte n'eut plus besoin de recourir à la clémence de sa majesté. Il se conduisit dans la suite avec une sagesse digne du nom qu'il portoit, et fut tuteur du dernier prince de Condé, son neveu. Certes, son noble pupille ne peut que lui faire honneur. Du reste, il ne fit rien de mémorable. Ce prince mourut sans alliance, en 1760. Il eut d'une demoiselle noble du Dauphiné, nommée Marguerite Caron-de-Rancurel, dame de Lassone, deux filles, légitimées par actes publics: l'une, MARIE de Bourbon-Charolois, mariée au mois de décembre 1769 à Louis-Nicolas comte de Puget, lieutenant-colonel des grenadiers royaux de France; l'autre, CHARLOTTE-MARGUERITE-ÉLISABETH de Bourbon-Charolois, décédée sans alliance.

3° Louis de Bourbon, comte de Clermont, chevalier des ordres du roi, généralissime de ses armées, gouverneur de Champagne et de Brie, etc. Ce prince, né le 15 juin 1709, étoit destiné à l'état ecclésiastique, et fut même pourvu de la riche abbaye de Saint-Germain-des-Prés, n'étant pas encore dans les ordres sacrés. Cependant le goût des armes l'emporta sur la vocation sainte qu'on cherchoit à lui inspirer; et, muni d'un bref du pape, à l'exemple du fameux évêque de Beauvais, il fit, avec distinction, toutes les campagnes de la guerre de 1741, signala sa valeur à la sanglante affaire de Dettingen. En 1744, il fut chargé du siége d'Ypres, et força cette place de capituler. Quoique M. le comte de Clermont parut suivre par goût la carrière des armes, il n'étoit pas moins jaloux de gouverner sagement son abbaye pendant la paix, et d'établir parmi ses moines l'esprit d'ordre et d'union convenable à l'état religieux, ce qui, disoit-il, est plus difficile que de discipliner des soldats. Les sages règlements qu'il fit à cette occasion subsistoient encore avant la révolution. En un mot, ce prince n'étoit pas moins aimé comme un père dans son abbaye, qu'à la tête des troupes quand il les commandoit.

La guerre, terminée par le traité d'Aix-la-Chapelle en 1748, s'étant rallumée en 1756, il fut nommé généralissime des armées du roi, en remplacement de M. le maréchal duc de Richelieu. Dans cette nouvelle position, il se fit remarquer par l'ordre et la discipline qu'il établit dans son armée; fit casser plusieurs officiers mutins, et mettre au carcan un garde-magasin infidèle. Il déploya aussi dans cette expédition toute la bravoure et l'intrépidité de ses nobles ancêtres; mais la fortune ne lui fut pas favorable. Il avoit en tête un général ennemi trop habile, pour ne pas profiter des moindres fautes; d'ailleurs, on ne le secondoit pas. La perte de Minden, qui se rendit sans défense, celle de la bataille de Crevelt, et la prise de Dusseldorp, obligèrent le roi de rappeler un général aussi malheureux, à qui pourtant on ne pouvoit imputer aucune faute.

De ce moment le comte de Clermont renonça au métier des armes, se retira dans son abbaye de Saint-Germain-des-Prés, où il vécut dans la retraite et dans la pratique des vertus les plus austères. Il ne paroissoit à la cour que lorsque son devoir l'y obligeoit.

Louis XV, auprès de qui il avoit été élevé, et qui étoit de son âge, l'aimoit beaucoup; mais le comte crut devoir sacrifier cette amitié à ce qu'il appeloit un devoir de citoyen, en prenant le parti du parlement, lors des violents débats élevés entre la cour et ces corps, remarquables alors par leur turbulence et leur esprit d'opposition. Ce fut même, dit-on, dans son appartement que les princes s'assemblèrent et signèrent la célèbre déclaration du 12 avril 1771, connue sous le nom de *protestation des princes du sang*, dirigée en partie contre le parlement appelé *de Meaupou*.

Ce n'est pas ce que le comte de Clermont fit de mieux ; aussi il ne tarda pas d'encourir la disgrace, et se vit privé des bienfaits qu'il tenoit du roi, bienfaits qui étoient sa seule richesse. Il mourut la même année, sans avoir contracté aucune alliance.

4° MARIE-ANNE-GABRIELLE-ÉLÉONORE de Bourbon, abbesse de Saint-Antoine-lès-Paris, née le 22 décembre 1690, morte en 1760 ;

5° LOUISE-ÉLISABETH de Bourbon (mademoiselle de Bourbon), née le 22 novembre 1693, mariée à Louis-Armand de Bourbon, prince de Conti ; veuve en 1727, morte quelques années après ;

6° LOUISE-ANNE de Bourbon, appelée *Mademoiselle de Charolois*, née le 23 juin 1695, décédée sans alliance en 1758 ;

7° MARIE-ANNE de Bourbon (mademoiselle de Clermont), surintendante de la maison de la reine, née le 16 octobre 1697, morte en 1741 ;

8° HENRIETTE-LOUISE-MARIE-FRANÇOISE-GABRIELLE de Bourbon (mademoiselle de Vermandois), abbesse de Beaumont-lès-Tours, illustre par sa piété et sa bienfaisance, née en 1703, morte sans alliance ;

9° ÉLISABETH-ALEXANDRINE de Bourbon (mademoiselle de Sens), née le 15 septembre 1705, morte en 1765.

Enfant naturel et légitimé.

Louise-Charlotte de Bourbon, mariée à Nicolas de Changy, comte de Roussillon, mestre de camp de cavalerie.

VII.

Louis-Henri de Bourbon, duc de Bourbon, prince de Condé, duc d'Enghien, de Guise, et de Bellegarde; comte de Clermont en Argonne, de Clermont en Beauvoisis, et de Châteaubriant; marquis de Noirmoutier, seigneur de Saint-Maur, d'Écouen, et de Chantilly; chevalier des ordres du roi et de la Toison d'or; grand-maître de France, gouverneur de Bourgogne et de Bresse; chef des conseils de sa majesté; principal ministre d'état, naquit le 8 août 1692.

Ce prince étoit petit-fils de Louis XIV, par sa mère, mademoiselle de Nantes; aussi fut-il fort aimé du grand roi, qui lui fit faire ses premières armes dans la guerre de la succession, où Louis eut occasion de signaler sa bravoure, mais sans acquérir beaucoup de gloire, n'ayant jamais passé le grade de maréchal-de-camp. Louis XIV ensuite lui choisit une épouse dans la personne de Marie-Anne de Bourbon, fille du prince de Conti, avec laquelle le duc vécut en bonne union jusqu'en 1720. Cette princesse étant morte à cette époque, le duc de Bourbon épousa en secondes noces Charlotte de Hesse-Rhinfeld, dont il eut des enfants.

Louis XIV, avant de mourir, le chargea spécialement d'entretenir l'union entre les princes de la famille. Ce qu'il n'exécuta pas très ponctuellement, car il se montra l'ennemi déclaré du duc du Maine; et lorsque celui-ci quitta, malgré lui, la place de surintendant de l'éducation du jeune roi Louis XV, le prince de Condé ne fit pas difficulté de s'en emparer. La faveur du régent et l'attachement qu'il portoit au système de Law l'avoient rendu odieux aux Parisiens, ainsi que son jeune frère, le comte de Clermont; on dit même qu'il avoit gagné, lui et sa mère, plus de vingt-cinq millions à la fameuse banqueroute. Quoi qu'il en soit, à la mort du duc d'Orléans, Louis XV, majeur alors, mais trop jeune encore pour gouverner par lui-même, le nomma principal ministre. Les principaux actes de son ministère sont la rupture du mariage proposé entre le jeune roi et une infante d'Espagne, plus un édit fort sévère contre les protestants. L'une de ces deux mesures étoit impolitique, et l'autre, dans l'état des affaires, excita beaucoup de mécontentement. L'édit concernant les mendiants et les vagabonds n'eut pas plus de succès, parceque le duc-ministre, en appliquant le remède convenable, avoit oublié ce qui pouvoit le faire réussir, je veux dire les moyens. De tout cela, et de plusieurs autres actes peu agréables aux différents corps de l'état, on conclut dans le temps que Henri n'avoit point d'aptitude aux affaires; et l'abbé de Fleuri, depuis cardinal, engagea le jeune monarque à remercier son oncle. Celui-ci, peu affecté de sa disgrace, se retira dans sa terre de Chantilly, que, pendant quinze ans, il se plut à embellir, et dont il parvint à faire un séjour enchanteur.

Après avoir consacré les dernières années de sa vie à remplir les devoirs d'un prince religieux, il mourut, fort regretté de sa famille, à l'âge de quarante-huit ans, le 27 janvier 1740, laissant, de sa seconde épouse, un fils unique :

Louis-Joseph de Bourbon, qui suit.

Enfant naturel et légitimé.

Henriette de Bourbon, légitimée le 19 décembre 1739, et mariée au comte de La Guiche, lieutenant-général des armées du roi, dont elle est restée veuve depuis 1770.

VIII.

Louis-Joseph de Bourbon, prince de Condé, duc de Bourbonnois, de Châteauroux, de Montmorency-Enghien, de Guise, etc., etc.; chevalier des ordres du roi et de la Toison d'or, gouverneur des provinces de Bourgogne et de Bresse, grand-maître de la maison du roi, colonel-général de l'infanterie françoise, etc.

Ce prince naquit à Paris le 9 mars 1736. Il fut de tous les princes de sa maison celui qui ressembla le plus à son auguste aïeul, le grand Condé. Même courage, mêmes talents, même instruction; une piété sincère, un dévouement sans bornes à la cause sacrée de la monarchie, le distingueront toujours aux yeux de la postérité du nombre des guerriers célèbres de notre siècle. Il ne fut pas toujours heureux : comme les membres de son auguste famille, il éprouva des revers, et des revers non mérités; mais, comme eux, il présenta un front serein au vent de l'adversité; comme eux, il fut le père des soldats, le chef de la noblesse françoise, dont il partagea les malheurs; et il eut l'insigne honneur de mourir au sein de sa patrie régénérée, après avoir vu son roi replacé avec gloire sur le trône de ses ancêtres.

Louis-Joseph fit sa première campagne en Allemagne en 1757, se trouva à la bataille d'Hastembeck et à la conquête de l'électorat de Hanovre; maréchal-de-camp, il combattit à Crevelt, et finit la campagne sous le maréchal de Contades. Nommé lieutenant-général des armées du roi en 1759, il commanda la cavalerie de l'armée d'Espagne, et chargea avec la plus grande valeur à la journée de Minden. Nous ne le suivrons pas dans tous les combats auxquels il prit part; il suffira de dire que, chargé du commandement en chef de l'armée françoise, son chef-d'œuvre est sans contredit la victoire de Johannesberg, où, malgré toutes les difficultés opposées par l'art et par la nature, il repoussa l'ennemi supérieur en forces, fit quinze cents prisonniers, s'empara de vingt pièces de canons, et décida du succès de la campagne. La guerre étant terminée, le prince de Condé se retira à Chantilly, qu'il continua d'embellir, comme avoient fait ses prédécesseurs, jusqu'à l'époque de la révolution.

Déja, en 1787, le prince avoit présidé le quatrième bureau de l'assemblée des notables, et s'étoit signalé par son opposition constante aux principes désorganisateurs à l'ordre du jour. Il signa le fameux *mémoire des princes*, adressé au roi à cette époque. Le 17 juillet, désespérant de voir l'ordre rétabli, il quitta la France avec sa famille, et se retira à Bruxelles, de là dans la Suisse et à Turin, où il fut suivi d'une partie de la noblesse françoise, qui fuyoit la persécution déja commencée pour toutes les prééminences sociales. Au mois de juillet 1790, Condé publia un manifeste, tendant à rallier sous ses étendards tous les gentilshommes et les fidèles serviteurs du roi, à l'effet de délivrer Louis XVI de la captivité dans laquelle il gémissoit. Privé, par l'assemblée nationale, de 600,000 livres de rentes qui lui étoient dus pour le Clermontois, patrimoine de ses ancêtres, il n'en tint pas moins à la cause sacrée de la monarchie; et il déclara qu'il périroit plutôt que de souffrir le triomphe du crime, l'avilissement du trône, et le renversement de ce bel ordre social, reconnu et avoué de nos nobles ancêtres. Louis-Joseph put dire alors comme Sertorius :

Rome n'est plus dans Rome, elle est toute où je suis.

En effet, à sa suite se rangèrent ces braves chevaliers, descendants des Francs, et qui auroient sans doute réussi, sans la politique intéressée des cabinets étrangers, alors dominants. N'importe, le prince de Condé ne se rebuta pas; avec ses foibles moyens, il parvint à faire admirer son courage, même par les républicains. L'affaire de Berstheim fut à-la-fois glorieuse et meurtrière. Le prince de Condé, le duc de Bourbon, et le duc d'Enghien se signalèrent également aux combats d'Iockrim, de Pfors, de Barbelroth, de Weissembourg, et de Hagueneau. Dans toutes ces affaires, les Condés et les émigrés payoient de leur personne, et mettoient le plus grand zèle à soutenir la cause commune; mais, comme nous l'avons vu, ils n'étoient pas secondés. Les campagnes de 1794, 1795, 1796, et 1797, donnèrent au prince plusieurs occasions de signaler sa valeur, principalement à l'attaque de Kehl, où le corps de Condé, lui-même et son petit-fils coururent les plus grands dangers. Tous leurs efforts furent malheureusement infructueux, au point que le prince se vit obligé de vendre tout ce qu'il avoit pour soulager ses compagnons d'armes.

La paix de Léoben, conclue entre l'empereur d'Autriche et la république françoise, laissoit sans emploi cette brave et malheureuse armée royale. Le prince et tous ceux qui voulurent suivre sa fortune acceptèrent, sinon avec joie, du moins avec reconnoissance, les offres généreuses de l'empereur de Russie, Paul I, et passèrent au service de cette puissance, en conservant toutefois l'uniforme et les réglements militaires d'une patrie si chère, qu'ils espéroient de revoir un jour.

En 1799, la rupture de la paix vint tirer la petite armée de Condé de l'inaction dans laquelle elle languissoit, éloignée de sa patrie, et confinée dans les plaines glacées de la Wolhynie, pour les porter au pied des montagnes de l'Helvétie. Là, comme ailleurs, cette brave armée, toujours à la suite des autres, toujours malheureuse, n'arriva sur le théâtre de la guerre que pour être témoin de la retraite de ses alliés. Réduits au nombre de trois mille, les *Condéens*, à l'exemple de leur noble chef, firent des prodiges de valeur, et qui furent en pure perte.

L'empereur Paul, irrité de la conduite de la cour d'Autriche, qui, par ses lenteurs affectées, détruisoit tout le bien que l'expédition de Suwarow avoit opéré en Italie et en Suisse, rappela ses armées dont le corps de Condé faisoit partie. Les princes étoient au désespoir. Il falloit s'éloigner encore, et à une distance de six cents lieues du sol natal, pour retourner dans les régions glaciales de la Russie. La Providence vint à leur secours. Après bien des hésitations, il fut convenu que le corps d'armée du prince de Condé passeroit à la solde de l'Angleterre et resteroit en Autriche ou dans les pays que cette puissance occupoit non loin du Rhin.

Les désastres des alliés pendant les campagnes de 1800 et 1801 obligèrent les souverains de l'Europe de traiter avec l'usurpateur du trône des Bourbons; et les Anglois, qui seuls se refusoient à toute pacification, continuèrent de donner leurs soins à l'armée de Condé; mais, comme ils mettoient la condition de traverser les mers pour combattre sur des rivages étrangers, on préféra la dissolution totale du corps à une mesure qui auroit laissé chacun des membres dans l'impossibilité de jamais revoir son pays. En conséquence, l'armée de Condé fut dissoute. Cependant les chefs, et jusqu'aux simples soldats, généreusement récompensés, devinrent libres de suivre tel parti qui leur conviendroit.

Le prince de Condé, déjà âgé de soixante-cinq ans, se retira en Angleterre, et s'établit à Wanstead, dans le comté d'Essex, à la proximité de Londres : c'est là qu'après une vie aussi agitée, il eut le bonheur de réjoindre sa famille, de revoir Monsieur, comte d'Artois, pour qui il avoit une estime particulière ; c'est là aussi que, toujours attentif aux besoins de ses braves compagnons d'armes, il mit en usage tout l'ascendant que lui donnoit le grand nom qu'il portoit pour adoucir leur sort ; et l'on peut dire que le feu roi d'Angleterre, Georges III, se prêta avec toute la générosité d'un souverain magnanime à de si nobles sollicitations ; mais aussi c'est en cet endroit qu'il apprit la mort funeste et prématurée de son petit-fils, le duc d'Enghien. Ceux-là seuls qui ont le cœur d'un père pourront apprécier combien il dut être sensible à une semblable nouvelle. Les soins d'un fils (monseigneur le duc de Bourbon), et la société pleine de charmes d'une princesse qu'il distinguoit, et à laquelle il avoit donné sa main (la princesse douairière de Monaco), purent seuls adoucir des regrets qui ne devoient finir qu'avec sa vie.

Lorsque le roi rentra dans sa capitale, le prince de Condé put jouir enfin de ses nobles efforts ; et les François virent avec un sentiment de joie et d'admiration l'auguste vieillard, le descendant des Condés à côté de leur souverain.

Le prince de Condé ne retrouva que les débris du superbe château de Chantilly qu'avoient embelli ses ancêtres ; mais enfin il vint l'habiter et s'efforça de le relever de ses ruines, et sur-tout de répandre ses bienfaits sur cette terre long-temps veuve de ses bons maîtres. C'est alors qu'il reprit les titres de grand-maître de la maison du roi et de colonel-général de l'infanterie françoise, auxquels il ajouta celui de protecteur de l'association paternelle des chevaliers de Saint-Louis. Ce cœur, nourri de gloire, n'avoit plus d'émotions que pour le bien.

Au 20 mars 1815, il se vit encore forcé de quitter sa retraite et de suivre le roi à Gand; mais ce ne fut pas pour long-temps. Rentré de nouveau dans sa patrie, il reprit le cours de ses exercices ordinaires, ne les interrompant que pour venir de temps en temps à la cour, rendre à son souverain de sincères hommages.

L'auguste prince de Condé, âgé de quatre-vingt-un ans, se sentant attaqué de la maladie dont il est mort, voulut terminer sa carrière comme il l'avoit commencée, c'est-à-dire qu'il proclama ces deux mots : *Dieu et la gloire!* Après avoir été administré suivant les règles de l'Église, il expira le 13 mai 1818. Le roi lui accorda une sépulture honorable à Saint-Denys, à côté des rois, issus comme lui du sang de saint Louis.

Il avoit épousé en premières noces, le 23 mai 1753, Charlotte-Godefride-Élisabeth de Rohan-Soubise, morte en 1760; et en secondes noces, le 24 octobre 1798, Catherine de Brignole, princesse douairière de Monaco, morte en 1813.

Du premier mariage, il eut :

1° Louis-Henri-Joseph, qui suit;
2° Marie, née en 1755, morte le 22 juin 1759;
3° Louise-Adélaïde, dite *mademoiselle de Condé*, née le 5 octobre 1757, abbesse de Remiremont en 1786, et, depuis la restauration, supérieure des religieuses de l'Adoration perpétuelle du saint-sacrement, décédée au Temple, à Paris, le 10 mars 1824.

IX.

Louis-Henri-Joseph de Bourbon, prince de Condé, connu sous le nom de duc de *Bourbon-Condé*, jusqu'à la mort du prince de Condé, en 1818, pair de France, grand-maître de la maison du roi, colonel-général de l'infanterie françoise, chevalier de l'ordre du Saint-Esprit, etc. Ce prince, né le 13 avril 1756, fit ses premières armes sous son père, partagea tous ses travaux, et participa aux mêmes infortunes; comme lui, il se distingua dans les mêmes combats par sa valeur, et, ce qui est encore plus méritoire, par son courage dans l'adversité.

Rentré en France, il a hérité des titres et des propriétés de son auguste maison. Il existe encore pour nous; mais malheureusement il est *orbus patre illustrissimo et liberis carissimis*; ainsi, suivant toute apparence, c'est en lui que doit finir l'illustre branche de Bourbon-Condé, que nous venons de décrire; race de héros soutiens du trône, et le plus beau fleuron de la noble couronne de France.

..... Quem non fata aspera tangunt!

Il avoit épousé, le 14 avril 1770, Louise-Marie-Thérèse-Mathilde d'Orléans, fille de Louis-Philippe, duc d'Orléans, premier prince du sang, et de Louise-Henriette de Bourbon-Conti. Cette princesse, objet de son amour et de ses regrets, après avoir partagé avec lui toutes les phases de l'exil et du malheur, qu'ont parcourues les Bourbons pendant plus de trente ans, étoit revenue en France, et jouissoit avec le prince d'un doux repos, lorsqu'elle fut frappée d'apoplexie dans l'église de Sainte-Geneviève, où elle étoit allée faire sa prière le 10 janvier 1822, époque de la consécration de cette basilique. Transportée d'abord à l'École de droit, elle mourut sur les quatre heures de l'après-midi; et son corps fut inhumé ensuite avec tous les honneurs dus à son rang.

Il est résulté de ce mariage :

Louis-Henri-Joseph de Bourbon-Condé, duc d'Enghien, dont suit la notice.

X.

Louis-Henri-Joseph, duc d'Enghien, etc. Ce prince naquit le 2 août 1772, au château de Chantilly, de monseigneur le duc de Bourbon et de

Louise-Thérèse-Mathilde d'Orléans. Il étoit d'une santé fort délicate, et l'on eut beaucoup de peine à l'élever; mais l'éducation toute militaire qu'il reçut dans la suite fortifia son tempérament, et le rendit un des cavaliers les plus robustes et les plus agréables que l'on puisse voir. Son précepteur fut l'abbé Millot, qui lui donna une instruction convenable à sa naissance, forma son esprit et son cœur, en lui présentant l'image de ses nobles ancêtres dans l'histoire de France composée exprès.

Le jeune prince reçut des leçons dans le grand art de la guerre de la bouche même de son illustre aïeul et du duc de Brunswick, qui, pendant son séjour à Chantilly, se plaisoit à lui raconter tous les détails de la campagne de 1762, où le prince de Condé et lui-même avoient acquis tant de gloire.

Au mois de janvier 1788, le duc d'Enghien fut reçu chevalier de l'ordre du Saint-Esprit; et, la même année, on l'envoya faire son apprentissage militaire au camp de Saint-Omer : il avoit à peine seize ans. L'année suivante, ce jeune prince suivit la fortune de ses pères, et comme eux, il alla chercher sur une terre étrangère des défenseurs à son infortuné souverain : bientôt après il fit ses premières armes, en 1792, à la campagne de Flandre.

La retraite des alliés obligea le corps d'émigrés du duc de Bourbon, dont le duc d'Enghien faisoit partie, de se retirer, pour se réunir à l'armée du prince de Condé qui avoit son quartier-général à Villingen, dans la forêt Noire. Porté de là à Germersheim, l'armée royale fut attaquée vivement par les républicains. C'est dans cette affaire que le duc d'Enghien eut, pour la première fois, occasion de signaler sa valeur. A la tête du premier bataillon, il emporta la première redoute, et décida de la victoire.

En 1793, il coopéra à la prise de Mayence, et donna les marques de la plus généreuse compassion envers les prisonniers françois. Après cette conquête, le duc eut le commandement de l'avantgarde; et il ne quitta jamais ce poste si périlleux, pour les émigrés sur-tout, tant que dura la guerre.

L'attaque des lignes de Wissembourg lui fournit une nouvelle occasion de se signaler, et de mériter les éloges de Monsieur, alors régent du royaume.

Le combat de Berstheim fut pour les trois Condé un jour de triomphe et de gloire. Le prince de Condé, à la tête de deux bataillons de gentilshommes, entre dans Berstheim aux cris de *Vive le roi!* et, au milieu d'une grêle de balles, le duc de Bourbon est grièvement blessé (il eut trois doigts emportés), et le duc d'Enghien, à la tête des chevaliers de la Couronne, s'empare de l'artillerie des républicains : ses habits étoient percés de coups de bayonnette. En un mot, on reconnut dans lui le véritable descendant du vainqueur de Rocroi; et, dans la noblesse françoise, autant de *chevaliers sans peur et sans reproche*, comme le fameux Bayard. Pourquoi faut-il que tant de bravoure et de si beaux exploits aient été en pure perte, par la foiblesse et la mésintelligence des alliés!

Depuis ce temps, le duc d'Enghien eut à se distinguer dans plusieurs rencontres, principalement à l'attaque du fort de Kehl, en 1796, et à la belle retraite opérée par l'archiduc Charles. Il courut un grand danger au combat d'Ober-Kamlach, où, sans un officier d'artillerie, il seroit infailliblement tombé entre les mains de l'ennemi. Le même historien[1] à qui nous empruntons ces détails, signale encore les journées de Neubourg et de Schussenried, lors de la retraite de Moreau, où l'armée de Condé se couvrit de gloire. Le jeune prince commandoit toujours sa petite avant-garde; et, avec une *poignée de François*, comme le disoit Moreau lui-même, il sauvoit l'armée autrichienne. On lui dut encore la prise des positions de Hollgraben et de Saint-Péters, qui força l'ennemi de précipiter sa retraite, et de se retirer jusque sous les murs de Huningue.

La paix de Léoben vint faire trêve aux brillants exploits des Condé, et changea la destination de

[1] Mémoires, lettres et pièces authentiques touchant la vie et la mort du duc d'Enghien, par M. Boudard. Paris, 1823, 1 vol. in-8°.

l'armée royale, qui, du service de l'Autriche, passa à celui de la Russie, et se cantonna dans la Volhynie. Bientôt après, cette armée fut dirigée sur la Suisse, pour défendre le pays, tandis que Suwarow repoussoit les François de toute l'Italie. Le duc d'Enghien se signala encore avec sa valeur ordinaire à la défense de la ville de Constance et dans plusieurs rencontres. Rentré en Allemagne, par suite des événements, l'armée se porta sur l'Inn. La journée de Rosenheim ajouta à la gloire militaire des Condé et principalement à celle du duc d'Enghien. Mais ce fut là leur dernier exploit.

L'empereur François voyant ses états envahis, mit fin à la lutte sanglante qui duroit depuis tant d'années, par le traité de paix de Lunéville. En conséquence de ce traité, ces braves et malheureux *Condéens*, réduits à moins de trois mille hommes, épuisés de fatigue, couverts d'honorables blessures, et dénués de tout, obligés d'évacuer les états héréditaires, se virent dans le plus grand embarras. Retourner en Russie, ils ne le pouvoient pas, parceque les dispositions de Paul I étoient changées à leur égard. L'Angleterre seule leur offroit son service; mais elle y mettoit des conditions qui parurent humiliantes à des cœurs françois; comme celle de passer sous le drapeau anglois, et d'aller au-delà des mers combattre en faveur d'intérêts fort étrangers à la cause sacrée qui leur avoit mis les armes à la main. Ils préférèrent le licenciement. Le roi d'Angleterre, malgré leur refus de passer à sa solde, les récompensa en grand roi, leur fit des pensions, pourvut à tous leurs besoins, et offrit un asile honorable dans ses états à tous ceux qui voulurent s'y rendre.

La séparation de cette armée, unique dans l'histoire, ne se fit pas sans une vive douleur. Le brave Condé réunit autour de lui les héros de la fidélité, pour qui tout paroissoit alors perdu *hors l'honneur,* leur fit les adieux les plus touchants. Chacun fondoit en larmes et baisoit la main de son vénérable chef. C'est ainsi que l'on se sépara. Le patriarche de la gloire, ajoute l'historien déja cité, « donna « sa bénédiction à ses enfants, pleura sur sa tribu « dispersée, et vit tomber les tentes de son camp « avec la douleur d'un homme qui voit s'écrouler « ses toits paternels. »

Après cette dispersion, chacun chercha un asile sur quelque terre hospitalière. Monseigneur le duc d'Enghien seul, malgré l'avis de ses parents, qui ne lui présageoient que trop son malheur, ne voulut point quitter de vue une patrie qu'il espéroit de revoir un jour. Il se fixa à Ettenheim sur les bords du Rhin, presqu'en face de Strasbourg, où il se livroit aux plaisirs de la chasse, au plaisir plus doux encore de la bienfaisance, et à l'espoir flatteur d'unir sa destinée à une illustre héritière de la mai-

son de Rohan : « Là, après les combats et le tumulte
« des armes, le jeune héros savoit encore goûter
« ces vertus paisibles et cette gloire tranquille qu'on
« n'a point à partager avec le soldat non plus qu'a-
« vec la fortune. » Il s'abandonnoit avec toute la
candeur de son âge et la beauté de la vertu à de
nobles exercices et au besoin de soulager les compagnons de son infortune. Il avoit même, par forme de délassement, fait un voyage dans les contrées de l'Helvétie, lorsque revenu à Ettenheim, et
se reposant sur la foi des traités, il fut surpris,
comme l'on sait, par un détachement des satellites
de Bonaparte, qui, passant le Rhin, l'enlevèrent de
sa demeure, dans la nuit du 15 mars 1804, et le
conduisirent de vive force à Strasbourg, de là à
Paris, où, sans plus de formalités, un prétendu
tribunal militaire, assemblé dans le lieu même de
sa détention, le condamne à mort comme émigré,
comme ayant porté les armes contre la république,
et comme faisant partie d'un complot tramé contre
la vie du premier consul Bonaparte. Ensuite de ce
jugement, auquel s'opposa fortement, mais sans
succès, un membre de ce tribunal, il fut mis à mort
à quatre heures du matin, dans l'un des fossés du
château de Vincennes.

Sa prise, sa mise en jugement, et son exécution,
furent si subites, qu'à peine eut-il le temps de recommander son ame à Dieu ; car on lui refusa jus-

qu'à la consolation de recevoir les secours de la religion ; il se présenta pourtant à la mort avec toute la fermeté et toute la résignation que nous avons remarquées dans ses ancêtres.

Ainsi périt victime de la plus abominable tyrannie, le dernier rejeton de la célèbre branche de Bourbon-Condé, à l'âge de trente ans, sept mois, et dix-neuf jours.

Son corps, enterré précipitamment à trois pas du lieu de l'exécution, et retrouvé depuis la restauration, fut exhumé, recueilli dans un cercueil de plomb, et déposé dans l'endroit même, avec une inscription, sur une plaque d'argent doré, portant ces mots :

> Ici est le corps de très haut et très puissant prince Louis-Antoine-Henri de Bourbon-Condé, duc d'Enghien, prince du sang, pair de France, mort à Vincennes, le 21 mars 1804, âgé de trente-un ans sept mois et dix-neuf jours.

Nous ajoutons ici l'inscription placée sur le cénotaphe à Saint-Pétersbourg, lors des funérailles célébrées en son honneur, par ordre de l'empereur de Russie. Elle est la condamnation de la révolution françoise et de l'horrible tyrannie qui en fut la suite :

INCLYTO PRINCIPI

LVDOVICO-ANTONIO-HENRICO

BORBONIO CONDAEO DUCI D'ENGHIEN

NON MINVS PROPRIA ET AVITA VIRTVTE

QVAM SORTE FVNESTA CLARO

QVEM DEVORAVIT BELLVA CORSICA

EVROPAE TERROR

ET TOTIVS HVMANI GENERIS LVES.

I.

BOURBON-CONTI.

ARMOIRIES.

De France, à la bordure et au bâton de gueules.

ARMAND de Bourbon, prince de Conti, pair de France, comte d'Alais et de Beaumont, baron de La Fère en Tardenois, seigneur de Pézénas, de Bagnols, et de l'Ile-Adam, chevalier des ordres du roi, gouverneur de Champagne et de Brie, et ensuite de Languedoc, etc., fils puîné de Henri II de Bourbon, prince de Condé, et de Charlotte de Montmorency, par conséquent frère du grand Condé, naquit à Paris, le 11 octobre 1629, fut baptisé à Saint-Sulpice, et tenu sur les fonts sacrés par le célèbre cardinal Armand-Jules de Richelieu.

Destiné à l'état ecclésiastique, on le pourvut, en 1642, des abbayes de Saint-Denys en France, de

Clugny, de Lérins, et de Molême. Mais il quitta bientôt tous ces riches bénéfices pour embrasser le parti des armes. Son début dans cette noble carrière ne fut pas heureux.

Compromis pendant les guerres de la fronde, et engagé dans les mouvements qui eurent lieu en Guienne, il fut arrêté, le 18 janvier, avec le grand Condé et le duc de Longueville, et conduit à Vincennes, puis au Havre, d'où le cardinal le fit sortir en 1651. Il suivit de nouveau la fortune du prince son frère, et participa aux seconds troubles survenus à Paris en 1652; mais, bientôt après, il fit son accommodement avec la cour, et il épousa la nièce du cardinal Mazarin, Anne-Marie-Martinozzi, fille puînée d'un gentilhomme romain. Ce mariage, que les parents désapprouvèrent fortement, fut pourtant très heureux : outre qu'il attira sur le prince toutes les faveurs de la cour, il lui procura un bonheur plus précieux encore, celui de se réconcilier avec la religion, dont il avoit jusqu'alors fort négligé les devoirs.

Après une courte expédition en Catalogne, où il prit seulement trois villes, une campagne encore moins brillante en Italie, pendant l'année 1657, ce prince se borna à ses fonctions administratives dans son gouvernement de Languedoc; puis, détrompé des grandeurs du monde, il se retira avec son épouse à Pézénas, où il mourut, le 21 février 1666, dans la trente-septième année de son âge, et fut enterré, suivant sa dernière volonté, à la chartreuse de Villeneuve-lès-Avignon.

Armand, sans posséder les talents sublimes de son frère aîné, avoit un esprit extrêmement cultivé, un abord agréable, des manières séduisantes, la bravoure héréditaire, en un mot, tout ce qu'il falloit pour plaire dans le siècle de Louis XIV, qui fut celui des graces et de la politesse.

D'abord, dans sa première jeunesse, il mena une vie assez libre, et prit part à toutes les intrigues alors à l'ordre du jour; mais lorsqu'il fut engagé dans les liens du mariage, on vit un changement total dans sa conduite : il devint aussi dévot qu'il l'avoit été peu jusque-là, et pourtant sans rien rabattre de la douceur et de l'amabilité qui lui étoient naturelles. La charité sur-tout, et une bienfaisance sans bornes couronnèrent ses autres vertus. La princesse son épouse, au moins aussi charitable, partagea avec lui le bonheur de faire des heureux.

Dans un temps de famine, il employa jusqu'à 800,000 livres en moins d'une année, pour le soulagement des pauvres; et c'est ce qui doit le faire regarder comme un des princes les plus méritants de l'auguste maison royale de Bourbon.

De l'union d'Armand, prince de Conti, et d'Anne-Marie Martinozzi, naquirent :

1° Louis de Bourbon, mort en naissant;

2° Louis-Armand de Bourbon, qui suit;

3° François-Louis de Bourbon, prince de Conti après son frère. Il aura son article.

II.

Louis-Armand, prince de Conti, etc., né le 4 avril 1661, élevé par les soins de la princesse sa mère, femme digne de son siècle par ses vertus et ses talents, promettoit un grand homme à la patrie. Louis XIV qui avoit conçu de lui une haute idée, lui destina pour épouse sa propre fille Marie-Anne de Bourbon, dite mademoiselle de Blois, qu'il avoit eue de madame la duchesse de la Vallière. Les noces furent célébrées le 16 janvier 1680 avec beaucoup de magnificence.

Après s'être livré pendant quelque temps aux douceurs de son nouvel hymen, le jeune prince, voyant que la France jouissoit d'une paix profonde, se disposa à faire sa première campagne, avec son frère, le prince de la Roche-sur-Yon, en Hongrie contre les Turcs. Un nombre considérable de seigneurs prirent part à cette expédition, qui, comme l'on sait, fut très brillante. Louis se trouva à la prise de Neuhausel, à la bataille de Gran, et se fit remarquer autant par son courage que par sa bonne conduite.

Rentré en France pendant l'hiver de 1682, il se

préparoit à retourner au printemps en Hongrie, pour acquérir de nouveaux lauriers; il étoit même déja en Hollande, lorsque Louis XIV, qui avoit besoin de sa noblesse, lui défendit de passer outre, menaçant les princes de sa colère, si l'on ne revenoit promptement. Il n'y avoit point à balancer avec un monarque qui savoit se faire obéir. Le prince reprit le chemin de la France. Arrivé à la cour, il reçut un accueil assez froid, et bientôt après fut exilé, non pas à cause de son départ précipité et de la répugnance qu'il avoit mise à exécuter les ordres du roi, mais pour une certaine correspondance saisie sur les jeunes fugitifs. Nous en parlerons à l'article suivant. Il rentra pourtant en grace depuis, par l'intercession de son épouse, à qui Louis XIV ne refusoit rien. Louis, quoique sévère, jusqu'à faire trembler ses enfants d'un seul de ses regards, les aimoit tendrement, et leur pardonnoit leurs écarts avec facilité.

Le jeune prince de Conti ne jouit pas long-temps de son bonheur, il mourut de la petite-vérole à Fontainebleau, le 5 novembre 1685, ne laissant point d'enfants; en conséquence, la succession passa à son frère, dont suit la notice.

III.

FRANÇOIS-LOUIS de Bourbon, surnommé *le*

Grand, prince de Conti et d'Orange, comte d'Alais et de Pézénas, baron de La Fère en Tardenois, seigneur de l'Isle-Adam et de Trie, marquis de Portes et de Graville, vicomte de Térargues, chevalier des ordres du roi, élu roi de Pologne; etc., né le 30 avril 1664.

Ce prince est le héros de la branche de Bourbon-Conti, et l'un des grands hommes du siècle de Louis XIV. Il fut élevé comme son frère par sa vertueuse mère, Anne-Marie Martinozzi, qui lui inspira les vertus qu'elle pratiquoit elle-même avec tant de fruit et d'exactitude.

Louis-François, n'étant encore que prince de La Roche-sur-Yon, fit ses premières armes en Hongrie, avec son frère aîné, s'y distingua comme lui par sa valeur et ses hauts faits d'armes. Pendant le cours de cette expédition, les princes, fort jeunes alors, commirent une étourderie qui leur fit beaucoup de tort dans l'esprit du roi, et qui même, il faut en convenir, n'étoit pas de nature à être agréée de la saine partie de la nation. Ils écrivirent en cour et reçurent des lettres fort mordantes, dans lesquelles personne n'étoit ménagé; le roi et madame de Maintenon encore moins que les autres. La correspondance saisie, ils encoururent nécessairement une disgrace, qui ne fut pas longue à la vérité, mais qui pesa principalement sur les deux frères, comme étant les plus coupables. Le prince de la Roche-sur-Yon, devenu prince de Conti, par la mort de son frère aîné, fut exilé à Chantilly, avec ordre de n'en point sortir; et il y resta jusqu'au décès du grand Condé, qui, l'ayant toujours tendrement aimé, sollicita et obtint à son dernier moment le rappel de son cousin.

Conti, pour faire oublier sa faute passagère, partit pour l'armée, où il servit sous les ordres du maréchal de Luxembourg. Il fut pendant tout le cours des célèbres campagnes de ce général, son ami et son confident, contribua plus que personne aux victoires de Steinkerque et de Nerwinde, et se couvrit de gloire à ces deux actions.

Le bruit des vertus et des rares talents militaires du prince de Conti s'étant répandu jusqu'au fond de la Pologne, il fut élu roi de ce pays par les magnats assemblés en 1697. Le prince, un peu flatté de porter une couronne, se rendit aussitôt par mer à Dantzick; mais il ne trouva pas les choses disposées comme on le lui avoit mandé; le parti de l'électeur de Saxe l'emportoit sur le sien. En conséquence, afin de ne pas compromettre sa dignité, et de ne pas exposer l'Europe à une guerre nouvelle pour soutenir ses prétentions, il repassa en France sans songer à la perte de la couronne dont on l'avoit flatté.

Tant de bravoure et de talents méritoient plus d'accueil qu'on ne lui en fit à la cour; mais Louis XIV ne l'aimoit pas, plutôt parceque le prince de Conti affectoit une popularité contrastante avec la fierté du monarque, que pour le souvenir des lettres interceptées. Quoi qu'il en soit, Conti demeura long-temps sans autre emploi que son gouvernement de Languedoc, où il étoit fort aimé, mais sans considération à la cour, où il vivoit isolé au milieu des plaisirs.

Pendant la guerre désastreuse de 1703, le monarque, forcé en quelque sorte par le cri public, se disposoit à le mettre à la tête de l'armée d'Italie; Conti sentit son cœur généreux tressaillir de joie à la nouvelle de cette nomination; mais il n'étoit plus temps. Une maladie cruelle, la goutte, qui le tenoit depuis long-temps, mal soignée par ses médecins, vint trancher le fil de ses jours.

Ce prince, qui avoit conservé sa connoissance jusqu'au dernier moment, mourut dans son fauteuil entre les bras du P. Latour et de l'abbé Fleury, auteur de l'Histoire ecclésiastique, avec les sentiments de la plus haute piété, le 22 février 1709.

Les regrets que causèrent sa mort furent profonds et universels, parceque c'étoit un homme d'un génie vaste, d'un courage admirable et d'une extrême générosité. Il mérita de partager avec Louis XIV et Condé, le glorieux titre de *Grand*. J. B. Rousseau, dans une ode magnifique, a célébré sa mémoire. Son corps reposoit avant la révolution dans l'église de Saint-André-des-Arts, sa paroisse.

François-Louis de Bourbon, prince de Conti, a laissé de son épouse :

1° N.... de Bourbon, mort quatre jours après sa naissance;
2° N... de Bourbon, mort dans sa troisième année;
3° Louis-Armand de Bourbon, qui suit;
4° Louis-François de Bourbon, comte d'Alais, mort au berceau;
5° Marie-Anne de Bourbon, épouse de Louis-Henri de Bourbon, morte sans enfants;
6° Louise-Adélaïde de Bourbon, appelée *Mademoiselle de La Roche-sur-Yon*, née le 2 novembre 1696, morte le 20 novembre 1750;
7° N.... de Bourbon, morte dans sa troisième année.

IV.

Louis-Armand de Bourbon, prince de Conti et d'Orange, duc de Mercœur, comte d'Alais, de Beaumont-sur-Oise, et de Pézénas; marquis de Graville et de Portes, vicomte de Térargues, baron de La Fère en Tardenois, seigneur de l'Isle-Adam, etc., chevalier des ordres du roi, du conseil de régence, gouverneur de Poitou, etc.

Ce prince, né le 10 novembre 1695, a peu marqué dans l'histoire. Il étoit né avec des inclinations pacifiques, un bon cœur, un grand fond de sagesse et de générosité, ce qui le fit aimer de tous ceux qui eurent le bonheur de le connoître. A quinze ans, on le maria avec Louise-Élisabeth de Bourbon-Condé, sa cousine issue de germain. Louis XIV, qui le considéroit, lui recommanda en mourant d'entretenir la paix et la concorde entre les princes ses parents, et le nomma un des chefs du conseil de régence. Le prince remplit parfaitement les intentions du monarque expirant.

Il mourut à Paris le 4 mai 1727, dans sa trente-deuxième année; sa veuve lui a survécu de plus de quarante ans. Il eut d'elle :

1° N.... de Bourbon, comte de La Marche, mort dans sa troisième année;
2° Louis-François de Bourbon, qui suit;
3° Louis-Armand de Bourbon, duc de Mercœur, mort dans sa deuxième année;
4° N.... de Bourbon, comte d'Alais, mort âgé de huit ans et demi;
5° Louise-Henriette de Bourbon, épouse de Louis-Philippe, duc d'Orléans, premier prince du sang.

V.

Louis-François de Bourbon, prince de Conti, duc de Mercœur, comte d'Alais, de Beaumont-sur-Oise, et de Pézénas; marquis de Graville, de Portes, et de Mardogne; vicomte de Térargues, baron de La Fère en Tardenois, seigneur de l'Isle-Adam, de Trie, et de Bagnols, etc.; chevalier des ordres du roi, gouverneur de Poitou, grand prieur de France, etc., naquit le 13 août 1717.

A peine âgé de dix ans, il perdit son père, et se dévoua au noble métier des armes qui avoit illustré ses ancêtres. Il fit sa première campagne dans la guerre de 1733. Celle de 1741 lui offrit des moyens plus étendus de signaler sa valeur, principalement à Dingen-Fingen, et dans l'expédition de Bavière, où il acquit beaucoup de gloire.

Peu de temps après, il fut nommé pour commander une armée en Italie, où il gagna la bataille de Coni, sur le roi de Sardaigne qui perdit cinq cents hommes et le champ de bataille. Le prince eut deux chevaux tués sous lui, et sa cuirasse percée en plusieurs endroits.

L'année suivante, le prince de Conti fut envoyé sur les bords du Rhin avec une armée; mais son service se borna à une guerre d'observation; ce qui, vu la fougue de son âge et son expérience dans le métier ne lui convenoit guère. A cette époque la France devoit une grande partie de sa gloire à deux généraux étrangers, au maréchal de Saxe et au comte de Lowendhall. Il semble que les princes du sang, le prince de Conti principalement, auroient dû être employés d'une manière plus honorable que dans des commandements inférieurs; c'est ce qu'on ne fit pas, et ce qui choqua la plupart des guerriers françois, entre autres le prince, qui se retira de bonne heure du service, et vécut dans la retraite. A l'exemple de son père, il se borna à l'exercice des vertus paisibles, et sut se rendre agréable au peuple, en se mettant à la tête du parti de l'opposition; car il y en avoit alors un très prononcé entre les parlements et la cour. Conti montra beaucoup de fermeté en 1771 contre la nouvelle magistrature créée par le chancelier de Meaupou, et ne voulut jamais la reconnoître. Aussi fut-il disgracié par le roi, qui le laissa végéter dans ses domaines.

Après plusieurs années d'une vie très retirée, le prince de Conti, âgé de cinquante-neuf ans, mourut à Paris, en 1776, fort regretté du peuple, dont il passoit pour être un des soutiens, genre de popularité qui ne convient guère à un prince du sang, appelé par sa naissance à soutenir les droits de la couronne. La révolution de 1789 a dû apprendre aux Bourbons, combien il leur est dangereux de s'isoler du trône, et de rechercher un avantage aussi fragile que la faveur populaire.

Ce prince portoit la générosité jusqu'à la prodigalité. Aussi laissa-t-il beaucoup de dettes que son successeur n'a pas pu acquitter.

De son mariage avec Louise-Diane d'Orléans, fille du régent, est né :

Louis-François-Joseph de Bourbon, qui suit.

VI.

Louis-François-Joseph de Bourbon, prince de Conti, pair de France, chevalier des ordres du roi, lieutenant-général de ses armées, colonel-général du régiment de Conti, gouverneur du Haut et Bas-Rhin, etc., né le 1ᵉʳ septembre 1734.

Ce prince porta le nom de comte de La Marche jusqu'à la mort de son père. Il fit ses premières armes en Allemagne (1757), et se trouva à la bataille d'Hastembeck et à la conquête de l'électorat d'Hanovre. En 1758, il combattit avec le plus grand courage à la bataille de Crevelt, et finit cette campagne sous le maréchal de Contades.

Ce prince se retira de bonne heure du service, et ne se signala plus que par son opposition constante au ministère sous Louis XV, et par l'appui qu'il prêta à la résistance des parlements; ce qui le rendit peu agréable au roi, qui l'appeloit en riant son cousin l'*avocat*, et lui attribuoit, non sans raison, la rédaction de la protestation de 1771, contre les actes du ministère.

Le prince de Conti ne fit rien de mémorable sous Louis XVI; et proscrit comme tous les Bourbons, pendant la fameuse révolution de 1789, il mourut en Espagne, pendant son émigration, en 1807, ne laissant aucune postérité de Fortunée-Marie d'Est, fille du duc de Modène, qu'il avoit épousée en 1759. Ainsi la branche de Bourbon-Conti est éteinte.

Il reste pourtant de Louis-François deux enfants naturels, que S. M. Louis XVIII a bien voulu reconnoître.

1° FRANÇOIS-CLAUDE-FAUSTE de Bourbon, chevalier de Bourbon-Conti, né en 1771;
2° MARIE-FRANÇOIS-FÉLIX de Bourbon, chevalier de Bourbon-Conti, né le 22 décembre 1772.

I.

BOURBON-SOISSONS.

ARMOIRIES.

De France à la cotice de gueules, périe en abime, et à la bordure de même couleur.

Charles de Bourbon, comte de Soissons et de Dreux, seigneur de Château-Chinon, de Noyers, de Beaugé, et de Blandy; chevalier des ordres du roi, grand-maître de France, gouverneur de Dauphiné et de Normandie, etc.

Ce prince, le quatrième fils du prince de Condé, tué à la bataille de Jarnac, étoit né du second mariage contracté avec Françoise d'Orléans, duchesse de Longueville, et n'avoit que trois ans lorsqu'il perdit son père. Le vieux cardinal de Bourbon, son oncle, prit soin de son éducation, et lui fit passer ses premières années à la cour des rois Charles IX et Henri III. Ce dernier l'honora d'une affection particulière, et le nomma chevalier de l'ordre du Saint-Esprit en 1558.

A considérer la vie politique et particulière de ce prince, elle offre peu d'intérêt. Il ne manquoit ni de bravoure ni de talents; mais il en fit un mauvais usage. Renfoncé en lui-même, et travaillant pour son propre compte, il changeoit de parti comme il lui convenoit, sans trop s'inquiéter quel étoit le meilleur ou le plus légitime. C'est ainsi que pendant les guerres civiles, on le voit tantôt dans le parti de la ligue, tantôt dans celui de Henri IV. Aussi ce grand prince, si franc et si sincère, ne l'aima-t-il jamais.

Malgré cela, le comte de Soissons rendit de grands services à Henri III et à Henri IV, et persévéra toujours dans la religion de ses pères. Il donna des preuves de sa valeur à la bataille de Jarnac, à Dieppe, au combat de Tours, où il soutint l'effort de l'armée de la ligue; en Bretagne sous Henri III; en Normandie, en Savoie sous Henri IV.

Quoi qu'il en soit, le comte de Soissons, toujours tourmenté par l'ambition, toujours inquiet, et rempli d'idées chimériques, changeant de parti suivant l'occurrence, offroit un mélange singulier de fidélité, de mécontentements, de services, et de désobéissances marquées qui lui faisoient perdre dans l'esprit de Henri IV tout ce que les liens de la reconnoissance et de la parenté auroient pu lui faire gagner. Il tenoit beaucoup, autant par amour que par intérêt, à se marier avec la princesse Catherine, sœur de Henri IV, qui l'aimoit beaucoup. Il y avoit même entre les deux amants une correspondance assez suivie et une promesse réelle; mais le roi qui avoit d'autres vues, mit fin à ce commerce galant : de là s'ensuivit un mésintelligence ouverte entre les deux parents, et qui ne cessa qu'à la mort du bon roi.

Sous Louis XIII, le comte de Soissons continua d'être ce qu'il avoit toujours été, c'est-à-dire un prince intrigant et sans moyens réels de faire valoir ses intrigues. On peut voir dans les Mémoires de Sully tout ce qu'il a fallu employer de démarches pour le faire rabattre de ses prétentions sans cesse renaissantes.

C'est dans cet état d'inquiétude qu'il mourut au château de Blandy en Brie, le 1er novembre 1612, laissant de son épouse, Anne de Montaffié, issue d'une famille illustre de Piémont:

1° Louis de Bourbon, comte de Soissons, qui suit;
2° Louise de Bourbon-Soissons, première femme de Henri d'Orléans, duc de Longueville;
3° Marie de Bourbon-Soissons, épouse de Thomas-François, prince de Carignan, grand-maître de France;
4° Charlotte-Anne de Bourbon-Soissons, morte sans alliance à l'âge de dix-sept ans;
5° Élisabeth de Bourbon-Soissons, morte au berceau.

Enfants naturels.

1° CHARLOTTE, abbesse de Maubuisson ;
2° CATHERINE, abbesse de La Perigne.

II.

LOUIS de Bourbon, comte de Soissons, de Clermont, et de Dreux, seigneur de Château-Chinon, de Noyers, de Baugé, et de Blandy; chevalier des ordres du roi, grand-maître de France, gouverneur de Dauphiné, de Champagne, et de Brie.

Ce prince naquit à Paris, le 11 mai 1604. Après la mort de son père, en 1612, il obtint la charge de grand-maître de France, et fut fait gouverneur du Dauphiné; cependant, à cause de son bas âge, le gouvernement de cette province fut laissé au connétable de Lesdiguière.

A peine âgé de seize ans, il se mêla dans les intrigues qui agitoient la cour de France; mais revenu à lui-même, il suivit le roi dans la guerre que ce prince fit aux calvinistes, se distingua par sa valeur, et mérita l'affection de Louis XIII, bon juge en fait de bravoure. De retour à Paris, le comte ne put voir sans chagrin l'empire que le cardinal de Richelieu avoit pris sur l'esprit du monarque, et se lia avec les ennemis du ministre; ce qui lui attira une disgrace complète, et même une sorte d'exil, décorée du nom de permission de voyager dans les pays étrangers.

Rappelé bientôt, le comte donna des preuves de bonne conduite dans la guerre de 1630 en Italie, et il obtint peu après le gouvernement de Champagne et de Brie. En 1636, il commandoit en Picardie, et défendoit cette province contre les Espagnols. Nonobstant les avantages qu'il remporta, il fut accusé d'avoir occasioné, par sa négligence, l'entrée des ennemis dans la province attaquée. Ce reproche non fondé étoit, dit-on, suscité par le cardinal de Richelieu. Il n'en fallut pas davantage pour jeter le comte de Soissons dans le parti des mécontents, dont Monsieur étoit le chef. L'irrésolution du prince ayant fait échouer les complots tramés contre le ministre, le comte se retira à Sedan, où il obtint la permission de rester à condition qu'il n'entreprendroit rien contre les intérêts du roi. Il tint parole jusqu'en 1641, époque à laquelle il entra, pour ainsi dire, malgré lui, dans de nouvelles intrigues, et se joignit avec un corps de François révoltés à une division allemande, envoyée par l'empereur, sous les ordres du général Camboy.

Cette armée de rebelles s'étant mise en mouvement, pénétra en France, et fut bientôt poursuivie par les royalistes. Atteinte à la Marfée, près Sedan, le comte se défendit avec courage, et même remporta la victoire sur ses adversaires. Il se préparoit à pousser ses avantages, lorsque, au milieu des siens, il fut atteint d'un coup mortel, sans qu'il se trouvât personne qui pût dire comment cela s'étoit fait.

Ce prince mourut de cette manière, le 6 juillet 1641, dans la trente-septième année de son âge. Son corps fut transporté à la Chartreuse de Gaillon; mais sans cérémonie, à cause de sa rebellion.

Il n'a point été marié, et la branche de Bourbon-Soissons finit en sa personne. Il eut pourtant d'Élisabeth Deshayes, veuve d'un protestant, un fils naturel, reconnu et légitimé :

Louis-Henri de Bourbon, destiné d'abord à être chevalier de Malte; mais Anne de Montaffié, son aïeule, qui l'avoit pris en amitié, lui ayant laissé des biens immenses, il devint dans la suite prince de Neufchâtel, comte de Dunois, etc., et il épousa Angélique-Cunégonde de Montmorency, fille du maréchal de Luxembourg, dont il eut Louise-Éléonore-Jacqueline de Bourbon-Soissons, épouse de Charles Philippe Albert, duc de Luynes, et Marie-Anne-Charlotte de Bourbon-Soissons, morte à l'âge de dix ans.

BRANCHES
NATURELLES LÉGITIMÉES
DE LA MAISON ROYALE
DE BOURBON,
ACTUELLEMENT RÉGNANTE.

BOURBON-VENDOME, BOURBON-DU-MAINE,
BOURBON-TOULOUSE-PENTHIÈVRE.

BOURBON-VENDOME.

DEUXIÈME DIVISION.

ARMOIRIES.

De Vendôme (voyez tome I, p. 355):

I.

CÉSAR de Bourbon, duc de Vendôme, d'Étampes, de Mercœur, de Beaufort, et de Penthièvre; prince de Martigues, comte de Buzançois, seigneur d'Anet, pair de France, chevalier des ordres du roi; grand-maître, chef et surintendant-général de la navigation et du commerce de France, gouverneur de Bretagne, etc.

Ce prince, fils aîné de Henri IV et de Gabrielle d'Estrées, naquit au château de Coucy, en Picardie, au mois de juin 1594, et fut légitimé au commencement de l'année suivante. Son père, qui le chérissoit par-dessus ses autres enfants, comme le fruit de ses amours, et l'héritier de son courage, lui donna pour apanage le duché de Vendôme, qu'il possédoit lui-même du chef de ses ancêtres.

Il paroît que le grand Henri fut trompé dans ses vues; car le duc de Vendôme n'eut jamais qu'une place très secondaire dans l'état. Cependant le roi avoit accumulé sur lui les biens et les dignités ; il lui avoit fait épouser une des plus riches héritières du royaume, Françoise de Lorraine, fille unique de Philippe-Emmanuel de Lorraine, duc de Mercœur.

Ces grands biens furent pour lui une source de disgraces. Il prit part à toutes les cabales qui eurent lieu sous la régence de Marie de Médicis, mais sans pouvoir dominer dans le parti qu'il avoit embrassé. Arrêté en 1626, par suite de ses intrigues, il languit quatre ans dans une prison, dont il ne sortit qu'à la condition d'abandonner le gouvernement de Picardie. En 1642, le cardinal de Richelieu le fit poursuivre criminellement, et l'obligea de s'enfuir en Angleterre, d'où il ne revint qu'après la mort de son ennemi. Enfin il mourut sans honneur et sans gloire en 1663, à l'âge de soixante-douze ans, et fut enterré dans l'église des pères de l'Oratoire de Vendôme.

Il eut de son épouse :

1° LOUIS, duc de Vendôme, qui suit ;
2° FRANÇOIS de Vendôme, duc de Beaufort, pair de France, chevalier des ordres du roi, grand-maître et surintendant général de la navigation et du commerce, etc.; né à Paris au mois de janvier 1616. Ce prince se distingua par son courage autant que par les travers de son esprit. Il voulut jouer un rôle sous la régence d'Anne d'Autriche, et marqua dans les guerres de la Fronde.

Accusé d'avoir attenté aux jours du cardinal Mazarin, il fut mis en prison à Vincennes, et n'en sortit que cinq ans après. Il étoit le héros et le jouet du parti anti-Mazarin : on l'appeloit par dérision *le roi des halles,* parcequ'en effet il commandoit en maître la populace, et qu'il en affectoit le langage ainsi que les manières. C'étoit un véritable intrigant, audacieux, mais sans génie comme sans probité. Lorsque la paix fut faite avec les mécontents, il fit la sienne, et fut pourvu de la charge d'amiral de France. Poussé par son esprit inquiet, il passa en Afrique, où il défit les Turcs près de Tunis et d'Alger. Envoyé ensuite avec une flotte au siége de Candie, il retarda de trois mois par son courage la prise de cette ville, et fut tué dans une sortie, le 25 juin 1669, à l'âge de cinquante-trois ans. On lui rendit tous les honneurs destinés aux généraux morts en combattant contre les infidéles; mais comme on n'a jamais pu retrouver son corps, on voulut bien, d'après une lettre de La Grange-Chancel, le mettre au nombre de ceux qui passent pour le fameux *masque de fer.* Opinion hasardée, et qui n'est appuyée d'aucun document historique ([1]).

([1]) Des recherches récentes, faites dans les archives et dans les bibliothéques, ont suffisamment prouvé que ce prétendu *masque de fer,* dont les auteurs de Mémoires secrets, et même de graves historiens, ont parlé avec tant de mystère, n'est autre qu'un nommé *Ercolo Mathioli,* qui, étant ministre du duc de Mantoue, en 1668, se joua indignement de Louis XIV, dans une négociation secrète entamée entre lui et Louvois pour faire livrer Casal aux Français, afin de leur faciliter l'entrée de l'Italie; tandis que le traître traitoit secrètement avec les Impériaux. Sa fourberie fut découverte; alors le grand roi, justement irrité, le fit enlever par Catinat, et conduire à la citadelle de Pignerolles, puis à Exiles, ensuite aux îles Sainte-

3° ÉLISABETH de Bourbon, épouse de Charles-Amédée de Savoie, duc de Nemours, tué en duel à l'âge de vingt-huit ans, par le duc de Beaufort, son beau-frère. La duchesse de Nemours fut inconsolable de la mort de son époux, et ne la pardonna jamais à son frère. Elle avoit eu du duc son mari deux filles, dont l'une fut duchesse de Savoie, et l'autre reine de Portugal.

II.

LOUIS, duc de Vendôme, de Mercœur, d'Étampes, et de Penthièvre; prince de Martigues, seigneur d'Anet, chevalier des ordres du roi; gouverneur de Provence, vice-roi de la Catalogne; enfin cardinal et légat *à latere*, en France, naquit en 1612, se montra par sa valeur et sa fidélité digne du beau nom qu'il portoit. Il servit avec distinction pendant la guerre de 1644, et fut blessé au siége d'Arras. Pendant les troubles de la minorité de Louis XIV, il resta inviolablement attaché au parti de la cour.

Il ne crut pas se déshonorer en épousant Laure Mancini, fille de Michel-Laurent Mancini, d'une très ancienne famille de Toscane, et de Hiéronyme

Marguerite, enfin à la Bastille, à Paris, où il mourut en 1703, à l'âge de soixante-trois ans. Le secret que l'on a mis à son arrestation, et les précautions que l'on a prises par politique à l'égard de l'étranger, ont donné lieu à tous les bruits répandus à ce sujet, bruits que M. J. Delort vient de réduire à leur juste valeur, dans un ouvrage savamment écrit, sous le titre de *Histoire de l'Homme au masque de fer*. Paris, 1825, 1 vol. in-8° avec la correspondance et les *fac simile*.

Mazarini. Cette dame, nièce du cardinal de ce nom, mourut encore jeune en 1657.

Le duc de Vendôme devenu veuf, embrassa l'état ecclésiastique, et, après avoir été honoré de la pourpre romaine, mourut à Aix en Provence, capitale de son gouvernement, le 24 mars 1668. Son corps fut transporté à Vendôme, et inhumé dans l'église collégiale de Saint-George.

Il laissa de son épouse :

1° Louis-Joseph de Vendôme, qui suit;
2° Philippe de Vendôme, grand-prieur de France, duc de Vendôme, etc.; abbé de la Trinité de Vendôme, de Saint-Vigor, de Cerisy, de Saint-Honorat, de Serins, etc.; lieutenant-général des armées du roi, et généralissime des troupes de Malte, né le 23 août 1655, partagea son temps entre la noble profession des armes, pour laquelle il avoit un goût décidé, et l'amour des lettres. Rivalisant de gloire avec son frère, il se trouva à presque toutes les affaires majeures qui eurent lieu pendant les guerres de 1672, 1695, et celle de la succession. Il fut blessé au combat de la Marsaille, et bientôt après élevé au poste de lieutenant-général. Il obtint aussi le commandement de la Provence, à la place du duc de Vendôme, qu'il suivit aussitôt en Catalogne; et il se conduisit en héros au siège de Barcelone, en 1697, et à la défaite de Velasco, vice-roi de Catalogne. Dans la guerre de la succession, on l'envoya en Italie, où il prit plusieurs places sur les Impériaux; mais bientôt après il tomba dans la disgrace, par défaut de conduite, fut obligé de se démettre d'une partie de ses bénéfices, et de se contenter d'une pension de vingt-

quatre mille livres. Il profita de son inaction pour voyager. Après avoir parcouru une partie de l'Italie, il revenoit en France, lorsqu'il fut arrêté sur les terres des Grisons par un conseiller de Coire, qui le livra à l'empereur par représailles de ce que son fils étoit prisonnier en France. Cette affaire fit beaucoup d'éclat; la France exigea vengeance de l'insulte faite à un prince du sang, et elle l'obtint; mais le grand-prieur, détenu dans l'Empire, ne recouvra sa liberté que deux ans après. Revenu en France, il se livra avec ardeur à tous les plaisirs. Il aimoit sur-tout ceux de l'esprit. Sa cour étoit composée de tout ce qu'il y avoit de plus délicat et de plus ingénieux à Paris. Enfin les Turcs ayant menacé Malte en 1715, il vola au secours de la religion, et fut nommé généralissime des troupes de terre et de mer destinées à soutenir l'attaque. Le siège de l'île n'ayant pas eu lieu, il revint en France la même année, se démit en 1719 du grand-prieuré, se contentant du simple titre de prieur de Vendôme, et mourut à Paris, le 24 janvier 1727, à l'âge de soixante-douze ans, sans laisser de postérité. Ce prince ressembloit parfaitement à son frère par son caractère, par ses talents, et par ses défauts. L'article suivant nous le fera mieux connoître.

3º JULES-CÉSAR de Vendôme, mort à l'âge de trois ans.

Fille naturelle.

FRANÇOISE d'Anet, non légitimée, mariée au sieur Arquier, morte en 1676.

III.

LOUIS-JOSEPH, duc de Vendôme, de Mercœur,

d'Étampes, et de Penthièvre; pair de France, prince de Martigues, seigneur d'Anet, chevalier des ordres du roi et de la Toison d'or, généralissime des armées de France et d'Espagne, gouverneur de Provence, etc.

Ce prince fut un des plus généreux, des plus grands, et des plus heureux guerriers du dix-septième siècle. Il faudroit un volume entier pour rapporter ses exploits. Nous nous bornerons aux simples traits. Il fit sa première campagne à l'âge de dix-huit ans, comme simple volontaire, se signala à la prise de Luxembourg (1684), de Mons (1691), de Namur l'année suivante, et au combat de Steinkerque, ainsi qu'à la bataille de la Marsaille. Après avoir passé par tous les grades, il fut promu au généralat, et envoyé en Catalogne, où, après une victoire signalée, il s'empara de Barcelone en 1697. Envoyé en Italie à la place de Villeroy, qui n'avoit éprouvé que des revers, il rétablit l'honneur des armes françoises par ses victoires à Santa-Victoria et à Luzara, par la levée du blocus de Mantoue, et l'investissement du pays de Trente. Obligé de passer en Piémont, pour s'opposer au prince Eugène et au duc de Savoie, il bat le premier à Cassano, enlève au second les places d'Ast, de Verceil, et d'Yvrée, en 1704; il étoit sur le point de prendre Turin, lorsqu'on l'envoya en Flandre, pour réparer encore les revers qu'avoit essuyés Villeroy, général de mérite, mais d'ailleurs fort malheureux. Ce fut encore Vendôme qui soutint l'effort des ennemis, jusqu'à l'arrivée de Villars. De là il passe en Espagne, au moment où la cause de Philippe V paroissoit désespérée. Il n'y avoit ni troupes ni argent; mais Vendôme seul valoit une armée. En moins de trois mois, il, s'en fut bientôt créé une. Et lorsqu'on délibéroit à la cour d'Espagne, sur le rang qu'on lui assigneroit, il fit cette belle réponse, digne des héros de l'antiquité : « Je ne suis pas venu « pour vous disputer le pas; mais pour sauver votre « roi. »

En moins de trois campagnes, il ramène Philippe V à Madrid, oblige les troupes impériales et anglaises de se retirer vers le Portugal, passe le Tage à la nage, fait prisonnier le lord Stanhope avec cinq mille Anglois, atteint le général autrichien de Staremberg, et remporte sur lui, le 10 décembre 1710, la célèbre victoire de Villa-Viciosa, qui affermit pour jamais la couronne d'Espagne sur la tête des Bourbons.

Après la bataille, le roi d'Espagne, présent à l'armée, n'avoit point de lit. Vendôme lui dit : « Sire, je vais vous faire donner le plus beau lit sur « lequel jamais souverain ait couché. » Et il composa ce lit avec les étendards et les drapeaux conquis à l'ennemi pendant le combat.

Vendôme, pour prix de ses victoires, eut le rang

et les honneurs de prince du sang. Philippe V l'embrassa comme un bienfaiteur, à qui il devoit son salut. Louis XIV, à la nouvelle de cette importante victoire, s'écria : « Voilà ce que c'est qu'un homme « de plus! » et il lui écrivit de suite une lettre des plus flatteuses. Un de ces complaisants qui entourent toujours les grands capitaines lui dit que ses services devoient être récompensés d'une autre manière : « Vous vous trompez, dit Vendôme; les « hommes comme moi ne se paient qu'en paroles « et en papier. »

Ce grand général poursuivit le cours de ses victoires pendant les années 1711 et 1712, et parvint à chasser entièrement les Impériaux de la Péninsule. Il étoit encore en Catalogne lorsqu'il mourut presque subitement à Vignaroz, des suites d'une indigestion. Il avoit cinquante-huit ans. Philippe V pleura son libérateur, et lui fit rendre les honneurs funèbres les plus pompeux. Son corps fut transporté à l'Escurial, et inhumé dans la salle des infants d'Espagne. On lui devoit bien cet honneur, car sans lui jamais Philippe V ne se seroit maintenu dans sa position.

Le duc de Vendôme, un des plus grands hommes dont s'honore la France, arrière-petit-fils de Henri IV, étoit intrépide comme lui, doux, bienfaisant, sans faste, ne connoissant ni la haine, ni l'envie, ni la vengeance; il n'avoit de fierté qu'avec les princes, et se rendoit l'égal de tout le reste. Père des soldats, il auroit donné sa vie pour eux; et certes il étoit bien payé de retour, car jamais général n'a été plus chéri que lui des troupes françoises. Voltaire nous peint ce grand homme comme ne méditant point assez ses desseins, et négligeant la discipline militaire. J'ignore jusqu'à quel point ce reproche est fondé; ce qu'il y a de certain c'est que Vendôme affectoit des vertus stoïques : à l'exemple des Épaminondas et des Phocion, il méprisoit les richesses, poussoit le désintéressement jusqu'à donner tout ce qu'il avoit, sans rien réserver; le soin de son costume étoit une gêne pour lui; il portoit l'indifférence à cet égard jusqu'à la malpropreté. En un mot, ce prince n'étoit pas de son siècle. C'est pourtant à de tels hommes que les états sont souvent redevables de leur gloire.

Il avoit épousé Marie-Anne de Bourbon-Condé, fille de Henri-Jules de Bourbon, prince de Condé. Il n'eut point d'enfants de cette princesse, et la deuxième branche de Bourbon-Vendôme finit en lui.

I.

BOURBON DU MAINE.

ARMOIRIES.

De France, avec la cotice de gueule, périe en abyme.

Louis-Auguste de Bourbon, duc du Maine et d'Aumale, prince souverain de Dombes, comte d'Eu, seigneur de Sceaux, etc.; pair de France, chevalier des ordres du roi, gouverneur de Languedoc, colonel-général des Suisses et Grisons, grand-maître et capitaine-général de l'artillerie, etc., né le 31 mars, de Louis XIV et de Athénaïs de Rochechouart, marquise de Montespan.

Ce prince fut élevé par madame de Maintenon, qui eut pour lui les soins et toute la tendresse d'une mère. Quoiqu'il fût d'une délicatesse de tempérament à faire désespérer de sa vie, elle parvint à lui former le corps et l'esprit de manière à en faire un petit prodige. L'histoire nous a conservé plusieurs de ces reparties ingénieuses, qui attestent et son esprit et son bon cœur, mais les suites ne répondirent pas à de si beaux commencements.

Le duc du Maine, quoique brave de sa personne, et porté au faîte des grandeurs par son auguste père, jusqu'au point d'être assimilé aux princes du sang (par un édit du 14 juillet 1714), et reconnu apte à parvenir au trône, ne fut jamais qu'un homme médiocre. Il avoit pourtant donné des preuves de valeur pendant les campagnes de Flandre et celle de 1695; son auguste père l'avoit marié à Anne-Louise-Bénédicte de Bourbon-Condé, sœur du grand Condé, princesse célèbre par l'élévation de son génie et par son courage; mais il ne sut pas profiter de ses avantages. Il étoit plus occupé de littérature qu'il ne convient à un prince destiné à entrer en part du gouvernement. Un jour son épouse le trouva dans son cabinet, traduisant l'*Anti-Lucrèce*, au moment où il falloit défendre ses droits; elle lui dit : « Monsieur, un beau matin vous trouverez en « vous éveillant que vous êtes de l'Académie et que « M. d'Orléans a la régence. » C'est ce qui arriva en effet. Louis, par son testament, conservoit le titre de régent au duc d'Orléans, mais aussi il limitoit son pouvoir par l'établissement d'un conseil de régence, à la tête duquel le duc du Maine se trouvoit placé. On sait que ce testament fut cassé sans trop d'opposition, parceque le duc ne sut point soutenir les droits que lui conféroit la volonté royale.

Aussi fut-il bientôt puni de son peu de fermeté; on lui ôta successivement, par arrêt, le commandement des troupes de la maison du roi, et même la surveillance de la personne du jeune monarque. Bientôt après on le priva lui et les autres princes légitimés du bénéfice même de la légitimation. Enfin le duc du Maine, devenu odieux au régent, pour avoir désapprouvé dans le conseil la quadruple alliance, fut privé de la surintendance de la maison du roi, donnée au duc de Bourbon, et réduit à la simple qualité de pair de France.

Une conspiration contre la régence ayant été découverte, on l'arrêta avec son épouse et ses domestiques. Il ignoroit le complot, mais la duchesse n'étoit pas aussi étrangère que lui aux menées qui eurent lieu à cette époque. L'un fut confiné dans la citadelle de Dourlens, l'autre envoyée à Dijon sous bonne et sûre garde, leurs fils relégués à la ville d'Eu, et leur fille renfermée à Chaillot.

La détention des princes dura environ un an, au bout duquel le duc du Maine se retira des affaires, ne s'occupa plus que de pratiques religieuses, et du soin d'élever ses enfants dans l'exercice des vertus, dont il leur donnoit lui-même l'exemple. Il passa ainsi les dernières années de sa vie et mourut en 1736, dans la soixante-sixième année de son âge.

Il avoit eu de son épouse :

1° Louis-Constantin de Bourbon, prince de Dombes, mort âgé d'environ trois ans ;

2° Louis-Auguste de Bourbon, prince de Dombes, chevalier des ordres du roi, colonel-général des Suisses, gouverneur de Languedoc, né le 4 mars 1700, mort sans alliance en 1755. Il jouissoit des honneurs de prince du sang, mais il n'a point marqué dans l'histoire ;

3° Louis-Charles de Bourbon, comte d'Eu, duc d'Aumale, seigneur d'Anet et de Sceaux, chevalier des ordres du roi, grand-maître de l'artillerie, et colonel-général des Suisses, né le 15 octobre 1701, mort sans alliance. Ce prince a joui, pendant sa vie, de tous les honneurs de prince du sang ;

4° N.... de Bourbon, duc d'Aumale, mort dans sa cinquième année ;

5° N.... de Bourbon, appelée *Mademoiselle de Dombes*, morte quelques jours après sa naissance ;

6° N.... de Bourbon, appelée *Mademoiselle d'Aumale*, morte presque en naissant ;

7° Louise-Françoise de Bourbon, appelée *Mademoiselle du Maine*, née le 4 décembre 1707, morte sans alliance en 1743.

I.

BOURBON-TOULOUSE
ET PENTHIÈVRE.

ARMOIRIES.

De France, à la cotice de gueules.

Louis-Alexandre de Bourbon, comte de Toulouse, duc de Penthièvre, de Damville, de Rambouillet, et de Château-Villain; prince de Lamballe, pair, amiral, et grand veneur de France; chevalier des ordres du roi, gouverneur de Bretagne, etc.

Ce prince, le dernier des enfants de Louis XIV et de la marquise de Montespan, naquit le 6 juin 1678, et fut légitimé en 1681. Le roi son père avoit pour lui une affection toute particulière, et confia son éducation à des maîtres d'une capacité reconnue, qui surent éclairer son esprit et former son cœur à la vertu. Quant à la bravoure, il en donna des preuves marquantes.

A la prise de Namur en 1692, le prince, âgé de quatorze ans, étoit à côté du roi, qui, sans un gabion, auroit couru le plus grand risque de la vie; une balle vint frapper le comte au bras. Le roi, qui avoit entendu le sifflement de la balle, demanda si quelqu'un avoit été blessé. « Il me semble, dit le « jeune prince, que quelque chose m'a touché. » Et comme la blessure étoit légère, il continua de prendre part à l'action. Au siège de Mons, il montra la même intrépidité.

Le comte de Toulouse épousa Marie-Victoire-Sophie de Noailles, veuve en secondes noces de Louis de Pardaillon d'Antin, marquis de Gondrin. Cette princesse est morte en 1766, à l'âge de soixante-dix-huit ans passés.

Le comte de Toulouse fut, comme son frère aîné, déclaré prince du sang, et sa branche reconnue apte à succéder au trône, à défaut de branches légitimes; et, lorsque le régent dépouilla le duc du Maine de ses prérogatives, il conserva au comte de Toulouse les avantages dont il avoit joui jusqu'à cette époque.

M. le comte de Toulouse, en sa qualité d'amiral de France, commanda plusieurs fois les flottes du roi, et, dans toutes les rencontres, il donna des marques de capacité et d'intelligence qui lui firent autant d'honneur que son courage et son sang-froid en présence de l'ennemi. Le combat de Malaga, livré aux Anglois en 1704, lui est dû tout entier; et si les suites n'ont pas été aussi fructueuses qu'elles devoient l'être, il n'y eut nullement de sa faute; car il fit tout ce qu'il put pour tirer parti du premier succès.

Quelques infirmités survenues au comte de Toulouse l'obligèrent de quitter le service, et de se retirer dans ses terres. Là, après s'être démis de ses grandes charges en faveur de son fils, il se livra uniquement aux affaires de son salut.

La piété fut toujours une des premières vertus de ce bon prince; il en pratiqua très assidument tous les exercices jusqu'au moment de son décès, arrivé en 1737, à l'âge de cinquante-neuf ans.

Il n'a laissé qu'un fils de son mariage.

Louis-Jean-Marie de Bourbon, duc de Penthièvre, qui suit.

II.

Louis-Jean-Marie de Bourbon, duc de Penthièvre, de Damville, de Rambouillet, de Château-Villain; prince de Lamballe, comte de Guingamps; pair, amiral, et grand veneur de France; chevalier des ordres du roi, gouverneur de Bretagne; né le 16 novembre 1725, jouit pendant toute sa vie des honneurs de prince du sang.

Élevé sous les yeux du comte de Toulouse, son

père, un des plus grands princes de son siècle, et l'on peut dire un des plus sages, il ne pouvoit pas manquer de participer aux vertus dont il avoit sous les yeux de si touchants exemples. Monseigneur le dauphin, fils de Louis XV, l'avoit pris en amitié, et il lui donna souvent des marques certaines de l'intérêt qu'il lui portoit.

Le duc de Penthièvre épousa, en 1744, Marie-Thérèse-Félicité d'Est, fille du duc de Modène, et il vécut avec elle en bonne union jusqu'en 1754; c'est alors qu'il eut la douleur de la perdre. Depuis ce temps, il se retira des affaires; et, dans sa belle terre de Sceaux, il se livra à l'exercice de la religion, et au doux plaisir que procure une bienfaisance éclairée, répandue sur tout ce qui mérite d'être soutenu ou encouragé. L'estime respectueuse que la cour témoignoit au prince, et l'idée favorable que l'on s'étoit faite de lui, ne contribuèrent pas peu à la tranquillité dont il jouit, même au milieu des excès de la révolution. De tous les princes, il fut le moins tourmenté. Deux malheurs affreux qu'il eut à déplorer, la mort de Louis XVI, et celle de sa bien-aimée fille la princesse de Lamballe, furent probablement les causes de sa mort, qui arriva le 27 novembre 1793, dans son château de Vernon.

Ce prince avoit eu de son épouse:

1° N.... de Bourbon, duc de Rambouillet, né le 2 janvier 1746, mort en 1750;

2° Louis-Alexandre-Joseph-Stanislas de Boubon, prince de Lamballe, né le 6 septembre 1747, marié à Marie-Thérèse-Louise de Savoie-Carignan. Cette princesse, en qui la beauté de l'ame et l'éclat des vertus égaloient les charmes et les attraits dont sa personne étoit embellie, périt, comme l'on sait, victime des fureurs révolutionnaires dans l'affreuse journée du 3 septembre 1792. Arrachée des cachots de l'Abbaye, et livrée aux assassins qui lui ordonnoient de crier *Vive la nation!* pour toute réponse, elle recommanda son ame à Dieu; puis, posant la main sur son cœur, elle reçut le coup mortel. Sa tête fut portée au bout d'une pique par les rues de Paris, et présentée en cet état aux augustes victimes renfermées dans la tour du Temple. Son unique crime étoit d'avoir refusé d'abandonner dans ses malheurs l'infortunée reine Marie-Antoinette, dont elle se montra l'amie sincère au temps de la prospérité.

Quant au prince de Lamballe, bien différent de son père, de son aïeul, et de son épouse, il avoit depuis long-temps terminé sa carrière, épuisé, dit-on, par la débauche, à l'âge de vingt-un ans, le 6 mai 1768. Il n'a point laissé d'enfants de son mariage;

3° Jean-Marie de Bourbon, duc de Château-Villain, né le 7 novembre 1748, mort en 1755;

4° N... de Bourbon, comte de Guingamps, né le 22 juin 1750, mort à l'âge de deux ans;

5° N.... de Bourbon, morte dans sa deuxième année;

6° Louise-Marie-Adélaïde de Bourbon, née le 13 mars 1753, mariée le 5 avril 1769 à Louis-Philippe-Joseph d'Orléans, alors duc de Chartres, depuis duc d'Orléans, si malheureusement célèbre dans les fastes de la révolution. La duchesse, digne descendante de Louis-le-Grand et du comte de Toulouse, aussi sage et aussi vertueuse que son père, fut un modèle d'amour conjugal et de tendresse maternelle. Comme les autres princes de l'auguste maison de Bourbon, elle se vit forcée de quitter le sol natal, et se réfugia en Espagne dans une petite ville, non loin des frontières de France, où elle adoucit ses tendres regrets par l'exercice des vertus et la pratique de la bienfaisance. Avec le peu qui lui restoit de son immense fortune, elle trouvoit encore le moyen de soulager les malheureux François, émigrés ou autres, qui se trouvoient dans le besoin.

Enfin elle eut le bonheur de revoir sa patrie. Rentrée en France à l'époque de la restauration, madame la duchesse douairière y fut reçue comme un ange descendu du ciel. Tous les citoyens, même les ennemis du trône, ne pouvoient lui refuser leur admiration. Quelque temps avant l'époque appelée *les cent jours*, elle avoit eu le malheur de tomber en descendant de voiture, et de se fracturer une jambe, accident qui l'empêcha de suivre l'auguste famille à Gand. Alors, par l'empire que la vertu a sur les cœurs les plus pervertis, on n'osa pas violer son modeste asile. Elle se rétablit, et jouit du bonheur de revoir une seconde fois ses enfants et ses petits-enfants, de les bénir, et de se livrer à ces mêmes exercices de piété qui l'avoient si bien consolée dans son exil. Madame la duchesse douairière d'Orléans est décédée dans son château d'Ivry, le samedi 23 juin 1821, à quatre heures de l'après midi.

DESCRIPTION
DES ARMES DE FRANCE.

Nous les avons données à-peu-près de toutes les manières dont elles doivent être considérées : d'abord un écusson dont le champ est parsemé de fleurs de lis sans nombre; ensuite d'azur à trois fleurs de lis seulement, couronne ouverte. A partir de Henri III, on les trouve plus composées; et sous Henri IV, les armes de France sont parties de Navarre, avec la couronne fermée; c'est-à-dire un cercle ou diadême d'or, enrichi de pierreries, et surmonté de huit fleurs de lis de même métal, desquelles partent huit quarts de cercle ou autres petits diadêmes d'or, garnis de perles, de diamants, et aboutissant à une double fleur de lis. La toque en-dessous est de velours cramoisi.

Dans tout l'éclat des armes de France, les plus riches de la chrétienté, l'écu doit être timbré d'un heaume ou casque d'or, bordé, damasquiné, taré de front, tout ouvert, et sans grilles, orné de ses lambrequins, d'or, d'azur, et de gueules, couronné de la couronne royale.

Pour tenants, deux anges revêtus de cottes d'armes, aux armes, l'un à droite de France, l'autre à gauche de Navarre, tenant chacun une bannière aux mêmes armes.

L'écu environné des colliers des ordres de Saint-Michel et du Saint-Esprit.

Le premier de ces colliers, le plus ancien, comme fondé par Louis XI, d'honorable mémoire, pour trente-six chevaliers seulement, doit être du poids de deux cents écus d'or, et composé de coquilles entre-lacées l'une avec l'autre d'un double lacs, assises sur chaînettes et maillettes d'or, au milieu duquel pend sur la poitrine l'image de saint Michel, dans une croix d'or à huit pointes, émaillée de blanc.

Le second de ces colliers, et le plus illustre, est le collier de l'ordre du Saint-Esprit, le premier ordre royal, établi pour cent chevaliers seulement. Il doit être du poids de deux cents écus d'or, composé alternativement de la lettre H contournée de flammes, émaillées couleur de feu, d'une fleur de lis d'or, et d'un trophée d'armes, également contourné. Du milieu de ce collier pend une croix d'or, à huit pointes, émaillée de blanc par les bords, avec une fleur de lis d'or dans chacun des angles; et, dans le milieu, une colombe d'un côté, et de l'autre l'image de Saint-Michel, parceque les chevaliers de l'ordre du Saint-Esprit sont nécessairement chevaliers de l'ordre de Saint-Michel.

Derrière l'écusson, et en sautoir, sont la main de justice et le sceptre, ou bâton royal, surmonté d'une fleur de lis d'or, l'une à droite, l'autre à gauche.

Le tout sous le pavillon royal, d'azur, semé de fleurs de lis d'or, fourré d'hermine, bordé, frangé, et houppé d'or, comblé d'une grande couronne royale, sommée d'une double fleur de lis d'or, qui est le cimier *de France*, le tout du tout surmonté d'un pannonceau ondoyant, semé de France, attaché au bout d'une pique d'or, terminée en double fleur de lis, au-dessus duquel est un billet volant, où se lit le cri de guerre de France, qui est:

MONT-JOYE, SAINT-DENYS!

Ces mots signifient *grande joie* (MONT pour MOUST, *multa lætitia*), *à l'aide de monsieur* SAINT-DENYS.

NOTA. Il ne nous a pas été possible de donner à ces armes, dans la gravure, tout le développement que nous aurions desiré.

CONCLUSION.

De l'histoire que nous venons de tracer, et que nous nous sommes efforcés de rendre aussi exacte qu'il nous étoit possible, il résulte que la maison royale de Bourbon, branche illustre de celle de France, compte plus de six cents personnages de l'un et de l'autre sexe, dans une durée de six siècles, à partir du comte de Clermont, 1256 (la maison royale de France entière en a plus de trois mille). Ces personnages ont été plus ou moins célèbres, plus ou moins obscurs; mais on a pu remarquer que les hommes, à un très petit nombre près, se sont distingués par une piété sincère, par une bravoure héréditaire et de brillants faits d'armes, par un dévouement sans bornes aux intérêts sacrés de la monarchie, par un fonds de bonté, de générosité unique dans l'histoire, vu la multitude des princes qui ont porté le grand nom de Bourbon. Dans les femmes, sans en excepter une seule, on trouve la même piété que dans les hommes, souvent un courage admirable, la fidélité conjugale, dont ceux-ci n'ont pas toujours donné l'exemple; en un mot, toutes les vertus qui décorent le sexe dans quelque condition que ce soit. *Aucune n'a forfait à l'honneur.*

Les Bourbons, considérés comme premiers sujets d'une grande monarchie, comme hauts et puissants seigneurs dans leurs domaines particuliers, se sont montrés pendant quatre siècles les pères et les amis de leurs vassaux, les appuis et les défenseurs du trône. Si plusieurs d'entre eux ont participé à l'esprit turbulent et inquiet de la noblesse d'alors, on ne leur reproche pas comme aux maisons de Bourgogne et d'Artois, d'avoir trempé leurs mains dans le sang de leurs concitoyens; ils sont toujours rentrés dans le devoir à la voix de leur souverain.

Considérés comme rois depuis deux siècles, les Bourbons sont la gloire et l'orgueil de la France, qu'ils ont aggrandie d'un tiers. Les Bourbons! ils ont porté le nom françois, toujours accompagné de l'esprit de douceur et de modération, jusqu'aux extrémités de la terre! Ils ont embelli et fortifié nos villes, fertilisé nos campagnes, donné une impulsion immense au commerce et à l'industrie, fait fleurir les sciences et les arts; et, ce qui est plus beau encore, avec eux sur le trône se sont assises en même temps *la religion, la justice, et les lois.* En un mot, les Bourbons ont en quelque sorte civilisé, je ne dis pas seulement la France, mais l'Europe entière. Puisse tant de gloire n'être pas perdue pour nous! Puissent les tendres rejetons de notre grande et belle famille royale, S. A. R. Monseigneur le duc de Bordeaux, et les jeunes princes de la maison d'Orléans, être élevés et instruits dans les principes qui conviennent à leur nouvelle position : car, il ne faut pas se le dissimuler : aux temps héroïques de la nation françoise a succédé le règne des sophistes, la plupart gens sans aveu, élevés dans la poussière des classes, qui, semblables aux Grecs de Constantinople, vers les derniers siècles, disputent à l'infini sur de misérables arguties, sur le plus ou le moins d'obéissance, de respect et d'amour qu'ils doivent à leur souverain. Puissent-ils, les respectables maîtres qu'on appellera, communiquer à leurs nobles élèves moins de cette science humaine, convenable à des particuliers, trop souvent inutile aux rois; mais de cette science que l'Écriture-sainte nous retrace à chaque pas, et que Platon lui-même, dans son admirable discours intitulé LE POLITIQUE, appelle une inspiration divine; science qui consiste à connoître les hommes, à les mettre chacun à leur place, à n'employer dans le tissu de la toile qu'ils ont à perfectionner, que les bons fils, à rejeter les mauvais, ou même ceux qui sont douteux : enfin, à s'armer du bouclier de la sagesse, de l'épée de force et de justice pour comprimer par l'autorité tous ceux qui tenteroient de susciter des troubles dans l'intention de s'élever au-dessus de la condition où la Providence les a placés.

  Parcere subjectis et debellare superbos.

Voilà le secret du gouvernement.

TABLE GÉNÉALOGIQUE

DE LA

MAISON ROYALE DE BOURBON.

TIGE ROYALE,
DEPUIS L'AN DE JÉSUS-CHRIST DCCCLXI JUSQU'EN MDCCCXXVI.

Cette tige, ou plutôt l'ARBRE ROYAL, se compose de plus de deux cents princes, dont voici les chefs :

I.
ROBERT-LE-FORT, duc et marquis de France, eut quatre enfants, dont le puîné lui succéda. Tome I.   Page   6

II.
ROBERT II, roi de France, fils du précédent, trois enfants, dont l'aîné lui succéda. I.   7

III.
HUGUES-LE-GRAND, duc de France, cinq enfants légitimes, dont l'aîné lui succéda, plus un naturel. I.   Ibid.

IV.
HUGUES CAPET, roi de France, chef de la troisième dynastie de nos rois, quatre enfants, dont l'aîné lui succéda. I.   9

V.

Robert, dit *le Pieux*, roi de France, six enfants: le puîné lui succède. I.   Page 10

VI.

Henri I, roi de France, trois enfants: l'aîné règne après lui. I.   11

VII.

Philippe I, roi de France, eut quatre enfants légitimes, dont l'aîné lui succéda, et quatre autres qui, nés en mariage, furent pourtant déclarés illégitimes, attendu l'illégalité de l'union contractée. I.   Ibid.

VIII.

Louis VI, dit *le Gros*, roi de France, huit enfants, dont le puîné lui succéda. I.   12

IX.

Louis VII, dit *le Jeune*, roi de France, sept enfants, dont le cinquième succéda. I.   13

X.

Philippe II, dit *Auguste*, roi de France, trois enfants légitimes, dont le premier vient ensuite, et un naturel. I.   14

XI.

Louis VIII, dit *Cœur-de-lion*, roi de France, onze enfants, dont l'aîné succède. I.   Ibid.

XII.

Louis IX, Saint-Louis, roi de France, onze enfants,

dont le sixième, ROBERT, est le chef de la maison de Bourbon, et commence la branche ducale exposée ci-après. I.   Page 15

XIII.

ROBERT de France, comte de Clermont, sire de Bourbon du chef de sa femme, six enfants, dont l'aîné qui suit. I.   45

XIV.

LOUIS I, duc de Bourbon, six enfants, dont l'aîné continue la série des ducs de Bourbon, et le puîné la tige royale par Bourbon-La-Marche. I.   56

XV.

JACQUES de Bourbon, comte de La Marche, quatre enfants, dont le second continue la lignée, et le troisième est chef de la branche de Bourbon-Préaux. I.   335

XVI.

JEAN I, comte de La Marche et de Vendôme, eut sept enfants, dont l'aîné, Jacques II, roi de Sicile, qui lui succéda, ne laissa qu'une fille légitime, morte en bas âge, et un fils naturel. Le puîné, Louis de de Bourbon, comte de Vendôme, venant après son frère, continue la lignée, et le troisième forme la branche de Bourbon-Carency. I.   337

XVII

LOUIS de Bourbon, duc de Vendôme, succédant à son frère, laisse trois enfants, dont un qui lui succéde, une fille morte jeune, et un fils naturel. I.   355

XVII.

Jean II de Bourbon, comte de Vendôme, a dix enfants, dont huit légitimes, et deux naturels; l'aîné, François, continue la lignée; le second, Louis, prince de la Roche-sur-Yon, forme la deuxième branche de Bourbon-Montpensier. I.   Page 360

XVIII.

François de Bourbon, comte de Vendôme, a six enfants, dont l'aîné, Charles, lui succède. I.   364

XIX.

Charles de Bourbon, duc de Vendôme, eut quatorze enfants, dont un naturel; le premier étant mort jeune, le second, Antoine de Bourbon, duc de Vendôme, depuis roi de Navarre, continua la lignée; le septième donna naissance à la branche illustre de Bourbon-Condé. I.   374

XX.

Antoine de Bourbon, duc de Vendôme, roi de Navarre, eut cinq enfants, dont le premier étant décédé en bas âge, le puîné Henri est chef de la branche. II.   1

XXI.

Henri IV, dit *le Grand*, roi de France et de Navarre, eut six enfants légitimes, et huit enfants naturels. Le premier des légitimes lui succéda, et le premier des naturels forma la deuxième branche de Bourbon-Vendôme. II.   59

XXII.

Louis XIII, dit *le Juste*, roi de France et de Navarre, eut deux enfants, dont l'aîné lui succéda; le second, Philippe, duc d'Orléans, fut le chef de la branche de ce nom. II.   Page 75

XXIII.

Louis XIV, dit *le Grand*, roi de France et de Navarre, eut seize enfants, dont six légitimes, et dix naturels. II.   97

XXIV.

Louis de France, dit *le Grand Dauphin*, fils du précédent, eut trois enfants légitimes, et plusieurs naturels, mais non reconnus. II.   123

XXV.

Louis de France, appelé *le Second Dauphin*, fils du précédent, eut trois enfants. II.   130

XXVI.

Louis XV, dit *le Bien aimé*, roi de France et de Navarre, eut dix enfants légitimes, et plusieurs naturels non reconnus. II.   143

XXVII.

Louis de France, dauphin de Viennois, fils du précédent, eut huit enfants, tous légitimes. II.   156

XXVIII.

Louis XVI, roi de France et de Navarre, eut quatre enfants, tous légitimes. II.   173

XXIX.

Louis XVII, roi de France et de Navarre, fils puîné du précédent, mort jeune et sans enfants. II.   Page 245

XXVIII.

Louis XVIII, dit *le Desiré*, roi de France et de Navarre, oncle du précédent, et frère de Louis XVI; aussi n'est-il qu'au vingt-huitième degré depuis Robert-le-Fort. Décédé sans enfants. II.   251

XXVIII.

Charles X, roi de France et de Navarre, aujourd'hui régnant, eut deux enfants, dont l'aîné suit. Le puîné, le duc de Berry, mourut assassiné dans la nuit du 13 janvier 1820 (voyez t. II, p. 178), laissant un fils qui doit continuer la lignée. II.   269

XXIX.

Louis-Antoine de Bourbon, petit-fils de France, trente-quatrième Dauphin de Viennois, actuellement existant. Il se trouve au vingt-neuvième degré. Il n'a point d'enfants. II.   295

XXX.

Henri-Charles-Ferdinand-Marie-Dieudonné d'Artois, fils de Charles-Ferdinand d'Artois, duc de Berry, petit-fils de Charles-Philippe, comte d'Artois, maintenant roi de France, se trouve au trentième degré. II.   276

BRANCHES DIVERSES,

COLLATÉRALES, LÉGITIMES OU LÉGITIMÉES,

ANTÉRIEURES A CHARLES, DUC DE VENDOME.

Première Branche.

BOURBON-CLERMONT.

DE L'AN DE J. C. 1269 A 1521.

Se compose de soixante-deux princes de l'un et l'autre sexe, dont voici les chefs :

I.

ROBERT de France, comte de Clermont, eut quatre enfants. Tome I. Page 45

II.

LOUIS I, duc de Bourbon, sept enfants, entre autres JACQUES de Bourbon, comte de La Marche, l'un des chefs de la branche royale qui vient d'être décrite. I. 56

III.

PIERRE I, duc de Bourbon, neuf enfants, dont un naturel. I. 75

IV.

LOUIS II, duc de Bourbon, sept enfants, dont trois naturels. I. 95

V.

JEAN I, duc de Bourbon, huit enfants, dont trois légitimes et cinq naturels : parmi les légitimes se trouve Louis I de Bourbon, chef de la branche de Bourbon-Montpensier. I. 141

VI.

Charles I, duc de Bourbon, dix-huit enfants, dont onze légitimes et sept naturels. Entre les premiers, Jean II, Chales II, et Pierre II succèdent; et Louis, prince, évêque de Liége, donne naissance à la branche de Bourbon-Busset. II.   Page 155

VII et VIII.

Jean II, Charles II, cardinal, qui laissa une fille naturelle, et Pierre II, successivement ducs de Bourbon. I.   181, 208, 213

Jean n'eut qu'un fils légitime mort avant lui, plus cinq enfants naturels; et Pierre un fils mort en bas âge, et une fille, Susanne, dernière de la branche de Bourbon-Clermont.

Deuxième Branche,

dite BOURBON-MONTPENSIER.

de 1426 a 1527.

Cette branche, issue de Jean I, duc de Bourbon (voyez t. I, p. 152), se compose de treize princes, dont voici les chefs:

I. Louis I de Bourbon, comte de Montpensier, laissa quatre enfants. I.   Page 231

II. Gilbert de Bourbon eut six enfants, dont l'aîné lui succéda, ensuite le puîné, qui fut le fameux connétable. I.   233

III. Louis II de Bourbon n'eut point d'enfants. I.   246

IV. Charles III, d'abord comte de Montpensier par le décès de son frère aîné, puis duc de Bourbon, et connétable de France. Il eut trois enfants qui ne vécurent pas. En lui finit sa branche. I.   251

GÉNÉALOGIQUE.

Troisième Branche,
DITE BOURBON-LA MARCHE
ET BOURBON-VENDOME.

Cette branche fait partie de la tige royale décrite ci-dessus, et elle est plus amplement détaillée au t. I. De la page 335 à la page 400

Quatrième Branche.
BOURBON-MONTPENSIER
ET DE LA ROCHE-SUR-YON, DEUXIÈME DIVISION.
DE 1454 A 1627.

Cette branche se compose de quinze individus, commence à Louis I, et se termine à Marie de Bourbon, appelée mademoiselle de Montpensier. Elle est décrite au tome I.   Page 401 à 424

Cinquième Branche.
BOURBON-CARENCY.

Cette branche, issue de Jean I, comte de La Marche, se compose de douze individus, commence à Jean de Bourbon, seigneur de Carency, et se termine à Charles. Voyez tome I.   Page 427 à 432

Sixième Branche.
BOURBON-DUISANT.

Cette branche, issue de Jean de Bourbon, seigneur de Carency, commence à Philippe, et ne renferme que quatre individus. I. Page 433

Septième Branche.
BOURBON-PRÉAUX.

Cette branche, issue de Jacques I, comte de La Marche, commence à Jacques de Bourbon, seigneur de Préaux, et ne contient que sept individus. Tome I.   Page 435 à 442

Huitième Branche.

BOURBON-BUSSET.

de 1438 à 1826.

Cette branche, issue du prince Louis, évêque de Liége, fils de Charles I, cinquième duc de Bourbonnois, commence à Pierre de Bourbon, baron de Busset, et contient quarante-huit personnes. Elle existe encore, et se trouve décrite au t. I. P. 443 à 454

Neuvième Branche.

BOURBON-LAVÉDAN et BOURBON-MALAUSE.

Cette branche naturelle, issue de Jean II, duc de Bourbonnois, et connétable de France, et commençant à Charles, vicomte de Lavédan, se compose de trente-six personnes. Les sieurs de Lavédan et de Malause ont duré jusqu'en 1742. I.   Page 455 à 462

Dixième Branche.

BOURBON-BASIAN.

Cette branche, issue de la précédente par Charles, vicomte de Lavédan, commence à Gaston, seigneur de Lavédan, se compose de onze personnes, dont la destinée est restée inconnue depuis 1725. On présume que, faute de moyens d'existence honorable, elle est tombée en roture. I.   Page 463 à 466

Onzième Branche.

BOURBON-LIGNY et BOURBON-RUBEMPRÉ.

Cette branche naturelle, issue de Jean II, comte de Vendôme, commence à Jacques de Bourbon, seigneur de Bonneval, baron de Ligny. Elle a produit dans un court espace de temps dix-huit individus, et s'est éteinte en 1595. D'un fils naturel du dernier baron de Ligny sont nés six enfants, morts inconnus, ou passés dans des familles étrangères. I.   Page 467 à 470

GÉNÉALOGIQUE.

BRANCHES COLLATÉRALES
DE LA MAISON DE BOURBON,

POSTÉRIEURES A CHARLES, DUC DE VENDOME.

Première Branche.
ESPAGNE.
DE 1683 A 1826.

Cette branche a pour auteur Philippe de France, duc d'Anjou, fils de Louis, dauphin de Viennois, et petit-fils de Louis XIV. Elle se compose de vingt-sept princes, dont voici les chefs :

I.

PHILIPPE V, roi d'Espagne et des Indes, qui eut douze enfants, dont l'aîné, Louis, à qui il avoit résigné le trône, est mort avant lui; les quatrième et cinquième lui ont succédé. Tome II. Page 303

II.

LOUIS I, roi d'Espagne et des Indes, fils du précédent, mort avant son père, et sans enfants. II. 311

II.

FERDINAND VI, surnommé *le Sage*, roi d'Espagne et des Indes, frère du précédent, mort sans enfants. II. 312

II.

CHARLES III, roi d'Espagne et des Indes, frère du précédent, sept enfants, dont l'aîné succède. II. 313

III.

CHARLES IV, roi d'Espagne et des Indes, six enfants, dont l'aîné succède. II. 316

IV.

Ferdinand VII, roi d'Espagne et des Indes, actuellement régnant. Un enfant. II.   Page 325

Deuxième Branche.

NAPLES ET SICILE.

Cette branche a pour auteur don Carlos, fils de Philippe V, qui passa au trône d'Espagne après ses frères. Elle se compose de seize princes, dont voici les chefs:

I.

Charles III, roi des Deux-Siciles, ensuite roi d'Espagne et des Indes. II.   Page 337

II.

Ferdinand I, roi des Deux-Siciles, quatre enfants, dont l'aîné lui succède. II.   338

III.

François I, roi des Deux-Siciles, actuellement régnant, a dix enfants. II.   347

Troisième Branche.

PARME, PLAISANCE, ET GUASTELLA.

Cette branche se compose de douze princes, sans compter don Carlos, fils de Philippe V. Don Carlos passa successivement du duché de Parme au trône des Deux-Siciles et à celui d'Espagne. Elle a pour chef don Philippe, infant d'Espagne, fils de Philippe V. Philippe eut pour successeur Ferdinand, celui-ci eut don Louis, auquel succéda don Charles-Louis, qui fut roi d'Étrurie ou de Toscane, et qui, par suite des évènements, est réduit aujourd'hui à la petite principauté de Lucques. II.   Page 348 à 354

Quatrième Branche.

BOURBON-ORLÉANS.

DE 1640 A 1826.

L'illustre branche de Bourbon-Orléans a pour chef Philippe de France, frère de Louis XIV. Elle se compose de trente-six personnes, savoir :

I.

PHILIPPE, duc d'Orléans, qui eut sept enfants. II. Page 357

II.

PHILIPPE II, duc d'Orléans, régent de France, qui eut dix enfants légitimes et un naturel. II. 361

III.

LOUIS I, duc d'Orléans, deux enfants. II. 372

IV.

LOUIS-PHILIPPE, duc d'Orléans, deux enfants. II. 374

V.

LOUIS-PHILIPPE-JOSEPH, duc d'Orléans, quatre enfants. II. 376

VI.

LOUIS-PHILIPPE II, duc d'Orléans, aujourd'hui existant, a dix enfants. II. 377

Cinquième Branche.

BOURBON-CONDÉ.

DE 1530 A 1826.

L'illustre branche de Bourbon-Condé, issue de Charles de Bourbon, duc de Vendôme, a pour auteur Louis, prince de Condé, frère d'Antoine, roi de Navarre. Elle se compose de cinquante-quatre individus, dont voici les chefs :

I.

Louis I, dit *le Grand*, prince de Condé, douze enfants, dont un naturel. II. Page 379

II.

Henri I de Bourbon, prince de Condé, quatre enfants, dont un naturel. II. 390

III.

Henri II de Bourbon, prince de Condé, six enfants. II. 394

IV.

Louis II de Bourbon, Le Grand Condé, trois enfants. II. 397

V.

Henri-Jules de Bourbon, prince de Condé, onze enfants, dont un naturel. II. 401

VI.

Louis III, duc de Bourbon et prince de Condé, dix enfants, dont un naturel. II. 403

VII.

Louis-Henri de Bourbon, prince de Condé, deux enfants, dont un naturel. II. 408

VIII.

Louis-Joseph de Bourbon, prince de Condé, trois enfants. II. 410

IX.

Louis-Henri-Joseph de Bourbon, maintenant prince de Condé, n'eut qu'un fils, l'infortuné duc d'Enghien, assassiné par ordre de l'usurpateur. Ainsi la branche de Bourbon-Condé est sur le point de s'éteindre. II. Page 418

X.

Louis-Henri-Joseph de Bourbon, duc d'Enghien. II. 419

Sixième Branche.

BOURBON-CONTI.

Cette branche, issue de Henri II de Bourbon, prince de Condé, se compose de dix-huit individus, dont les chefs sont :

Armand de Bourbon, prince de Conti; François-Louis de Bourbon, dit *le Grand*, prince de Conti; Louis-Armand, Louis-François, et Louis-François-Joseph, dernier prince de Conti, mort sans postérité. Elle est décrite au tome II. Page 428

Septième Branche.

BOURBON-SOISSONS.

Cette branche, issue de Louis I, prince de Condé, se compose de neuf individus, dont les chefs sont :

Charles de Bourbon, comte de Soissons; et Louis de Bourbon, comte de Soissons, qui laissa un fils naturel légitimé, lequel eut deux filles légitimes, dont l'aînée passa, par alliance, dans la famille de Montmorency-Luxembourg, et la cadette mourut en bas âge. II. Page 442

BRANCHES NATURELLES LÉGITIMÉES.

Huitième Branche.

BOURBON-VENDOME.

DEUXIÈME DIVISION.

Cette branche légitimée de France a pour auteur César de Bourbon, duc de Vendôme, fils naturel de Henri IV et de Gabrielle d'Estrées, duchesse de Beaufort; elle se compose de sept individus, savoir :

César de Bourbon, Louis de Vendôme, et François, duc de Beaufort, ses fils; Louis-Joseph, duc de Vendôme, un des plus célèbres généraux du siècle de Louis XIV, et Philippe de Vendôme, grand prieur de France, petit-fils de César, morts tous deux sans postérité. II. P. 451

Neuvième Branche.

BOURBON DU MAINE.

Cette branche se compose de huit individus, qui ont pour chef :

Louis-Auguste de Bourbon, duc du Maine, fils naturel de Louis XIV et de madame de Montespan; plus Louis-Charles de Bourbon, comte d'Eu, mort sans postérité. II. Page 461

Dixième Branche.

BOURBON-TOULOUSE et PENTHIÈVRE.

Cette branche se compose de huit individus; elle a pour chef :

Louis-Alexandre de Bourbon, comte de Toulouse, troisième fils naturel de Louis XIV et de madame de Montespan; vient ensuite Louis-Jean-Marie de Bourbon, duc de Penthièvre, mort sans laisser de postérité. II. P. 465

FIN.

www.ingramcontent.com/pod-product-compliance
Lightning Source LLC
Chambersburg PA
CBHW060234230426
43664CB00011B/1641